教育部人文社会科学研究青年基金项目:美国一流大学建设过程中的社会资源支持研究（20YJC880081）

慈善基金会
与美国研究型大学崛起
（1900—1940）

孙贵平 著

ZHEJIANG UNIVERSITY PRESS
浙江大学出版社
·杭州·

图书在版编目(CIP)数据

慈善基金会与美国研究型大学崛起:1900—1940 /
孙贵平著. —杭州:浙江大学出版社,2022.12
ISBN 978-7-308-23294-4

Ⅰ. ①慈… Ⅱ. ①孙… Ⅲ. ①高等教育－慈善事业－
基金会－研究－美国②高等学校－科研管理－研究－美国
Ⅳ. ①G649.712

中国版本图书馆 CIP 数据核字(2022)第 223727 号

慈善基金会与美国研究型大学崛起(1900—1940)
孙贵平　著

责任编辑	蔡　帆
责任校对	徐凯凯
封面设计	周　灵
出版发行	浙江大学出版社
	(杭州市天目山路 148 号　邮政编码 310007)
	(网址:http://www.zjupress.com)
排　　版	浙江时代出版服务有限公司
印　　刷	广东虎彩云印刷有限公司绍兴分公司
开　　本	710mm×1000mm　1/16
印　　张	18
字　　数	313 千
版 印 次	2022 年 12 月第 1 版　2022 年 12 月第 1 次印刷
书　　号	ISBN 978-7-308-23294-4
定　　价	78.00 元

目 录

绪　论

第一节　选题缘由及研究价值

一、选题缘由

（一）中国的一流大学建设，以1995年的《"211工程"建设实施管理办法》为肇始，1999年进一步印发《"985工程"建设管理办法》，2015年国务院又印发《统筹推进世界一流大学和一流学科建设总体方案的通知》。中国的三项一流大学建设方案，由"一流""工程"或"项目""资金投入"等关键词组成。

中国近年来经济迅速发展，国内生产总值（GDP）在2010年超越日本，成为世界第二大经济体，[①]进而积累了丰富的社会资源，引进基金会等社会资源用以支持一流研究型大学的建设成为可能。中国拥有社会捐资助学的优良传统，例如，宋代的书院制度、民间宗族的私塾、民国的私人办学等。[②]新中国成立后，社会资本逐渐退出教育尤其是高等教育舞台，改革开放后社会经济的迅猛发展加之政策的鼓励和引导，[③]使社会资本重新进入高等教育领域。中国大学校园随处可见的"邵逸夫楼""田家炳楼"等均是社会人士捐资助学的成果。但令人遗憾的是，自2008年至2011年间，中国高等教育的社会捐助经费一直在20亿至30亿元之间徘徊不前，直到2012年，社会捐资助学经费才有了较大幅度的增长（图0.1），但相较于社会总体富裕程度，每年不足50亿元的高等教育社会捐资犹如九牛一毛。如图0.2所示，2008—2017年间，我国社会捐资经费占高等教育总收入比重逐年下降，从2008年的0.66%一路走低，下降至2017年的0.51%。与此同时，高等教育总收入却实现了较大幅度的增长，从2008年的2,938.88亿元迅猛增长至

①　中国网. 世行公布世界 GDP 排名[EB/OL]. [2017-10-29]. http://www.china.com.cn/txt/2004-07/13/content_5608820.htm.

②　孙培青. 中国教育史[M]. 上海：华东师范大学出版社，2009.

③　毛礼锐. 中国教育通史·第六卷[M]. 济南：山东教育出版社，1995.

2017 年的 10,124.65 亿元。按照常理,社会捐资应伴随着国家经济的发展而逐步提升,且占比也应逐年上升,但中国高等教育社会捐资收入却增长缓慢,更是呈下降态势,实属异常。

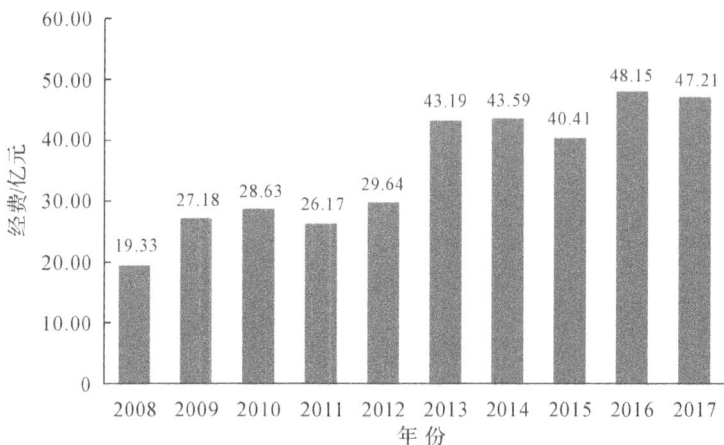

图 0.1 中国高等教育社会捐资经费统计(2008—2017 年)

数据来源:依据《中国教育经费统计年鉴》2008—2017 年数据整理而成。

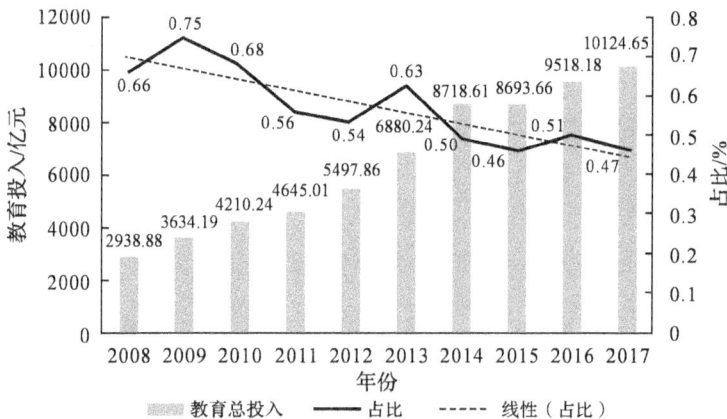

图 0.2 中国社会捐资占高等教育总收入比重(2008—2017 年)

数据来源:依据《中国教育经费统计年鉴》2008—2017 年数据整理而成。

纵观世界高等教育强国发展历程,以欧、美、日等地区和国家为代表的世界一流研究型大学的崛起进程中,民间资本起到了推波助澜乃至主导的作用。[①] 西方高等教育的建立与发展是建立在成熟的公民社会基础之上,

---

① 罗杰·L.盖格.增进知识——美国研究型大学的发展(1900—1940)[M].王海芳,魏书亮,译,周钧,校.石家庄:河北大学出版社,2008.

英国政府的高等教育委员会主要进行引导与管控作用,其高等教育办学主体以民间力量为主;①德国现代研究型大学的形成与发展虽然以国家引领为大前提,但办学主体的自由始终得到保障;②日本政府则采取集权与分权相结合的模式,举办权归于政府,经营权归于民间,两者之间密切协作;③美国高等教育的发展则以民间力量始终占据主体为突出特征,从殖民地时期1636年"新学院"(New College,即后来的哈佛大学)的创办到19世纪末、20世纪上半叶一大批研究型大学的诞生与发展,④美国政府并未有对高等教育的大规模资助,其崛起主要依靠民间力量。

综合而言,基金会在美国研究型大学崛起的进程中扮演了举足轻重的角色,美国研究型大学的建立、改革与发展根本上取决于其经费状况,而基金会给予了研究型大学巨大的经费支持,具体而言:

政治方面,公民社会的显著特征在于"第三部门"的壮大与发展,美国立国之初的三权分治的政体结构,为"第三部门"的发展壮大提供了肥沃的土壤和广阔的空间。⑤ 基于传统宗教情怀、利他主义精神等原因,诸如哈佛大学等老牌名校的改革与发展,以及芝加哥大学、康奈尔大学、约翰·霍普金斯大学等新研究型大学的成立与发展,不只是受德国研究型大学理念的影响,更是彼时美国社会思潮、经济发展而导致的民间呼吁的结果。

经济发展方面,从南北战争结束至20世纪初,美国资本主义经济取得了长足的发展。20世纪初,随着自然资源的开发和铁路网、通信网的建成,美国经济迎来迅猛增长,物质财富积累达到前所未有的高度,这为基金会资助高等教育奠定了坚实的物质基础。

社会思潮方面,"镀金时代"的负面影响导致层出不穷的社会问题,要求变革的呼声日益高涨。首先受到挑战的是美国自由与平等的价值观念,而资本主义发展一直奉行社会达尔文主义,坚信优胜劣汰的竞争机制。其时迸发的进步主义运动要求"反对政治机器、贪污腐败、政客和特权";争取妇女选举权和铁路等大公司的控制权与管理权、银行体制改革、自然资源保护等。⑥ 根

---

① 易琴.引入与借鉴——早期译介日本学者教育史著述的历史考察(1901—1919)[J].河北师范大学学报(教育科学版),2008(11):43—48.
② 陈洪捷.德国古典大学观及其对中国的影响[M].北京:北京大学出版社,2015.
③ 杨贤金等.英国高等教育发展史回顾、现状分析与反思[J].天津大学学报(社会科学版),2006(3):161—165.
④ 陈学飞.美国高等教育管理思想探究(下)[J].高等教育研究,1996(1):94—100.
⑤ 威廉·J.本内特.美国通史[M].刘军等,译.南昌:江西人民出版社,2009.
⑥ 李哲.论进步主义运动对美国外交的影响[D].秦皇岛:燕山大学,2012:14—15.

本上,进步主义运动是美国由农业社会转型为工业社会的调适运动,脱离现实生活需求和低下研究水准的高等教育已经无法满足社会进步的需求。

实施路径方面,"美国早期移民远在建国以前,在温饱尚未解决之时就把办学校放在第一位,大基金会重视扶助教育,相信优胜劣汰,又相信人可以通过教育提高素质,变劣为优;相信机会平等、自由竞争,同时认为最重要的平等是教育机会平等"①。基金会成为美国富人分配剩余财富的最佳手段,而资助教育则成为缓解社会现实矛盾和体现美国个人主义价值观的最佳途径之一。

在19世纪末至20世纪上半叶美国研究型大学的崛起历程中,基金会扮演着不可或缺的角色。在大学与基金会彼此互动的过程中,展现的是怎样一幅画卷成为学者重点研究的问题。无论是出于宗教情怀、利他主义精神、自身兴趣爱好,还是出于满足社会发展需求、"为全人类谋福利"的崇高理想,美国的慈善基金会在19世纪末开启了大规模资助高等教育的历程,在美国一流研究型大学的崛起历程中留下了浓墨重彩的一笔。

(二)中美作为世界大国,中国高等教育的"双一流"建设如火如荼,而作为世界上高等教育最为发达的国家之一,美国的高等教育至今引领全球,其研究型大学的崛起经验可供借鉴。梳理美国高等教育发展历史,从1900年美洲大学联盟(Association of American Universities,AAU)成立起,其高等教育在20世纪上半叶实现了长足的发展,成为世界高等教育中心。② 二战期间美国政府因战时需要而大规模资助大学之前,③基金会等社会资源对美国高等教育尤其是研究型大学的资助,成为其崛起的关键。这一时期,也是美国社会思潮汹涌澎湃的大变革时期,社会问题的层出不穷促使公众将视野转向高等教育;这一时期,也是世界历经一战和二战的时期,是美国奠定世界第一强国地位的关键时期;这一时期,更是基金会大规模资助高等教育,大学伴随国家强盛而崛起的关键时期。

由图0.3可见,从2008年至2016年,美国社会捐赠支持高等教育金额巨大,在313亿美元至417亿美元之间,巨额的民间捐赠为美国高等教育发展提供了强大的经费支持,即使在美国联邦政府作为国家资源已经大规模资助高等教育的背景下,基金会等社会资源的支持依然占据美国高等教育

---

① 资中筠. 财富的责任与资本主义的演变——美国百年公益发展的启示[M]. 上海:上海三联书店,2015:348.
② 亚瑟·科恩. 美国高等教育通史[M]. 李子江,译. 北京:北京大学出版社,2010.
③ 约翰·赛林. 美国高等教育史[M]. 孙益,林伟,刘冬青,译. 北京:北京大学出版社,2014.

收入来源的 7% 左右。比较中美两国社会资源对高等教育的支持力度(图
0.4),无论是总金额还是所占比重,都表明中国高等教育在开发基金会等社
会资源方面依然有很长的路要走。美国高等教育社会资源支持的比重为何
如此之大?我们需要从其发展历史中找寻原因。

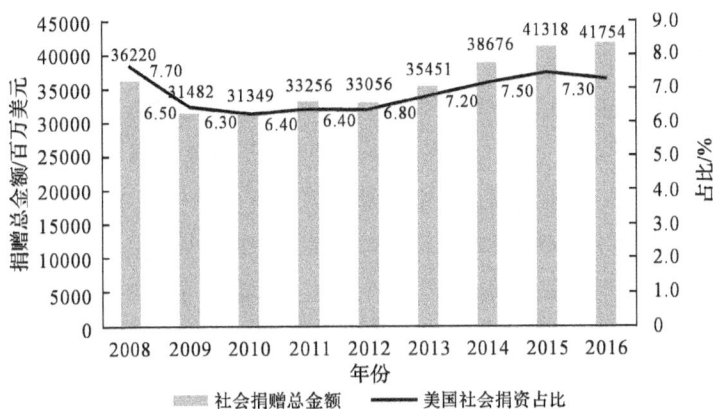

图 0.3　美国社会捐资总额占高等教育总收入比重

数据来源:NCES. Table 333.80. Voluntary support for degree-granting postsecondary institutions, by source and purpose of support:Selected years,1949-50 through 2015-17[EB/OL]. [2019-01-10]. https://nces. ed. gov/programs/digest/d16/tables/dt16_333. 80. asp? current=yes.

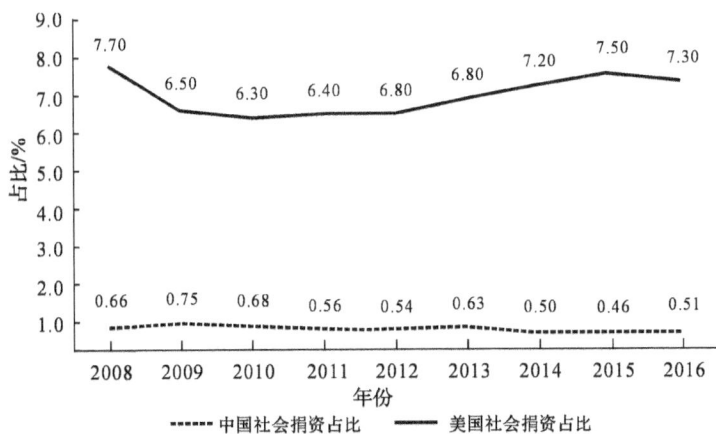

图 0.4　中美社会捐资占高等教育总收入比重对照

数据来源:NCES. Table 333.80. Voluntary support for degree-granting postsecondary institutions, by source and purpose of support:Selected years,1949-50 through 2015-16[EB/OL]. [2019-01-10]. https://nces. ed. gov/programs/digest/d16/tables/dt16_333. 80. asp? current=yes.

改革开放后,我国高等教育进行了包括教育财政改革在内的一系列重大变革,但其依靠政府财政拨款度日的情形一直未从根本上改观。探讨和借鉴美国基金会对高等教育的支持,并不意味着我国高等教育机构要实现由政府支持为主转为由社会支持,而是期望探索我国高等教育经费来源多样化的可行路径,充分发挥我国基金会等社会资源支持高等教育的重要作用,进而构建中国大学良性发展的社会生态圈。2016 年颁布的《中华人民共和国慈善法》就企业慈善纳税优惠、慈善行为参与主体、慈善督查等事项进行了详尽的规定。① 可以预见,未来中国社会的慈善捐赠将会呈快速增长趋势。就经费来源结构而言,中国高等教育的经费来源单一化由来已久,尽管有零星的社会捐赠,但并未形成燎原之势,中国基金会对高等教育的支持长期处于杯水车薪的尴尬状态。美国高等教育目前所形成的"中央政策财政调控、社会市场广泛参与、健全法律法规提供保障、资助项目合理竞争的生态型的资助形态"②,被视为世界高等教育办学的典范。中国高等教育无论是"双一流"建设方案还是《中国教育现代化 2035》均明确提出绩效办学、创立办学经费来源多样化模式。基金会的广泛支持是美国实现高等教育大发展、大变革的重要动因之一,故而在探索我国高等教育经费来源多样化的改革进程中,我们或许可以批判吸收、借鉴美国慈善基金会支持高等教育的经验。

二、研究价值

(一)学术价值。探究美国基金会支持高等教育的发展历程,多种视角分析、考察基金会对美国研究型大学的支持,以求全面、系统地对基金会支持研究型大学的历程进行解读。美国自殖民地时期就有官方和民间共同运作的高等教育机构,但受限于经济发展滞后等原因,相当长一段时期内高等教育并没有得到大发展,南北战争后美国的国民经济开始腾飞,造就了一大批有钱阶层,而松散的联邦政体下,高等教育的发展并没有引起政府的重视。在政府无暇顾及,民间第三部门愈来愈强的形势下,宗教慈善资助高等教育的传统形式已经过时。在美国社会发展高等教育的要求、世界高等教育发展大潮流的呼唤、高等教育内发规律的共同作用下,研究型大学的崛起成为可能。在此基础上接棒传统宗教慈善资助高等教育的基金会,则是社会进步使然,这是一种新兴资产阶级取代传统精英贵族引领社会发展的责

---

① 中央政府门户网站.中华人民共和国慈善法[EB/OL].[2018-09-08].http://www.gov.cn/zhengce/2016-03/19/content_5055467.htm.

② 刘旭东.美国联邦政府高等教育财政资助发展研究[D].保定:河北大学,2013:4.

任转移。① 这种转移是以经济资本为基础,以社会矛盾解决为出发点,以继承传统宗教慈善精神为延续,以产业化运作为突出特点的新资助形式。

基金会支持高等教育具有明显的优越性,主要表现在:一,选择资助的机构目标性明确,基于缓解社会矛盾、产业发展、人类福祉等目的,将高等教育资助与解决社会实际问题紧密结合,实用特征明显。在这一过程中,基金会的选择性资助成为高等教育实现大发展的起点,选择的缘由取决于社会实际需求或者社会未来发展方向,探讨基金会如何选择性地资助高等教育机构,探寻其出发点,具有启发意义。二,高等教育机构作为被资助方在接受资助后,必然存在内外双重压力。外部方面,资助方期望高等教育可以按照自身的资助要求实现资助目的;内部方面,基金会资金带有目的性地注入,必然引起高等教育内部机构的变革,高等教育机构在综合平衡的基础上开启了调适进程,这一进程伴随着矛盾循环往复,但以"增进知识"②为主要特征,为研究型大学的崛起奠定了组织内外的坚实基础。三,作为受助方的高等教育机构,面对基金会的支持,能否交出满意的答卷直接关系到大学能否进一步得到资助进而实现发展,研究型大学开启了促进科学研究和教育教学的历程。

总而言之,基金会对美国高等教育的支持促使了研究型大学的崛起,在此过程中,重点探讨基金会为何支持研究型大学,如何支持研究型大学,基金会在具体资助过程中其自身发生了哪些变化,研究型大学在获得资助后取得了哪些发展成果。我们可以更加清晰地发现:在整个资助过程中,大学在与社会进行互动后,承担起更多的社会责任,走出了传统封闭的象牙塔,转而构建出具有美国特色的现代研究型大学。其主要"利益相关者"的关系链条:政治上的"无为而治"形成第三部门、经济上的"镀金时代"形成丰厚物质基础、社会思潮上的进步主义运动形成各项新诉求、实施路径上迥异于传统宗教慈善的新资助手段。以社会诉求为出发点的实用主义资助目的、以立足于双方合作与博弈而实现调适与发展、以绩效管理为突出特征的资助过程,极大地促进了研究型大学的发展。

(二)现实意义。探察我国基金会等社会资源对高等教育支持力度不强的原因,明确高等教育发展过程中获取基金会等社会资源支持的基本问题。

---

① 资中筠. 财富的责任与资本主义的演变:美国百年公益发展的启示[M]. 上海:上海三联书店,2015.
② 罗杰·L.盖格. 增进知识——美国研究型大学的发展(1900—1940)[M]. 王海芳,魏书亮,译,周钧,校. 保定:河北大学出版社,2008.

尽管我国的高等教育事业取得巨大的进步,但在当代中国高等教育改革与发展历程中,尤其是在"双一流"建设的大背景下,高等教育捐赠的缺失是不争的事实,经费来源单一化也衍生出诸多问题:

政府性财政资助总量依然短缺。据教育部统计,2016 年度全国教育经费总投入为 38,888.39 亿元,比上年的 36,129.19 亿元增长 7.64%,实现了较大幅度的增长,但全国普通高校生均教育经费由 2015 年的 18,143.57 元增长为 2016 年的 18,747.65 元,增长率仅为 3.33%,[①]若考虑社会物价上涨等通货膨胀因素,我国各高校经费短缺形势依然不容乐观。

高等教育办学分摊机制[②]中,国家、社会、家庭(个人)三方,国家财政类拨款一支独大,家庭承担学费部分逐年上涨,已经在社会上形成了较大的舆论压力,尚未充分挖掘的基金会等社会捐赠资源成为未来高等教育实现经费来源多样化的重要突破口。

一方面我国高等教育机构呈现出整体性经费短缺的局面,另一方面经费使用效率不高成为制约我国一流大学和一流学科建设的另一严峻问题。高校经费使用的低效率和高重复率,始于对政府性财政经费的完全依赖,竞争机制尚未完全贯彻。中国基金会支持高等教育发展的内容与形式单一,大学的社会筹资往往以校庆的形式进行,缺乏专业化的募款机制,基金会支持高等教育的动因不足起始于社会对高等教育机构的信任度较低。究其原因,高等教育系统很大程度上绝缘于社会大系统,基金会支持力度的强弱以及如何支持,其中的尺度把握一直存在争议。

总体而言,争取基金会等社会资源的支持是目前我国高等教育机构拓宽经费来源,实现内部变革、持续发展的必然选择。从现实的角度来讲,我国"双一流"建设中明确提出的"构建社会参与机制""多元投入、合力支持""高校要不断拓宽筹资渠道,积极吸引社会捐赠,扩大社会合作,健全社会支持长效机制,多渠道汇聚资源,增强自我发展能力"等要求,[③]是建立绩效动态评估的重要标准,更是实现高等教育机构发展的长久之策。本书侧重于美国研究型大学崛起历程中基金会对高等教育支持的探讨工作,具有一定的现实借鉴意义。

---

① 中华人民共和国教育部. 2016 年全国教育经费执行情况统计公告[EB/OL]. [2017-10-30]. http://www.moe.gov.cn/srcsite/A05/s3040/201710/t20171025_317429.html.

② M·卡诺依. 教育经济学国际百科全书[M]. 闵维方,等译. 北京:高等教育出版社,1999.10.

③ 中华人民共和国教育部. 国务院关于印发统筹推进世界一流大学和一流学科建设总体方案的通知.[EB/OL]. [2017-10-29]. http://www.moe.gov.cn/jyb_xxgk/moe_1777/moe_1778/201511/t20151105_217823.html.

第二节　概念界定

一、基金会

作为美国社会的"第三部门",基金会在美国社会发展乃至全球事务中均扮演着重要的角色,基金会以卡内基《财富的福音》[①]为思想基础,以"为全人类谋福利"[②]为最高目标,认为可以通过资助高等教育改变人类命运,解决社会现实问题,且为人类下一代的均衡发展奠定基础。[③] 20世纪早期的皮博迪教育基金会(Peabody Education Fund)、卡内基纽约基金会(Carnegie Foundation of New York)、洛克菲勒基金会(Rockefeller Foundation)等堪称典范。

慈善基金会(Philanthropy Foundation)是非营利性、非政府的组织,其资产一般由捐赠者直接捐赠,具有独立的专业管理人员,资产升值部分不得以谋利为目的,同样需要应用于社会发展。慈善基金会的名称在英语中有多种表达,例如基金会(Foundation)、捐赠金(Endowment)、慈善信托(Charity Trust)等。基金会的发展历史可以追溯到古希腊时代的柏拉图学园(Plato's Academy),公元前387年,柏拉图将其生前所拥有的土地以资产的形式成立基金会(endowment),利用土地的资产收益供给其创办的学园,维持了学园将近900年的办学。欧洲中世纪教会基于慈善的宗教教义,其下属的教堂往往成立信托基金(charitable trust),用以帮助当时的弱势群体。在美国,詹姆斯·史密森(James Smithson)于1846年所创办的史密森尼学会(Smithsonian Institution)和乔治·皮博迪(George Peabody)于1867年创办的皮博迪教育基金会当属美国基金会的先驱。

19世纪末20世纪初,商业巨子安德鲁·卡内基(Andrew Carnegie)和约翰·洛克菲勒(John D. Rockefeller)通过成立基金会力促现代慈善事业的发展。卡内基于1905年成立卡内基教学促进委员会(Carnegie

---

① Andrew Carnegie. Gospel of Wealth and Other Timely Essays[M]. New York: The Century Co.,1900: 26.

② The Rockefeller Archive Center[EB/OL]. [2018-12-14]. https://www.rockefellerfoundation.org/our-work/grants/rockefeller-archive-center/.

③ 资中筠. 财富的责任与资本主义的演变: 美国百年公益发展的启示[M]. 上海: 上海三联书店, 2015.

Foundation for the Advancement of Teaching),并于 1911 年成立卡内基纽约基金会。洛克菲勒于 1902 年成立普通教育委员会(General Education Board),以及 1913 年成立洛克菲勒基金会。除此之外,还有大量的在国内知名度较低的基金会几乎于同时期成立,例如 1907 年成立的拉塞尔·塞奇基金会(Russell Sage Foundation),1918 年成立的联邦基金会(The Commonwealth Fund),1925 年成立的约翰·西蒙·古根海姆纪念基金会(John Simon Guggenheim Memorial Foundation),1930 年成立的凯洛格基金会(W. K. Kellogg Foundation),1936 年成立的福特基金会(Ford Foundation)和同年成立的罗伯特·伍德·约翰逊基金会(Robert Wood Johnson Foundation),1937 年成立的莉莉基金会(Lilly Endowment,Inc.)等。1900 年至 1940 年间,不仅有像卡内基纽约基金会、洛克菲勒基金会这样的大型基金会对美国的高等教育进行支持,也有中小型的基金会开展资助工作。据统计,截至 2015 年,美国本土成立了 86,203 家基金会,总资产达到了 8,900.61 亿美元,其中,独立型基金会有 79,489 家,占据基金会总数量的 92%,运作型基金会为 3451 家,占据总数量的 4%,除此之外,还有公司基金会 2468 家和社区基金会 795 家,①美国基金会的数量之多、资产体量之庞大令人叹为观止。

　　本书聚焦于洛克菲勒和卡内基慈善事业中与美国研究型大学联系较为紧密的基金会,例如卡内基纽约基金会、卡内基华盛顿研究所(The Carnegie Institution of Washington)、洛克菲勒基金会、普通教育委员会、劳拉·斯佩尔曼·洛克菲勒基金会(Laura Spelman Rockefeller Memorial Foundation,以下简称劳拉·斯佩尔曼基金会)等。之所以在众多的基金会中选取这两大慈善巨头旗下的基金会作为重点研究对象,是因为在 19 世纪末至 20 世纪上半叶这一时期,对研究型大学资助具有标杆意义的基金会均来自这两位慈善家,其资助特征、资助理念、资助结果等均具有代表性。

　　通过对基金会的进一步考察,发现在基金会对研究型大学资助的过程中,同样伴随着基金会内部资助理念、资助方式、组织架构等方面的演进,包括 1901—1920 年,卡内基华盛顿研究所的小规模个体资助,确立了基金会与研究型大学的资助关系,谓之"第一代基金会";1921—1928 年,普通教育委员会、洛克菲勒基金会、劳拉·斯佩尔曼基金会大规模、全方位地对研究型大学展开资助,有力地促进了研究型大学科学知识的增进,谓之"第二代

---

① Foundation Center. Foundation Statistics[R]. New York：Foundation Center，2015.

基金会";1929—1940 年,基金会内部资助理念和架构出现了调整,对研究型大学的资助采取"问题导向"的资助策略,基金会的资助总量开始萎缩,但借助对大学内部校长等关键人物的影响力,基金会促使了研究型大学世界引领地位的确立,谓之"第三代基金会"。通过对三代基金会的资助进行整体性考察,结合基金会对以哈佛大学为代表的研究型大学的资助效果,探讨基金会与美国研究型大学崛起的关系。

二、研究型大学

研究型大学(Research University)可以理解为聚集在特定地点钻研、探索高深领域知识的人类群体组合。研究型大学必然在教学与科研两方面具有较大的优势,根据字面意义,研究型大学以研究作为主业,以教学作为培养研究型人才的主要途径,开展的是高层次人才的培养和科学技术的研究与开发工作,其中均离不开人的因素,教学的目的在于培养优秀的高端研究人才,而培养人才和产出高质量研究成果的根本在于高质量的师资队伍。

美国研究型大学的分类及标准,首推卡内基教学促进委员会的大学分类标准,2005 年,在卡内基高等教育机构分类中,美国大学被分为博士学位授予大学、研究型大学一类、研究型大学二类等类型,并认为具有博士学位授予能力的研究型大学是美国引领世界人才培养和科学研究的主力军。[①] 除此之外,成立于 1900 年的美洲大学联盟被视为美国研究型大学发端的标志。美洲大学联盟目前拥有 62 名成员,主要以创新能力、学者声誉、科研进步能力以及社会影响力作为吸收成员的主要指标。美洲大学联盟成员的博士学位授予量占到全美科学与工程学位总量的 55%,[②] 美洲大学联盟中的 14 所创始成员大学,包括哥伦比亚大学、哈佛大学、芝加哥大学等时至今日仍然为世界知名研究型大学。[③]

本书将研究型大学的地理界限界定在美国,其研究型大学应以学术研究为中心任务,具有良好的社会声誉。约翰·泰勒(John Taylor)认为,研究型大学具有以下六项关键特征:基础研究与应用研究相结合、研究导向的教学活动、多学科交叉研究、高比例的研究生、充裕的办学经费支持和国际化

---

① Carnegie Foundation. Our History[EB/OL]. [2017-10-31]. www. carnegiefoundation. org.

② Our Members,Association of American Universities[EB/OL]. [2017-10-31]. https://www. aau. edu/who-we-are/our-members.

③ 美洲大学联盟初创的 14 所成员大学分别是:哥伦比亚大学、康奈尔大学、哈佛大学、约翰·霍普金斯大学、普林斯顿大学、斯坦福大学、加利福尼亚大学－伯克利、芝加哥大学、密歇根大学、宾夕法尼亚大学、威斯康星大学－麦迪逊、耶鲁大学、克拉克大学和美国天主教大学。

视野。① 菲利普·艾特巴赫(Philip Altbach)认为,研究型大学具有如下特质:大学体系分层的最顶端、经费充裕、社会收入稳定、优秀的师资、自治和学术自由。② 由此可见,卓越的学术研究、人才培养和充足的办学经费是研究型大学的突出特征。

就具体大学而言,本书拟从美洲大学联盟确认的 62 所大学名单中选取研究对象,由于本书探讨的是美国 1900 年至 1940 年间的研究型大学崛起历程,故以美洲大学联盟 14 所创始成员大学为主体展开研究。"1900 年美洲大学联合会(AAU)的成立,标志着一种自觉群体的研究型大学的出现。"③其中,既有老牌的哈佛大学、哥伦比亚大学等,也有新兴的芝加哥大学、约翰·霍普金斯大学等。罗杰·盖格(Roger L. Geiger)认为,美国现代研究型大学的特质是由殖民地时期的老牌五校(哈佛大学、耶鲁大学、宾夕法尼亚大学、普林斯顿大学、哥伦比亚大学)和新成立的 5 所大学(麻省理工学院、约翰·霍普金斯大学、斯坦福大学、芝加哥大学、克拉克大学)所塑造的。④ 故而,本书拟选取美国研究型大学中具有标杆意义的哈佛大学作为重点研究对象,从微观层面考察基金会资助研究型大学的历程。

第三节　文献综述

一、有关美国研究型大学的研究

教育通史类著作中关于美国研究型大学的研究,有助于研究者宏观把握美国研究型大学在历史发展中的作用与地位。这些通史类著作主要有:《外国教育通史(1—6 卷)》《美国教育史》《战后美国教育史》《美国高等教育通史》《美国高等教育史》《教育问题史》《西方教育思想史》《美国教育:观念与制度的变迁》《西方教育文化史》等。

布鲁巴克的《教育问题史》以主题加年代的新颖写法创造了教育史研究

---

① John Taylor. Managing the Unmanageable: The Management of Research in Research-Intensive Universities[J]. Higher Education Management and Policy,2006,18(2):3-4.

② Philip G. Altbach. Advancing the National and Global Knowledge Economy[J]. Studies in Higher Education,2013,38(3):316-330.

③ 罗杰·L.盖格. 增进知识——美国研究型大学的发展(1900—1940)[M]. 王海芳,魏书亮,译,周钧,校. 保定:河北大学出版社,2008:前言 13.

④ Michael M. Crow, William B. Dabars. Designing the New American University[M]. Baltimore: Johns Hopkins University Press,2015:17-18.

的新范式,正如书中所言:"经济发展及周期变化对教育持续不断地发挥着制约作用,具体包括:维持生存经济与生产过剩经济中的教育、教育工作与闲暇二元论的起源、商业资本主义的兴起与中产阶级教育、工业革命引起的教育变革、有闲阶级教育理想的衰落、中产阶级主导的资本主义教育、劳工组织对教育的态度、无产阶级革命与教育。"书中的多个主题,例如政治与教育、经济与教育、学院的公共管理与私人管理、大学现代化、美国的研究生教育和专业教育、学校与社会进步等主题或章节,为研究美国研究型大学提供了极好的视角。[①]　滕大春在其《美国教育史》第三编中,详细解构了南北战争后的教育,并且将美国著名教育学家的思想融汇其中,有助于研究者理解美国高等教育发展的全貌;[②]亚瑟·科恩将美国高等教育进行分期,与本书关系较为紧密是其《美国高等教育通史》中的第三章"工业化时期大学的转型(1870—1944)",在这一章中,亚瑟·科恩从社会背景、院校、学生、教师、课程、管理、财政和成效八个方面分而论之,亚瑟·科恩的著作很显然是依据美国的国家历史发展对教育发展历史进行分期,在国家发展的大环境中探讨教育发展历史。[③]　约翰·赛林的《美国高等教育史》同样对美国的高等教育发展进行了历史分期,相较于亚瑟·科恩,约翰·赛林的分期更加细化,同时采用主题加编年的方式展开论述。与本书关联较为密切的是"工业巨头与大学的创建(1880—1910)""成功与过剩:高等教育的扩张与改革(1920—1945)"。[④]　单中惠主编的《西方教育思想史》在"19世纪末至20世纪"一章中,集中阐述了诸如进步教育思想、实用主义教育思想等,有助于研究者了解当时美国的教育思潮。[⑤]　张斌贤和郭法奇主编的《美国教育:观念与制度的变迁》中,从"利益博弈与学校变革:1906—1917年美国工业教育运动""现代教育思想的探索"等方面剖析美国高等教育,具有将历史史实与教育思想相结合的显著特点。[⑥]　弗里曼·伯茨的《西方教育文化史》最后四章侧重探讨19世纪和20世纪美国教育的社会基础、智力基础、学校与社会的互动以及当时的教育思想,同样值得参考。[⑦]

①　约翰·S.布鲁巴克.教育问题史[M].单中惠,王强,译.济南:山东教育出版社,2012.

②　滕大春.美国教育史[M].北京:人民教育出版社,2002.

③　亚瑟·科恩.美国高等教育通史[M].李子江,译.北京:北京大学出版社,2010.

④　约翰·赛林.美国高等教育史[M].孙益,林伟,刘冬青,译.北京:北京大学出版社,2014.

⑤　单中惠.西方教育思想史[M].太原:山西人民出版社,1996.

⑥　张斌贤,郭法奇.美国教育:观念与制度的变迁[M].北京:中国社会科学出版社,2017.

⑦　R.弗里曼·伯茨.西方教育文化史[M].单中惠,徐小洲,编,王凤玉,译.济南:山东教育出版社,2013.

以上教育通史类著作,不仅有利于从整体上把握美国高等教育的发展脉络,而且对 19 世纪和 20 世纪美国研究型大学所处的政治、经济、文化背景进行了详尽的阐述,有利于研究者全面地了解美国研究型大学的发展历程。从这些教育通史类的优秀著作中可以发现,诸多学者在论述美国研究型大学的发展历程时,不只是单一地论述美国研究型大学的发展,而是紧密结合当时美国的社会、政治、经济等状况展开研究,视野开阔。

聚焦美国研究型大学发展的论著,从不同角度、不同侧重点解读美国研究型大学的崛起历程,其中部分内容涉及本书相关的基金会支持研究型大学的研究。从历史角度展开叙述的主要有罗杰·L.盖格的《增进知识——美国研究型大学的发展(1900—1940)》,该书以四个时间节点划分美国研究型大学的形成,分别是 1865—1920 年的美国研究型大学的形成、1900—1920 年的大学研究状况、第一次世界大战到 1930 年的研究型大学、20 世纪 30 年代的研究型大学,以及就基金会与研究型大学、私人资助的大学研究体制进行论述,是与本书密切相关的著作之一。[1] 罗杰·L.盖格还著有《研究与相关知识——第二次世界大战以来的美国研究型大学》,其时间节点虽然不同,但是该书接续上一部著作,可以使研究者很好地了解美国研究型大学的整体发展历程。[2]《研究型大学及其赞助者》从"企业与大学的合作:一种新兴的合作关系""国际和国外区域研究"等角度对研究型大学进行了论述。[3]《美国研究型大学的兴起——战后年代的精英大学及其挑战者》详细阐述了第二次世界大战之后的研究型大学,与罗杰·L.盖格的著作有异曲同工之妙。[4]《美国现代大学的崛起》则不是传统的编年史著作,而是依据不同主题进行论述,形式、内容都较为新颖。[5]

有关研究型大学的个案研究同样较多,其中涉及一些研究型大学的社会募款运动、募款历史等汲取社会资源过程的论述。例如《麻省理工学院的

---

① 罗杰·L.盖格. 增进知识——美国研究型大学的发展(1900—1940)[M]. 王海芳,魏书亮,译,周钧,校. 保定:河北大学出版社,2008.
② 罗杰·L.盖格. 研究与相关知识——第二次世界大战以来的美国研究型大学[M]. 张斌贤,孙益,王国新,译. 保定:河北大学出版社,2008.
③ 罗伯特·M.洛森茨维格,芭芭拉·特林顿. 研究型大学及其赞助者[M]. 张弛,译,张斌贤,校. 保定:河北大学出版社,2008.
④ 休·戴维斯·格拉汉姆,南希·戴蒙德. 美国研究型大学的兴起——战后年代的精英大学及其挑战者[M]. 张斌贤,於荣,王璞,译. 保定:河北大学出版社,2008.
⑤ 劳伦斯·维赛. 美国现代大学的崛起[M]. 栾鸾,译. 北京:北京大学出版社,2015.

成长历程：决策时刻》①和《战略性研究型大学的崛起：1917—1980 年的麻省
理工学院》②以及《汲取经验：普林斯顿大学校长的反思》③三部著作，均以各
大学校长的任期作为划分阶段，论述这些研究型大学在发展历程中的矛盾、
冲突与解决始末，其中涉及学校为争取基金会支持而采取的相关措施。《麻
省理工学院如何追求卓越》④和《哈钦斯的大学：芝加哥大学回忆录 1929—
1950》⑤等著作，论述美国某一大学的崛起历程。由于芝加哥大学校长哈钦
斯对基金会等社会资源支持的忽视，导致学校的财政吃紧，这也从侧面警醒
大学领导者应当重视社会资源的支持。这些学术成果，从不同学校、不同方
面考察了美国各个研究型大学的成长轨迹。

　　本书重点研究的哈佛大学为世界众多学者所关注，论著丰富多样。姜
文闵的《世界著名学府：哈佛大学》是国内较早的关于哈佛大学的研究著作，
书中对哈佛大学的校史、治理机制、学术研究等进行了较为详尽的介绍。⑥
吴咏慧的《哈佛琐记》以游学体验的方式介绍哈佛大学的面貌。⑦ 舸昕则对
包括哈佛大学、斯坦福大学等在内的诸多美国研究型大学进行了论述，全面
考察了美国研究型大学的发展面貌。⑧《哈佛大学发展史》一书全面地研究
了从 1636 年哈佛学院创办到 20 世纪哈佛向现代化转型的历程，论述详尽，
堪称哈佛大学发展史的优秀著作。⑨ 朱国宏借用"帝国"一词来形容哈佛大
学，从哈佛大学的发展历史、治理机制、学生、教师、科研等方面阐述哈佛大
学的伟大办学成就。⑩ 谷峰的《哈佛的故事》则结合美国的国家历史脉络对
哈佛大学展开论述，从"五月花号"殖民者初登美洲大陆直到查尔斯·埃利
奥特(Charles W. Eliot)将哈佛大学建设成为一所现代化的大学，视角独

① 戴维·凯泽. 麻省理工学院的成长历程：决策时刻[M]. 王孙禺，雷环，张志辉，译. 北京：清华
大学出版社，2015.
② 曾丹富，王孙禺. 战略性研究型大学的崛起：1917—1980 年的麻省理工学院[M]. 北京：科学技
术文献出版社，2016.
③ 威廉·G. 鲍恩. 汲取经验：普林斯顿大学校长的反思[M]. 王天晓，译. 北京：高等教育出版
社，2012.
④ 查尔斯·维斯特. 麻省理工学院如何追求卓越[M]. 蓝劲松，译. 北京：北京大学出版社，2013.
⑤ 威廉·H. 麦克尼尔. 哈钦斯的大学：芝加哥大学回忆录 1929—1950[M]. 肖明波，杨光松，译.
杭州：浙江大学出版社，2013.
⑥ 姜文闵. 世界著名学府：哈佛大学[M]. 长沙：湖南教育出版社，1988.
⑦ 吴咏慧. 哈佛琐记[M]. 北京：生活·读书·新知三联书店，1997.
⑧ 舸昕. 从哈佛到斯坦福：美国著名大学今昔纵横谈[M]. 北京：东方出版社，1999.
⑨ 郭健. 哈佛大学发展史研究[M]. 石家庄：河北教育出版社，2016.
⑩ 朱国宏. 哈佛帝国[M]. 上海：上海人民出版社，2002.

特。① 另外,国外关于哈佛大学的论著中,以塞缪尔·莫里森(Samuel E. Morison)的《哈佛 300 年》(*Three Centuries of Harvard*)②和凯勒·莫顿(Keller Morton)的《哈佛走向现代：美国大学的崛起》(*Making Harvard Modern：The Rising of America's University*)③最为知名,两书从各个方面论述了哈佛大学的发展,得到了哈佛大学的官方认可。

尚未被介绍到国内的关于美国研究型大学的国外研究成果同样较多,其研究的切入视角多样,且能够运用学科交叉的方法对美国研究型大学的发展进行考察。例如罗伯特·邦菲利奥(Robert A. Bonfiglio)从公共关系的视角考察了 20 世纪的美国大学由自我封闭转向拥抱社会的历程;④海勒姆·米勒(Hiram S. Miller Jr.)选取了美国具有代表性的研究型大学探讨伴随时代发展的大学转型问题;⑤阿卜杜拉·阿巴尔吉(Abdullah A. Al-Bargi)从政治学与社会学的角度出发,对 1850 年至 1900 年美国高等教育的转变进行了考察;⑥蒂莫因·凯恩(Timothy R. Cain)对 1913 年至 1941 年间的美国大学的学术自由问题进行了专题探讨;⑦罗伯特·格利森(Robert E. Gleeson)详细研究了 1908 年至 1970 年的美国大学研究生教育问题,而研究生教育同样是研究型大学的重点工作之一;⑧马修·彭妮(Matthew T. Penny)以得克萨斯州的四所大学为个案,讨论自二战以来研究型大学作为服务国家和社会的工具所具有的显著特点;⑨迈克尔·科恩(Michael D. Cohen)将研究时间再往前推,就美国内战与高等教育重构的关系进行探讨,

---

① 谷峰. 哈佛的故事[M]. 北京：中国电影出版社,2005.

② Samuel E. Morison. Three Centuries of Harvard, 1636-1936 [M]. Cambridge：Harvard University Press, 1936.

③ Keller Morton. Making Harvard Modern：The Rising of Amercia's University[M]. New York：Oxford University Press, 2001.

④ Robert A. Bonfiglio. The History of Public Relations in American Higher Education in the Twentieth Century：From Self-interest to National Interest [D]. New York：Columbia University, 1990.

⑤ Hiram Samuel Miller Jr. Transformed by Modernity：An Analysis of the Founding Documents of Selected American Institutions of Higher Education [D]. Charlottesville：University of Virginia, 2000.

⑥ Abdullah Ali Al-Bargi. The modernization and Democratization of American Higher Education, 1850-1900：A Political and Social Perspective[D]. Tempe：Arizona State University, 2006.

⑦ Timothy Reese Cain. Academic Freedom in an Age of Organization, 1913-1941[D]. Ann Arbor：University of Michigan, 2005.

⑧ Robert Edwards Gleeson. The Rise of Graduate Management Education in American Universities,1908-1970[D]. Pittsburgh：Carnegie Mellon University, 1997.

⑨ Matthew Tyler Penny. "Instruments of National Purpose" World War Ⅱ and Southern Higher Education：Four Texas Universities as a Case Study[D]. Houston：Rice University,2007.

对美国研究型大学进行了追根溯源。①

　　另外,朱莉·鲁本(Julie R. Reuben)的《追求真理:科学探索、宗教与美国大学的发展(1870—1920)》(*In Search of Truth: Scientific Inquiry, Religion, and the Development of the American University*, 1870-1920)着重探讨19世纪70年代至20世纪20年代美国大学的发展,描绘了这一时期美国研究型大学的转型,在宗教与科学之间进行艰难抉择,并最终实现大学现代化的历程。② 这一时期是美国大学成为现代研究型大学的关键阶段,各种思潮激荡,朱莉研究的时间阶段与本书接近,且论述翔实,史料丰富,具有很高的参考价值。海勒姆·米勒的《向现代转型:美国高等教育机构创建文档分析》(*Transformed by Modernity: An Analysis of the Founding Documents of Selected American Institutions of Higher Education*)则追根溯源,试图从美国研究型大学创建之初的文档中寻求美国大学实现现代化转型的答案。③ 与此相对应的是马克·朗埃克(Mark G. Longaker)的《粉饰与革命:美国高等教育殖民地和现代时期的历史、修正与教育》(*Rhet/Comp and Revolution: History, Rhetoric and Pedagogy in Colonial and Contemporary*),该书试图以历史一以贯之的角度,从历史发展的根源探寻美国高等教育向现代化转变的历程。④ 迈克尔·科恩的《重塑大学校园:高等教育与美国内战》(*Reconstructing the Campus: Higher Education and the American Civil War*)以美国内战为分界线,重点论述由于内战后美国资本主义发展障碍的彻底清除,高等教育开始呈现出与殖民地时期完全不一样的发展风貌,为美国研究型大学的建设奠定了坚实的政治、思想和经济基础。⑤ 梅·海瑟(May P. Hser)的《美国高等教育国际化:美洲大学联盟的国际化定量研究》(*Internationalization of U. S. Higher Education: A Quantitative Analysis of the International Dimension of*

---

① Michael David Cohen. Reconstructing the Campus: Higher Education and the American Civil War[D]. Cambridge: Harvard University,2008.

② Julie A. Reuben. In Search of Truth: Scientific Inquiry, Religion, and the Development of the American University, 1870-1920[D]. Stanford: Stanford University, 1990.

③ Hiram S. Miller Jr. Transformed by Modernity: An Analysis of the Founding Documents of Selected American Institutions of Higher Education [D]. Charlottesville: University of Virginia, 2000.

④ Mark Garrett Longaker. Rhet/Comp and Revolution: History, Rhetoric and Pedagogy in Colonial and Contemporary[D]. State College: The Pennsylvania State University, 2003.

⑤ Michael David Cohen. Reconstructing the Campus: Higher Education and the American Civil War[D]. Cambridge: Harvard University, 2008.

Association of American Universities)以美洲大学联盟的主要研究型大学为研究对象,通过定量研究的方式,阐释研究型大学发展壮大后的国际化历程。① 这些回顾美国高等教育发展历史的研究,聚焦性较强且以学科交叉的视角进行探讨,也有涉及基金会给予研究型大学支持的部分,但考察尚不充分。

综合而言,有关美国研究型大学的研究成果较为丰富,教育通史类著作可以为研究者提供全面、系统的视角考察美国研究型大学的发展历程;国内目前已有的关于研究型大学的研究聚焦性较强,也涉及了部分基金会支持美国研究型大学的论述,但由于其考察重点在美国研究型大学的发展历程,关于基金会对研究型大学支持部分着墨不多,考察尚不充分;尚未引入国内的一些研究成果同样存在这一问题,深入探察美国研究型大学崛起历程中基金会角色与作用的论著较为少见。

二、有关大学经费来源与基金会的研究

教育财政类著作中涉及大学办学经费的研究。例如理查德·金(Richard A. King)等人的《教育财政——效率、公平与绩效》一书以高等教育经费来源为切入点,从经费配置、绩效使用、大学内外各方利益平衡等方面进行论述,其理论框架使其成为教育财政研究的权威著作。② 米切尔·鲍尔森(Minchael B. Paulsen)等人的《高等教育财政:理论、研究、政策与实践》详尽阐述了教育财政研究诞生以来的相关理论,从政府的政策制定到效果检验,较为翔实地记录了美国高等教育财政的发展与现状。③ 商丽浩的《政府与社会:近代公共教育经费配置研究》主讲中国高等教育财政近代化的历程,结合当时中国的社会历史发展和相关思潮,阐述公共教育经费配置问题。④ 由以上研究可见,教育经费不仅是大学内部的经费配置问题,还是大学与社会互动关系的重要主题。以教育财政为切入点探讨教育发展问题,成为国内外研究高等教育的重点课题之一。

---

① May Paw Hser. Internationalization of U. S. Higher Education: A Quantitative Analysis of the International Dimension of Association of American Universities (AAU) [D]. New York: University of New York, 2003.
② 理查德·A. 金,奥斯汀·D. 斯旺森,斯科特·R. 斯威特兰. 教育财政——效率、公平与绩效 [M]. 曹淑江,主编. 北京:中国人民大学出版社,2010.
③ 米切尔·B. 鲍尔森,约翰·C. 舒马特. 高等教育财政:理论、研究、政策与实践[M]. 孙志军,程刚,郑磊,毛建青,译. 北京:北京师范大学出版社,2008.
④ 商丽浩. 政府与社会:近代公共教育经费配置研究[M]. 石家庄:河北教育出版社,2001.

　　大学与社会的互动这一主题为本书提供了良好的研究启发。《美国公立大学的未来》一书着重探讨了在社会大发展的背景下,高等教育机构如何调适自身的定位,广泛涉及教学、科研与服务社会等方面,作者虽然在探讨美国的公立大学,但从中可以窥见美国高等教育在与社会互动的过程中,如何调适自身,融入人类社会的大生态系统之中。① 与本书较为密切的著作还有《美国公立大学收支比较研究》②《美国联邦科学政策与世界一流大学发展》③等,着重探讨美国高等教育的财政政策,以及一流研究型大学的发展。除此之外,安德森·帕特里夏(Anderson W. Patricia)的《第三方支持下的私立研究型大学财政(1966－1982)》(*The Finance of Research in Private Universities by the Private Sector*,1966-1982),虽然其研究时间段与本书有所区别,但著者聚焦于私立研究型大学在基金会支持下的财政状况,为本书提供了有益的研究思路。④ 以上著作均从不同角度探讨了美国大学与政府、基金会等社会资源的关系问题,其中包含部分著名研究型大学,为本书提供了比较广阔的视野。

　　美国慈善基金会的研究以思想渊源、历史发展轨迹、作用与影响三个方面的论著较多。众所周知,美国建国前的慈善思想源自欧洲大陆,尤其是英国的慈善思想和传统。例如,加里·柯克曼(Gary B. Kirkman)的《英国慈善史》(*A History of English Philanthropy*)从宗教教义出发,阐述《伊丽莎白济贫法》出台的始末,使研究者可以很好地了解美国慈善思想的渊源。⑤ 真正奠定美国现代公益慈善思想的是卡内基的《财富的福音》一书,卡内基通过对传统宗教慈善的解读,认为纯粹的给予无力从根本上解决弱势群体的贫困问题,应当采用"授之以渔"的方式以科学的方法帮助他们。⑥ 此书一经出版即引起巨大反响,得到了洛克菲勒等人的赞同,至今影响美国富人财富管理的价值取向。孙维勇认为,现代慈善基金会的产生和发展与美国

①　詹姆斯·杜德斯达,弗瑞斯·沃马克. 美国公立大学的未来[M]. 刘济良,译. 北京:北京大学出版社,2006.

②　陶红. 美国公立大学收支比较研究[M]. 北京:北京理工大学出版社,2012.

③　张东海,谢安邦. 美国联邦科学政策与世界一流大学发展[M]. 上海:上海教育出版社,2010.

④　Anderson Wilde Patricia. The Finance of Research in Private Universities by the Private Sector, 1966-1982[D]. San Diego: San Diego State University, 1985.

⑤　Gary B. Kirkman. A History of English Philanthropy[M]. London: P. S. King & Son Orchard House West Minister, 1905.

⑥　Andrew Carnegie. Gospel of Wealth and Other Timely Essays[M]. New York: The Century Co,1900:26.

的个人主义、自然权利和有限政府等思想息息相关。①

历史发展轨迹方面,亚历山大·麦吉尔(Alexander T. McGill)的《爱国主义、慈善与宗教:美洲殖民地时期的社会》(*Patriotism*,*Philanthropy*,*and Religion*:*American Colonization Society*)试图构建出美洲殖民地时期的典型社会特征,作者认为殖民地时期美利坚民族的形成与宗教和慈善两者相伴相生,由此可见美国慈善文化的厚重。② 基金会的作用与影响巨大,对美国乃至世界的各项事业发展均起到一定的影响作用。龙尼·哈格蒂(Ronnie Hagerty)的《世界慈善事业中基金会的变革作用》(*The Role of Foundation in the Changing World of Philanthropy*)③以及美国财政部出版的《私人慈善与公共需求》(*Private Philanthropy and Public Needs*)④系列研究报告,系统性地回顾了科学慈善的产生、发展与影响。

从大学经费来源和基金会的相关研究可见:大学通过与社会互动汲取包括基金会在内的社会资源,慈善的价值观念和资助形式在 19 世纪发生了巨大转变,即由单纯地给予转变为科学性、目的性的资助。从以上著作中可以看出,从大学经费来源的视角考察基金会在美国研究型大学发展历程中的作用,这一研究主题虽有学者涉猎,但仍缺乏专门的深度挖掘。

三、有关基金会支持美国高等教育的研究

本书中的"基金会支持研究型大学"这一内容,众多研究者从美国研究型大学的社会公共募款汲取基金会等社会资源和基金会本身对研究型大学的支持两个角度进行阐述。

美国高等教育机构通过公共募款等方式汲取基金会等社会资源,用以支持自身的发展,故而,公共募款成为美国高等教育机构主动要求基金会给予支持的主要手段之一。例如,《高校筹资多元化研究》一书将捐赠视为高校筹资重要途径,同时还着重探讨了基金会资助大学后的管理与运营问题。⑤《美国高校社会捐赠制度研究》从高校募款对象、募款的历史演进、社会捐赠制度框架、社会捐赠制度的路径依赖分而论之,视角独特,侧重于捐

① 孙维勇. 现代慈善基金会建立背后的美国精神[D]. 北京:对外经济贸易大学,2006.
② Alexander T. McGill. Patriotism, Philanthropy, and Religion: American Colonization Society [M]. Washington D. C. : McGill & Witherow Printers,1877.
③ Ronnie Hagerty. The Role of Foundation in the Changing World of Philanthropy[D]. Yellow Springs: Antioch University, 2012.
④ Department of Treasury. Private Philanthropy and Public Needs[R]. Washington D. C. , 1977.
⑤ 马永霞,等. 高校筹资多元化研究[M]. 北京:北京理工大学出版社,2013.

赠的"制度"研究,具有较强的现实借鉴意义。① 有趣的是,《国外高校社会捐赠制度研究》同样侧重高校社会募款的制度性研究,主要从外部法律保障层面进行研究,且将英国、美国、日本、中国四国进行横向对比分析,具有教育经济学和法律制度保障的显著特征。② 需要着重提出的是《象牙塔里的乞丐——美国高等教育募款史》,该书是笔者目前接触到的唯一一部专门介绍美国高校社会募款的著作,著者从美国殖民地时期开始论述,到《莫里尔法案》(Morrill Act)出台再到 20 世纪,时间跨越整个美国高等教育发展历史,且着重从大学外部阐述高等教育的募款,史料翔实丰富,纵观全局。③

《绿色校园:高等教育募款》(The Campus Green: Fund Raising in Higher Education)是华盛顿教育促进与支持委员会(Council for Advancement and Support of Education)出版的工作报告,报告表现出明显的实用主义倾向,就大学募款的成本花费、募款对象、社会大环境等进行了详尽的论述,成为美国各大高校开展募款运动的必备指南。④ 与之类似,《高等教育财政重点:保持合理学费,成本控制与公共募款》(Critical Issue Bibliography Sheet: Maintaining Financial Health-Tuition, Cost Containment, and Fundraising)同样是美国华盛顿教育促进与支持委员会出版的工作报告,但从宏观的角度分析高等教育机构的财政经费问题,包括学费、政府拨款和基金会支持三大方面。⑤ 此外,还有针对大学的个案研究,例如印第安纳大学⑥、匹兹堡大学⑦等,也有针对不同募款主体的研究,

① 高晓清.美国高校社会捐赠制度研究[M].长沙:湖南师范大学出版社,2011.
② 周贤日.国外高校社会捐赠制度研究[M].北京:中国法制出版社,2015.
③ 弗兰克·H.奥利弗.象牙塔里的乞丐——美国高等教育募款史[M].许东黎,陈峰,译校.桂林:广西师范大学出版社,2011.
④ Barbara E. Brittingham, Thomas R. Pezzullo. The Campus Green: Fund Raising in Higher Education[R]. Washington D. C.: Association for the Study of Higher Education, 1990.
⑤ Eric Clearinghouse on Higher Education. Critical Issue Bibliography Sheet: Maintaining Financial Health-Tuition, Cost Containment, and Fundraising [R]. Washington D. C.: Association for the Study of Higher Education, 2001.
⑥ Genevieve G. Shaker, Brittany L. Kienker, Victor M. H. Borden, The Ecology of Internal Workplace Giving at Indiana University: A Case Study of Faculty and Staff Campus Campaign Communications and Fundraising[J]. International Journal of Nonprofit Voluntary, 2014(19): 262-276.
⑦ Alex J. Ducanis. Financing Higher Education: A Bibliography[R]. U. S. Department of Health, Education & Welfare Office of Education, 1971.

例如图书馆①、运动训练专业②等。这些著作主要从大学的外围环境探讨基金会支持高等教育问题，又或者仅从大学募款运动本身进行探讨。

近年来，高等教育机构社会募款成为全球关注的问题，诸多研究者从不同方面阐述高等教育机构募款问题。玛丽贝思·盖斯曼（Marybeth Gasman）等人系统性地回顾了 20 世纪 60 年代和 70 年代的美国黑人学院募款问题；③伊芙·普罗珀（Eve Proper）对比了英国和美国大学的社会募款运动，为中美高校的大学募款对比提供了有益的视角；④研究者同样对中国高等教育等非营利性组织的社会募款进行了关注，例如苏珊·麦卡锡（Susan K. McCarthy）⑤和邓国胜（Guosheng Deng）⑥等人。

国外关于基金会支持研究型大学的研究，以支持研究型大学发展、变革为主要特征。斯宾塞基金会资助出版的《教育与主要慈善基金会报告》（A Report of Education and Major Philanthropic Foundations）选取了包括洛克菲勒基金会、卡内基基金会、拉塞尔·塞奇基金会等九大基金会对美国研究型大学的资助项目及影响进行论述。⑦迈克尔·巴拉格（Michael Ballagh）的《引燃变革：基金会对美国高等教育的资助》（Igniting Change: Foundation Grant-making of American Higher Education）就基金会资助美国高等教育的突出特征即"变革"进行了详尽的论述；⑧约翰·克莱因（John W. Klein）的《进步时期洛克菲勒慈善的角色与影响》（The Role and Impact of Rockefeller Philanthropy during the Progressive Era）的以美国历史上的进步主义运动为背景，探讨当时对美国社会方方面面均具

① Bulter Meredith A. Successful Fundraising: Case Studies of Academic Libraries [R]. Washington D. C.: Association of Research Libraries，2001.

② William F. Stier Jr. Fundraising and Promotional Activities for the Successful Athletic Department[R]. New York: State University of New York，1988.

③ Marybeth Gasman, Noah D. Drezner. Fundraising for Black Colleges During the 1960s and 1970s: The Case of Hampton Institute[J]. Nonprofit，2010(39):321-342.

④ Eve Proper. Bring Educational Fundraising Back to Great Britain: A Comparison with the United States[J]. Journal of Higher Education Policy and Management，2009,31(2): 149-159.

⑤ Susan K. McCarthy. Serving Society, Repurposing the State: Religious Charity and Resistance in China[J]. The China Journal，2013,70(8):48-72.

⑥ Guosheng Deng. The Influence of Elite Philanthropy on NGO Development in China[J]. Asian Studies Review，2015,39(4): 554-570.

⑦ Robert J. Havighurst. A Report of Education and Major Philanthropic Foundations [R]. Chicago: Spencer Foundation，1976.

⑧ Michael Ballagh. Igniting Change: Foundation Grant-making of American Higher Education [D]. Claremont: Claremont Graduate University,2010.

有巨大影响力的洛克菲勒慈善事业。① 虽然近年来针对洛克菲勒基金会、卡内基基金会的研究较多，但考虑到其在美国乃至世界高等教育发展史上举足轻重的地位，结合当时的社会历史状况重新审视洛克菲勒基金会等的慈善事业，仍具有积极意义。

此外，安德森·怀尔德（Anderson Wilde）的《私人部门对私立学校的研究支持》（*The Finance of Research in Private Universities by the Private Sector*）采用定量研究的方法，从高等教育机构的收入和支出两个层面分析私立高校的私人支持以及高校内部的研究工作；② 格雷戈里·卡肖内（Gregory L. Cascione）对美国基金会支持高等教育的研究从宗教、捐赠者动机、现代公益慈善等方面着重进行论述，有利于研究者更好地了解美国高等教育发展历史上获取基金会支持的深层次原因；③ 与之相对应，弗雷德里克·赫斯特（Frederick M. Hurst）则以北亚利桑那大学为例，从微观视角阐述了现代慈善事业支持高等教育的过程。④ 约翰·克莱因对洛克菲勒基金会在进步主义时期的慈善事业进行了较为翔实的考察；⑤ 塞缪尔·卡什（Samuel G. Cash）的《美国公立研究型大学的私人志愿捐赠研究（1785—1958）》（*Private, Voluntary Support of Public Research Universities in the United States*：1785-1958）论述的时间跨度较长，从18世纪80年代开始至20世纪50年代末，向我们展示了个人捐赠支持美国公立研究型大学的演变历程。⑥

国内研究者对于基金会支持美国研究型大学的研究主要集中于现代公益慈善基金会，这方面的著述较多，笔者选取了其中具有代表性以及对本书具有启发借鉴意义的一些著作进行梳理、评述。《财富的责任与资本主义的演变：美国百年公益发展的启示》一书内容翔实，将美国社会的基金会事业

① Klein William John. The Role and Impact of Rockefeller Philanthropy during the Progressive Era [D]. Bronx：Fordham University，1980.

② Anderson Patricia Wilde. The Finance of Research in Private Universities by the Private Sector [D]. Ann Arbor：University Microfilms International，1985.

③ Gregory L. Cascione. Religion，Motivation，and Philanthropy to Higher Education[D]. Ann Arbor：The University of Michigan，2000.

④ Frederick Matthew Hurst. Philanthropic Giving Preference Differences：Nontraditional and Traditional Alumni at Northern Arizona University[D]. Cincinnati：Union Institute and University，2008.

⑤ John William Klein，The Role and Impact of Rockefeller Philanthropy During the Progressive Era[D]. Bronx：Fordham University，1980.

⑥ Samuel Gresham Cash. Private，Voluntary Support of Public Research Universities in the United States：1785-1958[D]. Tallahassee：Florida State University，1985.

与国家、社会发展变迁相联系,从历史与概况、20世纪初的三大先驱基金会,包括拉塞尔·塞奇基金会、卡内基基金会、洛克菲勒基金会进行论述。资中筠对基金会资助的思想动机与资助效果的分析入木三分,从历史和现实两个维度进行刻画,生动而深刻地呈现了美国现代慈善基金会的整体发展历程。[①]《改变中国:洛克菲勒基金会在华百年》侧重探讨20世纪初洛克菲勒基金会建立北京协和医学院的历史发展研究,由于西医的引进和洛克菲勒基金会的大手笔资助,其对中国的医学发展及西医教育的影响至今犹存。[②]《基金会在美国高等教育发展中的作用——卡内基教学促进基金会案例研究》等著作将基金会与高等教育的发展联系起来。[③]

除基金会本身的研究外,基金会在资助大学之前的各种调查、利益权衡、自身价值倾向以及与大学展开的博弈等研究主题较少得到关注。何贤贤就基金会支持美国高等教育的文化原因进行了分析,认为始自美洲殖民地时期的宗教慈善传统和美国建国后的互助精神为基金会资助高等教育奠定了文化基础。[④] 凌远宏尝试将私人基金会的资助与美国高等教育变革及发展相结合,认为其资助主要有精英主义倾向、合作方式的多样化,促进新学科的发展、帮助大学进行基础设施建设等特征。[⑤] 但其著作中关于这一部分的论述着墨不多,且试图从文化、政府政策等方面归因,从而忽略了基金会内部所具有的价值倾向性。王冰的《美国基金会的教育实践》[⑥]、刘喻的《美国私人基金会捐赠高等教育的研究》[⑦]、师丽娜的《美国私人基金会捐赠高等教育的运作及监管机制》[⑧]、蒙有华的《民间组织对美国高等教育的影响》[⑨]、王显梅的《私人基金会对美国高等教育的影响研究》[⑩]等从组织运作、内外协调等角度进行考察,但论述主题重复较多,从历史角度考察基金会支持与美国研究型大学崛起这一主题的较少。国内关于美国基金会对高

① 资中筠.财富的责任与资本主义的演变:美国百年公益发展的启示[M].上海:上海三联书店,2015.
② 马秋莎.改变中国:洛克菲勒基金会在华百年[M].桂林:广西师范大学出版社,2013.
③ 李政云.基金会在美国高等教育发展中的作用——卡内基教学促进基金会案例研究[M].长沙:湖南师范大学出版社,2011.
④ 何贤贤.基金会支持美国教育的文化传统分析[J].当代教育论坛(综合版),2010(3):120—121.
⑤ 凌远宏.私人基金会在美国教育上的角色和作用研究[D].福州:福建师范大学,2008.
⑥ 王冰.美国基金会的教育实践[D].保定:河北大学,2007.
⑦ 刘喻.美国私人基金会捐赠高等教育的研究[D].武汉:华中师范大学,2008.
⑧ 师丽娜.美国私人基金会捐赠高等教育的运作与监管机制[D].兰州:西北师范大学,2011.
⑨ 蒙有华.民间组织对美国高等教育的影响[D].重庆:西南大学,2007.
⑩ 王显梅.私人基金会对美国高等教育的影响研究[D].成都:四川师范大学,2011.

等教育支持的研究较多,选题类型也较为多样,但仅从单一组织支持高等教育这一主题做横切面研究,具有一定的局限性。

"有关美国研究型大学的研究""有关大学经费来源与基金会的研究"以及"有关基金会支持美国高等教育的研究"这三大主题的文献梳理,为本书提供了较好的研究资料基础,但已有的研究成果在某些方面仍然不尽如人意,现归纳为以下几点:

其一,针对 19 世纪末 20 世纪上半叶基金会支持美国研究型大学的研究较为少见,大多数研究以研究型大学的发展为主要线索,综合各方面因素进行论述。基金会支持部分虽偶有涉及,但对基金会在研究型大学发展过程中的重要地位和作用尚未进行充分考察。

其二,当今美国研究型大学已经实现办学经费来源多样化,但对其历史发展的考察并不充分,尤其是基金会支持美国研究型大学发展的过程并未引起研究者的重视。从历史发展的角度研究美国研究型大学经费来源中的重要组成部分——基金会支持,具有较为重大的意义。

其三,对历史上基金会支持美国研究型大学的研究主要侧重研究型大学的发展,而基金会层面的支持策略、支持价值倾向等尚未引起研究者的重视。与之相对应,既然基金会的支持具有很强的目的性和策略性,也就意味着大学必然在得到支持后给予一定的"回报",这一部分的探察被研究者忽略。

其四,基金会支持美国研究型大学发展乃至崛起,将两者紧密结合的研究较少,更多的是总体上论述基金会对美国高等教育体系的支持,没有突出基金会资助的重点——美国研究型大学。另外,综合性地考察基金会对美国研究型大学支持的研究也较少。

综合而言,通过对基金会等社会资源支持美国高等教育发展的文献梳理,可以发现在研究内容方面,国内外的研究者往往针对某一单一基金会进行论述,尤其是现代大型慈善基金会,而全面阐述基金会对美国研究型大学支持的研究鲜见;在研究方法方面,国外研究者较多采用定性研究与定量研究相结合的方式,国内研究者则大多采用定性论述的方式就某一问题进行阐释;在研究目的方面,国内研究者更多的是进行学理性探讨,国外研究者则主要为政策制定提供咨询建议,这两种研究取向并无优劣之分,但其研究目的决定了研究者如何看待基金会对研究型大学的支持这一主题;就研究的理论基础而言,诸多研究者采取了交叉的理论视角。

第四节　研究构想:以基金会资助演进为主线

一、研究思路

(一)以基金会资助演进为研究主线,以基金会对哈佛大学的关键性办学支持为研究辅线,选取基金会资助哈佛大学的典型办学案例为主要论述对象。美国研究型大学的发展历史波澜壮阔,如何在全面把握美国研究型大学发展历程的基础上,对基金会资助这一独特线索进行深度研究是本书面临的最大挑战。通过借助马克斯·韦伯的"理想类型"①研究方法,"从纷繁的经验材料中精确地显示出事实的关键层面和内在联系"②,辨析出研究型大学在发展过程中所具备的特质:高水平的科学研究和师资配备以及大规模的研究生培养,探讨基金会对研究型大学的关键层面支持,这些支持是否有力地促进了哈佛大学的科学研究、研究生培养以及吸引了优秀师资。从以哈佛大学为代表的美国研究型大学发展历程来看,1900 年之前的社会捐赠使得美国高等教育得以生存和发展,且直接促成了研究型大学这一新生事物的诞生与发展;20 世纪前 20 年慈善基金会确立了与研究型大学的资助关系,且在某些单一学科方面取得了资助突破;20 世纪 20—30 年代,基金会大规模支持研究型大学办学,有力地促进了研究型大学的科学研究和人才培养;20 世纪 30 年代,基金会对研究型大学的资助总量开始萎缩,但其资助质量的提升同样促进了研究型大学的崛起。

本书研究的基金会资助以 1900 年至 1940 年为时间阶段,这一时间段刚好也是美国研究型大学崛起的关键时期。如果着重论述哈佛大学的发展,则与前人所撰述的哈佛大学发展历史并无差异,本书研究的重点在于基金会对研究型大学的支持,首先探讨基金会本身的资助演进历程,进而以基金会资助为出发点,以研究型大学获得资助后的发展为落脚点。在这一过程中,基金会的资助使得美国的研究型大学在科学研究、优秀科研人员引进和研究生教育等方面呈现出了大发展的局面。故而,本书一方面着重探讨基金会对研究型大学的资助;另一方面,以考察哈佛大学在基金会支持下所

---

① Max Weber, translated and edited by Edward A. Shils and Henry A. Finch. Methodology of Social Science[M]. New Brunswick: Transaction Publishers, 2011:93.

② 何晓芳,张贵新. 高等教育市场化进程中的理想类型[J]. 高教探索,2008(2):44—48.

呈现出的研究型大学特点为侧重点,选取代表性资助行动展现美国研究型大学的崛起历程。

总体梳理 1900 年至 1940 年间的基金会支持与美国研究型大学的崛起过程,时间跨度较长:大学外,不同社会思潮涌动,尤其是进步主义运动对美国社会影响至深,涉及政治、经济、文化等各个方面;大学内,其内生性的研究型大学发展要求与外在基金会支持相结合后,产生何种调适,取得哪些发展成就,基金会的资金进入大学后,大学内部发生了哪些变化,取得了何种效果成为本书研究的落脚点。可以说,本书研究起始于从大学外在的庞杂社会系统,终结于研究型大学发展的内在生发机制。

宏观上,教育史研究不应仅仅是对文献史料的梳理,而是应该总结历史发展规律、合理地吸取历史发展经验与教训。从总体上对美国研究型大学的发展进行宏观把控,将美国研究型大学的崛起历程置于当时美国社会的整体大环境中,运用综合性、系统性的研究视角进行考察。在具体的研究过程中,涉及社会发展的各个主要方面,本书尝试以基金会自身资助理念的演进为基点,选取代表性的哈佛大学作为微观对象,探察基金会由于自身慈善理念的变迁与研究型大学所产生的互动情景。微观上,基金会支持美国高等教育并不是简单的慈善行为,而是带有强烈目的性的资助行动。研究基金会对研究型大学的支持,本质上是以高等教育机构为中心,探讨基金会为何进入大学,如何进入大学,进入后对大学的影响以及在多方的冲突与矛盾后,大学取得了哪些发展成就。本书试图在基金会自身发展演进的研究基础上,从微观的视角探察基金会对哈佛大学的资助。之所以选择哈佛大学作为考察重点,是因为哈佛大学作为美国最古老的大学,从 1636 年建校至今,其学术地位一直居于美国前列,在不同阶段汲取基金会等社会资源支持的过程中,完成了由传统英式学院制大学向现代研究型大学的转变,在美国高等教育发展史上具有标志性意义,同期的新建研究型大学诸如约翰·霍普金斯大学、芝加哥大学等成长历程与哈佛大学类似。

(二)本书的总体思路框架是以基金会在不同阶段慈善资助的演变为出发点,以研究型大学获得资助后的资助效果为落脚点(图 0.5)。基金会进入高等教育领域,从支持传统老牌高校到创建新大学,进而依据基金会的资助倾向选择性地资助特定的学科和学院,乃至引导大学内部的教学与科研工作。在这一过程中,彼时的基金会支持是美国研究型大学除学生学费外最大的经费来源,大学为获取经费展开与社会的互动。最终,在英国学院制大学和德国研究型大学的综合影响下,形成了具有美国特色的研究型大学。与美国研究型大学的发展相对应,外在基金会资助理念完成了由传统宗教慈善向现代科学慈善的根本性转变,基金会立足于自身的资助倾向有选择性地对大学进行资助,研究型大学的社会资源汲取能力和科研转化能力不断增强。直到第二次世界大战的到来,美国研究型大学的经费来源呈现出社会捐赠、政府拨款、学生学费、资产收益等多元化格局。在这种大学内部小系统和大学外部社会大系统相互协调的情境下,美国的研究型大学发生了根本性的转变,既不同于英国的学院制大学,也不同于德国的研究型大学,而是取两者所长,与美国社会互动后所形成独具美国特色的研究型大学。

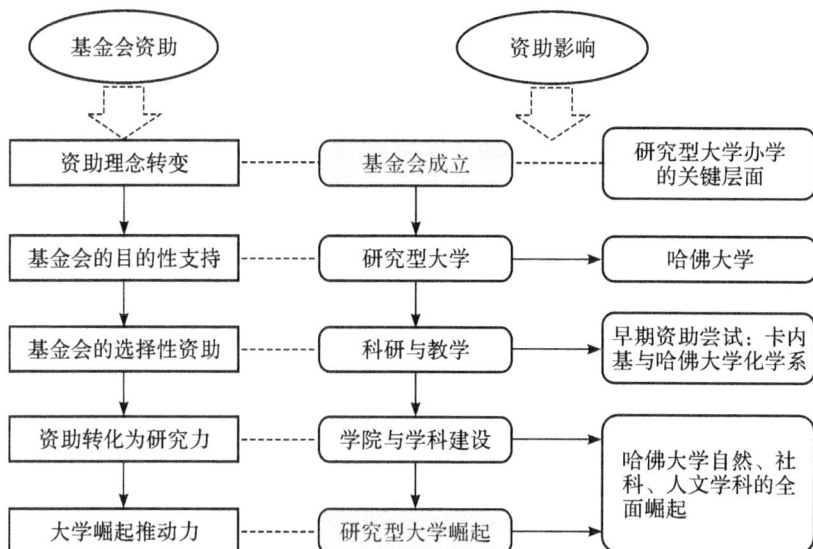

图 0.5 基金会支持美国研究型大学研究思路

(三)具体到哈佛大学的微观层面,由于哈佛大学的综合性和引领作用,本书选取哈佛大学发展历史上基金会对其关键层面的支持作为考察重点。以哈佛大学为中心,并不意味着将哈佛大学的校史作为研究线索,而是着重考察代表性基金会的资助与哈佛大学关键层面的发展。本书期望以基金会对哈佛大学关键层面的支持作为研究重点,进而展现基金会对美国研究型大学发展的重要作用。基金会早期对美国研究型大学的支持以卡内基华盛顿研究所为肇始,哈佛大学的化学系则从卡内基华盛顿研究所获得了在当时数额较大的资助,直接促使了哈佛大学化学系办学、教学、科研等方面条件的巨大改善。20 世纪 20—40 年代,洛克菲勒基金会对哈佛大学公共卫生学院、普通教育委员会对哈佛大学的自然科学和人文学科以及劳拉·斯佩尔曼基金会对哈佛大学的社会科学进行强有力的支持,促使哈佛大学成为具有世界声誉的研究型大学。

二、研究方法

(一)文献研究法

文献研究法作为教育史学科研究的常用方法,具有翔实、庞杂的特点,通过最大可能地搜集历史资料,在辨别真伪的基础上,最大限度地还原历史真相,可以对研究对象进行详尽的考察。通过第一手资料的收集与整理,加之第二手乃至第三手资料的进一步收集,辨别真伪,以年代为顺序进行梳理。本书首先收集基金会对研究型大学的资助资料和美国代表性研究型大学的资料,尤其是洛克菲勒和卡内基的慈善资助以及哈佛大学的相关资料,以基金会发展的时间顺序为主线,以基金会资助进入大学过程中所产生的矛盾、冲突、影响为重点,同时辅以1900年至1940年美国社会的思潮动态和经济发展状况。通过文献的收集与整理,能够有效地提供本书所需要的宏观样貌和真实历史情境。

(二)个案分析法

个案分析法有利于在宏观把握历史发展的基础上,选取具有代表性的案例进行深度剖析,可以使研究从宏观与微观两个层面展开,有利于本书全面地呈现历史事件,更好地阐明基金会支持美国研究型大学崛起的具体过程。本书选取哈佛大学作为研究型大学的个案,选取卡内基华盛顿研究所、洛克菲勒基金会、普通教育委员会、劳拉·斯佩尔曼基金会等作为慈善基金会的个案,以基金会资助阶段为主要历史分期,尝试将基金会资助研究型大学的宏观面貌与微观图景一一呈现。

三、研究内容

物质财富的积累、进步主义运动的兴起和社会对新型高等教育的呼唤,共同铸就了美国基金会自19世纪末期开始的大规模支持高等教育的历程。19世纪末20世纪初,美国实现近代工业化,物质财富极大增长的同时社会矛盾凸显,平民主义、进步主义思潮此起彼伏。出身贫寒继而发家致富的大资本家基于根治社会矛盾、造福全人类的目的,开始成立慈善基金会。德国研究型大学理念传至美国,在一大批留德返美的有识之士倡导下,高等教育变革势在必行。资助高等教育成为解决社会矛盾、促进国家进步的主要手段之一。

　　基金会期望通过资助高等教育实现社会改良理想。20世纪初,随着自然资源的开发和铁路网、通信网的建成,美国经济迅猛增长,物质财富积累达到前所未有的高度,随之而来的是层出不穷的社会问题,要求变革的呼声日益高涨。在美国的社会发展进程中,个人主义、自由与平等的价值观念深入人心,但在"镀金时代"期间,社会达尔文主义横行,优胜劣汰的竞争机制与美国人先前自由、平等的价值观念产生极大冲突。与此同时,资本主义的快速发展导致社会财富集中于少数大资本家手中。据1900年的统计数据显示,全美1%的人口占据社会财富总量的87%,更有1000万美国人生活在贫困线以下。① 进步主义运动要求对社会各项弊端进行改革,例如管理混乱的市政、妇女选举权、大型交通运输企业的治理、自然资源保护、人居环境提升、银行体制改革等全国性重大问题,同时要求"反对政治机器、贪污腐败、政客和特权"②。根本上,进步主义运动是美国社会转型期的运动思潮,是农业社会向工业社会转型过程中的调适运动。在高等教育领域,高等教育机构的"智囊"作用并未在社会改革进程中发挥作用,彼时的美国高等教育尚未真正走出象牙塔,脱离现实生活需求和研究水准低下的高等教育已经无法满足社会进步的需求。

　　传统的基督教志愿精神,以合理处理剩余财富、造福社会为宗旨的《财富的福音》一书的出版与调适社会发展矛盾的进步主义运动等相结合,催生了现代公益事业。基金会成为美国富人分配剩余财富的最佳手段,资助教育则成为缓解社会现实矛盾和体现美国个人主义价值观的最佳途径。"美国早期移民远在建国以前,在温饱尚未解决之时就把办学校放在第一位……大基金会重视扶助教育,相信优胜劣汰,又相信人可以通过教育提高素质,变劣为优;相信机会平等、自由竞争,同时认为最重要的平等是教育机会平等。"③

　　本书的研究内容为基金会支持与美国研究型大学的崛起,着重探讨基金会在支持研究型大学发展过程中所扮演的地位和作用,系统、全面地考察基金会支持美国研究型大学的过程,并在综合分析的基础上,探讨美国研究型大学崛起过程中获得基金会资助的特征。本书着重探讨如下问题:

---

① Maureen A. Flanagan. America Reformed Progressives and Progressivisms 1900s-1920s[M]. New York:Oxford University Press,2007:62.

② 李哲. 论进步主义运动对美国外交的影响[D]. 秦皇岛:燕山大学,2012:14—15.

③ 资中筠. 财富的责任与资本主义的演变——美国百年公益发展的启示[M]. 上海:上海三联书店,2015:348.

（一）基金会对研究型大学的资助演变。基金会对研究型大学的资助演变主要体现在组织形式的演化和资助理念的演进两个方面：从早期的卡内基华盛顿研究所到普通教育委员会、洛克菲勒基金会等；从卡内基华盛顿研究所的小规模个人资助到大规模、立体化的全方位资助。慈善的组织形式由宗教慈善转变为基金会慈善，基金会成为美国社会慈善的高级组织形式；随着对研究型大学支持的展开，基金会本身的慈善理念伴随着对研究型大学的资助开始演变，科学慈善的实施路径一直是基金会管理者重点思考的问题。基金会是出于何种目的支持美国研究型大学的发展？这是本书研究的逻辑起点。第二次世界大战之前美国高等教育经费的获取、学校的运行基本上依靠民间力量，尽管有 1862 年颁布的《莫里尔法案》等联邦干预高等教育发展的举措，但支持高等教育发展的主要力量依然来自民间。

在探讨基金会为何支持研究型大学发展的过程中，关注基金会的成立与背景、为何选择支持研究型大学、在资助的过程中其内部及与学校出现了哪些矛盾与冲突、资助的策略伴随时间的发展而发生了哪些变化；相较于传统的个人捐赠和宗教慈善，基金会是否具有与以往社会资源支持不一致的地方；基金会带有目的性、倾向性的资助是否有意或者无意地充当了美国高等教育改革者的角色；在资助过程中，基金会如何形塑美国研究型大学的形态、整体上对美国高等教育具有哪些影响。基金会资助不仅延续了基督教的慈善传统，而且与时俱进地采取"公司化"管理策略，实现科学的慈善目标。在哈佛大学的发展历史上，除了基金会资助外，普通民众和校友的捐赠、公司慈善等均作为社会资源的一部分进入哈佛大学，成为学校的办学经费，但基金会的资助仍是促使哈佛大学成为具有世界声誉的研究型大学的重要原因之一。

（二）面对传统与现代相交融的社会大环境，基金会大规模地资助高等教育机构，力推高等教育大发展，作为受助者如何应对捐赠、如何实现发展是研究型大学的思考重点。一方面，大学的办学经费需要基金会的支持，乃至其生存与发展均仰赖于基金会等社会资源的支持；另一方面，大学作为独立的个体，也不是任人摆布的棋子，高等教育内在发展使命要求大学追求崇高学术、严格人才培养、提升科学研究水平，尤其是在德国研究型大学理念的影响下，这些大学面对基金会的外力推拉，做出了何种调适？笔者推测这些调适是内外力联合作用的结果，这些结果也决定了美国大学必然要在其内部人才培养、科学研究等方面做出调整，做出调整后又产生了哪些影响？是否有力地促进了学校科学研究水准、人才培养水准和社会声誉度的提升？

基金会的资助是否形塑了美国的大学形态？就目前美国研究型大学发展的结果来看,答案是肯定的。当我们深入到具体问题的时候,则以哈佛大学为个案从微观中探讨美国研究型大学的崛起过程,探察在基金会的资助下,美国研究型大学从内外两个维度被形塑的过程。

四、创新与不足

(一)研究内容的创新

本书从基金会资助发展的角度考察其对美国研究型大学的支持,以基金会资助演进为主线,以研究型大学节点性发展为辅线,综合考察基金会与美国研究型大学的崛起历程。美国殖民地时期的慈善捐赠,初期并未摆脱欧洲尤其是英国的宗教慈善思想,基本上与欧洲宗教慈善一脉相承。英国1601年颁布的《伊丽莎白济贫法案》(The Poor Law)被视为现代慈善的先驱法案,欧洲的慈善思想自然而然地传递至美洲殖民地。但自南北战争后,美国的慈善形态发生了较大的变化,以基金会为代表的社会资源开启了美国特色的资助模式,实现了社会资源与研究型大学建设相结合的飞跃性发展。在全新的资助模式之下,以基金会为中心,拓展出基金会内、外两个维度的支持链条:基金会内部,科学慈善的实施路径、资助理念、资助策略、资助目的等均伴随时间的发展而演进;基金会外部,作为组织性较强的社会资源,基金会进入研究型大学后,必然要求大学在科学研究和人才培养方面交出满意的答卷,以满足基金会的实用性资助目的,与此同时,美国的研究型大学在基金会外力推拉和教育家改革的内力驱动基础上实现了崛起。

在充分把握史料的基础上,探讨美国研究型大学的崛起过程中基金会的角色与地位。长期以来,研究者将视角聚焦于美国研究型大学的内在层面,从内部视角探察研究型大学的成长历程,而以基金会资助发展为主线的研究则较为少见。从时间分期来看,1900年至1940年为美国研究型大学崛起的关键时期,彼时的美国政府尚未开始大规模资助研究型大学,后期虽由于战争的因素加入资助行列,并成为主要赞助者,但以基金会为代表的社会资源仍是这一时期促进美国研究型大学发展的主要角色。总体来看,国内外对于基金会在美国研究型大学崛起过程中扮演的角色和作用的深入研究较少。

(二)研究视角的创新

以宏观与微观相结合的视角关注基金会在美国研究型大学崛起过程中的地位与作用;以基金会资助为主线,以年代发展为顺序的研究范式关注美国研究型大学的崛起历程。本书选取哈佛大学作为美国研究型大学的代表，同时整体性考察美国研究型大学的崛起历程。宏观与微观视角相结合，以基金会本身对慈善意义的探索、自身的"更新换代"为叙事主线，着重研究基金会的发展以及对研究型大学的资助。

（三）不足之处

宏观加微观的研究视角把控尚有难度，涉及本书的深度资料收集有较大困难。任何历史事件的发展都不是孤立的，基金会支持美国研究型大学崛起的历程，更是如此。无论是从基金会的支持历程还是美国研究型大学在汲取资源后所取得的发展结果看，基金会本身作为美国社会的组成部分，其发展壮大以及对研究型大学的资助，与当时美国的政治、经济、社会思潮以及科技发展均密切相关；高等教育机构尤其是美国的研究型大学，其调适机制也不是孤立存在，本书尝试在整体社会大环境下采取宏观加微观的视角进行探讨，以更好地理解这一研究主题。以基金会资助为叙事主线、以研究型大学崛起为重点的研究，如何将众多看似杂乱的阶段性史料运用交叉的理论视角和方法进行分析和梳理，且得出足够令人信服的研究结论，是本书面临的最大挑战。

第一章 初步结合:社会捐赠与研究型大学的诞生与发展(1900年之前)

　　民间资本在美国的高等教育起步、扩张阶段和研究型大学形成阶段均起到举足轻重的作用。在政府资助"缺席"的大背景下,基金会等社会资源的支持成为促进美国高等教育尤其是研究型大学发展的主要推动力。基金会的"前身"是宗教慈善、个人捐赠等早期社会捐赠,为整体性、系统性把握基金会对研究型大学的支持,有必要从早期社会捐赠的角度考察美国研究型大学的创建与发展。

　　1636年马萨诸塞湾区(Massachusetts Bay)诞生了美国第一所高等教育机构——新学院。在约翰·哈佛(John Harvard)的捐赠下,新学院得以生存下去,为纪念约翰·哈佛的捐赠,学院于1639年更名为哈佛学院(Harvard College)。社会资源大规模支持美国高等教育的标志是19世纪末"科学慈善"(Scientific Philanthropy)的兴起以及大型基金会的创建,诸如洛克菲勒基金会、卡内基纽约基金会等,他们成为推动美国高等教育发展与改革的重要力量,甚至在一定程度上形塑了美国的高等教育体制。以基金会为代表的社会资源在支持高等教育的过程中,施加了极为重要的影响,主要集中于课程创新与改革、办学质量提升、科学研究发展等方面。①

　　19世纪末至20世纪上半叶的基金会资助,促使美国的研究型大学与社会发展、国家利益产生直接的联系,基金会这一新资助形式的出现是美国高等教育发展历史上重要转折点——基金会以科学慈善替代原有的宗教慈善,展开对高等教育的理性捐赠,成为社会资源支持美国高等教育的最合理形式。慈善基金会的资助对美国研究型大学的发展起到了重要作用,通过选择性的资助策略,促使了美国高等教育的分层和研究型大学内部教学与科研的改革,直接促进了美国高等教育向现代化转型。美国研究型大学的

---

① 克拉克·克尔. 大学之用[M]. 高铦,等译. 北京:北京大学出版社,2008.

发展主要以开展科学研究、扩充研究生教育规模和"增进知识"为主要特征。① 然而，由于捐赠者的捐赠动机、价值观念等原因，基金会等社会资源的支持对高等教育机构的内部自治和学术自由同样提出了挑战。总体而言，基金会的资助促进了美国高等教育的发展，促使部分美国大学成长为研究型大学，将教育学家的办学理念付诸实践，从规模和质量两个层面对高等教育施加影响。

第一节　早期社会捐赠支持高等教育的背景

殖民地时期的美国高等教育伴随欧洲移民而建立，早期的美洲殖民者为创造"模范社会"（exemplary society）而筹建高等教育机构。美洲早期的高等教育是对欧洲高等教育的简单模仿，其课程设置、教育目的乃至慈善形式都与欧洲相似，高等教育仅仅是作为"模范社会"应有的一部分而存在。北美殖民地最早建立的高等教育机构是于1636年成立的哈佛学院，当时诸多社会富裕人士予以支持，殖民地政府、牧师、商人和行政官员乃至普通民众等都有捐赠。早期殖民地学院是对欧洲高等教育机构的简单模仿，加之高等教育与社会的联系并不密切，学院办学趋于保守，慈善类型同样继承自欧洲。

1759年，教育家、科学家、美利坚合众国创建者之一的本杰明·富兰克林（Benjamin Franklin）发表了《关于宾夕法尼亚青年教育问题的建议》（"Proposals Relating to the Education of Youth in Pennsylvania"）一文，文中明确指出青年人的教育不应该仅仅局限于传统的宗教领域，而应该广泛涉猎包括法语、德语、西班牙语、自然历史等知识，首次对高等教育课程内容提出了大胆的建议——这是美洲大陆关于高等教育改革的首次尝试与挑战。② 美洲殖民地早期的高等教育募款和社会捐赠，一方面，确保了脆弱的处于襁褓时期的高等教育得以生存和缓慢发展；另一方面，高等教育机构被各方捐赠者视为实现其自身目的的工具，更为重要的是，支持高等教育的思想已经得到广泛传播，深入人心，社会慈善理念开始扎根于美洲大陆。

---

① 罗杰·L.盖格.增进知识——美国研究型大学的发展（1900—1940）[M].王海芳，魏书亮，译，周钧校.保定：河北大学出版社，2008.

② Benjamin Franklin. Proposals Relating to the Education of Youth in Pennsylvania[EB/OL]. [2019-01-10]. Founders Online, National Archives, last modified June 13, 2018, http://founders.archives.gov/documents/Franklin/01-03-02-0166.

一、承袭欧洲慈善传统

众所周知,殖民地时期的美洲移民以英国清教徒为主,其慈善思想不仅受到基督教教义的影响,而且很大一部分承袭自欧洲,尤其是英国。但不同的是,英国的慈善起始于政府的立法主导,而美国的慈善更加注重民间"自治",这也导致美国的慈善思想和行为在承袭欧洲的同时,走向了不同的道路。

17世纪的英国社会虽然处于相对封闭的环境下,但资本主义圈地运动已经悄然起步,大量的失地农民流落街头,进而集聚到城市中寻求出路。在资本主义在获得长足发展的同时,英国的社会问题日益严峻。据统计,15世纪50年代至17世纪40年代,英国的纺织品工业产值增加了16倍之多。① 彼时的英国社会受到亚当·斯密(Adam Smith)古典政治经济学和边沁(Jeremy Bentham)功利主义(Utilitarianism)的影响:一方面,英国社会倡导自由资本主义的发展策略,对外,政府通过征收关税以保护本国资本主义产业的发展,对内,则倡导无为而治,任由资本家开疆拓土;另一方面,功利主义哲学中的实用即至善的理念导致政府的监管角色缺失,社会贫富差距日渐拉大。在这两股潮流的加持下,英国的资本主义经济虽取得了长足的发展,但是贫富分化等社会问题也日益严峻,甚至威胁到英国社会的稳定。据统计,从16世纪开始,英国的民间起义暴乱一度达到了每五天一次,② 成为当时英国统治阶级极为担忧的问题。

在政府开始重视社会稳定,关注失地农民和工人阶级的大背景下,1601年《伊丽莎白济贫法案》正式出台,这一法案实质上是政府关注弱势群体和失业人员再就业相结合的法案。《济贫法案》规定,年老及丧失劳动能力者应该在家中接受赡养;家庭无力抚养的孩童则由政府集中抚养,后续派遣到工厂从事学徒工作。法案规定,政府以教区为单位开展相关的济贫工作。尽管在具体的执行过程中,强制弱势群体进行劳动等措施有所争议,但是其历史地位不容小觑——这是英国政府第一次以法令形式确认了政府对社会秩序的监管行为,也从侧面刺激了英国社会的慈善捐赠行为。后续,英国政府针对住房、教育、医疗等民众关心的问题制定多项法规政策。1834年,《伊丽莎白济贫法修正案》(*The Poor Law Amendment Act*)得以实施,人道

---

① Gregory C. Coleman. The Economy of England,1450-1750[M]. Oxford:Oxford Paperbacks,1977:75.

② 屈劲夫.英国社会经济史[M].北京:商务印书馆,1936:162.

主义关怀色彩更加浓厚，以政府为主导的社会慈善经过两百多年的洗涤，终于走向了正轨。

英国的政府慈善行为开始刺激民间力量，在政府倡导下，各种慈善捐赠和慈善组织纷纷出现。《伊丽莎白济贫法案》由于以教区为单位进行济贫，也就意味着教会不仅拥有基督教中慈善教义的正当性，而且也得到政府法律的认可。民众对教会的捐赠由零星、散乱逐步走向规模化。据统计，1861年，伦敦各个教会及慈善机构获得的经营性收入为 84 万英镑，而民间捐赠则达到了 160 万英镑，这一数据在 1869 年进一步刷新，捐赠总收入达到 560 万英镑。[1] 与此同时，英国社会各式各样的慈善机构开始如雨后春笋般地成立，截至 1861 年，伦敦地区的慈善机构多达 640 个，[2]成为名副其实的"慈善之城"。英国的慈善传统伴随清教徒移民美洲新大陆而传播到新英格兰等地区，可以说，美国的慈善传统从一开始就是从其宗主国英国"嫁接"而来的。

殖民地时期的美国因各项事业发展相对欧洲处于落后状态，欧洲的高等教育捐赠传统为美洲殖民者所引入，潜移默化地影响着美洲殖民者的捐赠理念。正如罗伯特·布雷姆纳(Robert H. Bremner)在《美国慈善》(American Philanthropy)一书中所言："美洲殖民地时期，跨越大西洋的人们抱有一个理念，即要建立一个全新的世界——一个不同于欧洲大陆的文明世界，故而，慈善的理念一方面从欧洲介绍而来，另一方面也开始了其本土化历程。"[3]

二、美国高等教育慈善的初步形成

美国本土高等教育慈善思想的形成，仰赖于科顿·马瑟(Cotton Mather)和本杰明·富兰克林。马瑟作为 17 世纪至 18 世纪美洲大陆最具影响力的哲学家和宗教家之一，出生于波士顿的一个传统清教徒家庭，秉承了基督教的仁爱教义，出版多部专著倡导民众向善。马瑟认为清教徒的致富精神固然值得赞扬，但是作为上帝的选民，应当将自身的世俗财富进行再分配，通过慈善捐赠实现自身救赎。事实上，马瑟也对基督教的慈善思想进

---

① David Owen. English Philanthropy,1660-1960[M]. London:Oxford University Press，1965:136.
② Bernard Harris. The Origins of the British Welfare State[M]. New York: Palgrave Macmillan Press，2004:65.
③ Robert H. Bremner. American Philanthropy[M]. Chicago: The University of Chicago Press，1988:7.

行实践,由于他在宗教和哲学方面的卓越建树,在民众中拥有广泛的影响力。他曾经劝说当时的商业成功人士伊莱休·耶鲁(Elihu Yale)在 1718 年向康尼狄格州纽黑文市的一所私立大学捐赠,耶鲁先生总共捐赠了价值超过 562 英镑的货物以及书本等办学物资,后来这所大学成为了赫赫有名的耶鲁大学。①

富兰克林作为美国的建国者之一,其慈善思想逐步走向世俗化,以社会发展和民众实际需求为导向,这为美国"第三部门"的发展奠定了基础。富兰克林在费城建立了志愿消防队(Volunteer Fire Department)和美国哲学协会(American Philosophical Society),倡导整合民间力量提升居民福利和开展科学研究。富兰克林在 1749 年发表的《关于宾夕法尼亚青年的教育建议》②一文中,较为详尽地阐述了费城青年乃至美国未来青年人的教育理念。"良好的青年教育是由各个不同时期的智者进行的,教育对个人享受美好生活和为国家做出贡献起到最为基础的作用。"除此之外,富兰克林还特别注重青年人的道德教育、体育锻炼和历史知识学习。在富兰克林的倡导下,宾夕法尼亚大学得以建立,并取得了长足的发展。1749 至 1755 年间,富兰克林一直担任宾夕法尼亚大学董事会主席一职,为学校的发展奠定了良好的基础,同时,其慈善行为得到广泛的认可。

哈佛学院的创办及发展在美洲殖民地时期的高等教育慈善事业中具有标志性意义。早在 1641 年,哈佛学院的管理者们就派遣了三名传教士回到欧洲大陆进行社会募款,以"教化印第安人"和"建设文明新大陆"作为社会募款的主要理由,在英国等国筹得 500 英镑。③ 1646 年,新英格兰教会号召其所管辖的四个殖民地的每个家庭为哈佛学院捐赠至少一先令,帮助成长中的哈佛学院。社会资源的支持在美国早期的高等教育办学经费中,占据了极为重要的地位。如表 1.1 所示,哈佛学院初创时期的经费来源中,尽管有当地政府部门的拨款,但是社会资源的支持始终占据主流地位,1636 年至 1686 年间,社会捐赠占据哈佛学院办学经费总数的 73.92%,1687 年至 1726 年间,社会捐赠占比同样达到了 70.53%。

---

① Yale University. Traditions & History[EB/OL]. [2018-07-29]. https://www.yale.edu/about-yale/traditions-history.

② Benjamin Franklin. Proposals Relating to the Education of Youth in Pensilvania,1749[EB/OL]. [2018-07-29]. http://www.archives.upenn.edu/primdocs/1749proposals.html.

③ 弗兰克·H.奥利弗.象牙塔里的乞丐——美国高等教育募款史[M].许东黎,陈峰,译.桂林:广西师范大学出版社,2011:15.

表 1.1　哈佛学院办学经费来源表(1636—1726)

单位:英镑

时间	政府税收	社会捐赠	合计	社会捐赠占比
1636—1686	3,420	9,695	13,115	73.92%
1687—1726	8,295	19,851	28,146	70.53%

资料来源:Harvard College. Harvard Financial Report[R]. Harvard Archive Center,1636-1726.

概括而言,美国早期的高等教育慈善具有以下特点:

其一,捐赠目的以完善基础设施建设和硬件为主,例如学校建筑的建设、图书的购买等。哈佛学院创建及发展初期,慈善捐赠为其至关重要的办学经费来源。美国高等教育初始阶段的这种以民间资助为主的经费来源,体现的正是宗教慈善背景下慷慨精神的源头,正是由于有这种源头的存在,才会在美国高等教育后续大发展过程中,呈现出基金会等社会资源大规模支持高等教育的局面。①

其二,高等教育捐赠以基督教教义为最高精神指引且指定资金用途,初步显现未来社会资源干预高等教育的端倪。美洲大陆殖民者相信,他们在人世间所创造的物质财富本质上是上帝的给予,而这些在上帝的指引下获得的财富应当回馈社会,支持包括高等教育事业在内的公共福利事业,社会也会因为信徒的贡献而予以纪念。例如哈佛学院就是以捐赠人约翰·哈佛的名字命名,哈佛大学校园(Harvard Yard)内约翰·哈佛塑像的旁白对“哈佛”校名的由来进行了如下解释:“为纪念约翰·哈佛先生的慷慨捐赠,使得学院得以生存和发展,学院决定命名为‘哈佛学院’,约翰·哈佛先生当之无愧这一荣誉。”②

哈佛学院在美洲大陆开创了高等教育机构向社会募捐的先例,1641年,三位传教士托马斯·韦尔德(Thomas Weld)、休·彼得(Hugh Peter)和威廉·希宾斯(William Hibbins)返回欧洲,专门为哈佛学院进行募捐——

① Beverly McAnear. The Raising of Funds by the Colonial College[J]. Mississippi Valley Historical Review,1952(8):591-612.

② 人们普遍认为哈佛校园中的约翰·哈佛塑像并非捐赠者本人,现雕像的原型人物为哈佛学院毕业生舍曼·霍尔(Sherman Hoar),真正的捐赠人约翰·哈佛则早在1638年就已经离世,且并未留下任何画像,捐赠者本人也从未来过哈佛校园,但“三个谎言的雕塑”(The Statue of Three Lies)一直留在哈佛校园中为人们所参观。Cambridge Historical Tours. John Harvard Statue[EB/OL]. [2018-11-29]. https://cambridgehistoricaltours.org/about-us/sites/john-harvard-statue/.

这是美国高等教育向社会募款的肇始,较为专业化的社会募款雏形开始显现,三位传教士携带的《新英格兰的初步果实》(New England's First Fruits)成为向欧洲大众募款的主要工具之一。诸多捐赠哈佛学院的富裕贵族,一方面以上帝的名义回馈学校和社会;另一方面又指定了自身的捐赠应该用于学校的特定方面。例如,当地的著名商人亨利·韦布(Henry Webb)指定他的捐赠应该用于资助"贫困的学者或者优秀的学者"①。再比如,哈佛学院在18世纪获得的最大一笔捐赠来自一位叫作托马斯·霍利斯(Thomas Hollis)的商人,此人经商极其抠门,在当地的声誉并不好,但他将自身的财产全部捐赠给哈佛学院,并开放包容地认为,大学应该享有言论自由,无论何种教派,只要言之成理即好。促使其捐赠的重要因素是他对基督教上帝的真挚信仰,正如他本人所言:"在经过四十多年的经商后,在上帝的指引下,我获得了很多财富,同样,上帝也指引我如何将财富进行分配。"②

其三,募款对象的多样化,既面向传统精英贵族群体,又面向普通大众,乃至政府部门,美国高等教育经费来源多样化的传统由此奠定。在哈佛学院向社会募款的过程中,其募款对象既有安·莫尔森(Anne Moulson)等英国贵族人士,也有以社区为单位的本土平民。英国贵族摩尔森在1643年向哈佛的三位传教士捐赠了一百英镑,其资助具有指定用途的特点,明确规定必须对"艺术领域的贫困学者进行资助"③。同样,按照契约精神,哈佛学院确保摩尔森的捐赠按照其本人的意愿执行。社会捐赠对高等教育的影响力由此初现端倪,资金用途的指定使用,一定程度上对高等教育机构施加了影响力。除传统贵族群体外,哈佛学院的社会募款同样面向普通大众,例如哈佛档案馆记载了一位叫作凯西·温妮(Kathy Venne)的女士,她对学校的捐赠是:一个装水果的盘子,一个银制的糖勺和一把水壶。④ 除此之外,当时的社区如普利茅斯地区宣布以社区的名义向学院进行一定数额的捐赠。由此可见,彼时的美国高等教育办学经费极端匮乏,亟需各项资助,但同样是这种生存的压力促使了美国高等教育机构不断地向社会募集资金,形成了

---

① Albert Matthews. Colonial Society of Massachusetts Collection[M]. Cambridge: The Society, 1925:39.

② 托马斯·霍利斯的捐赠对于当时缺乏办学经费的哈佛学院极为重要,时至今日,哈佛大学网络图书馆的自建搜索引擎仍然命名为:"HOLLIS Search"。

③ Andrew M. Davis. The First Scholarship at Harvard College[J]. Proceedings of the American Antiquarian Society,1887:129-139.

④ Samuel A. Eliot. A Sketch of the History of Harvard College[M]. Boston: C. C. Little and J. Brown, 1848:159.

较为强大的社会资源汲取能力。

美国殖民地初期的高等教育发展过程中,哈佛学院的创办及发展具有标志性意义,但是其宗主国英国牛津大学、剑桥大学的双子星发展经验,使得美洲大陆的殖民者们认为除了哈佛学院外,应当建立其他的高等教育机构,例如,耶鲁学院(Yale College)、国王学院(Kings College,即后来的哥伦比亚大学)、威廉·玛丽学院(William Mary College)等。彼时的美国社会已经形成了一种认识:"学院从建立到发展仰赖于社会的捐赠,贡献一小份力量可以促使其发展,只要正确地使用捐赠,美洲高等教育就可以较好地发展起来。"①受到哈佛学院 1641 年三位传教士英国本土募款运动的启发,利用社会资源为高校募集办学经费的职业募款人雏形开始出现,例如杰里迈亚·达默(Jeremiah Dummer)曾经利用自身的社会关系网络帮助耶鲁大学进行社会募款。针对美洲本土的海外捐赠则带有一定的宗教传教性质,尤其是英格兰的捐赠被认为要带着上帝的福音到美洲大陆,而高等教育机构被认为是一种极好的传教工具,②故而,早期的很多捐赠主要针对大学神学讲席。

虽然彼时的社会捐赠支持高等教育的形式和内容均较为保守,但是也萌发出一些鼓励新知识和实用学科的捐赠。例如保罗·达德利(Paul Dudley)作为马萨诸塞湾区行政长官的儿子,在对哈佛学院进行捐赠的过程中,就指定捐赠用途为人文学科和自然科学的研究;③托马斯·汉考克(Thomas Hancock)作为一名在波士顿本地具有崇高声誉的商人,指定其捐赠应该被用于"东方语言尤其是希伯来语的教学工作";④伊齐基尔·赫西(Ezekiel Hersey)作为一名马萨诸塞州的物理学家,则指定在他去世后将其遗产用于解剖学和物理学方面的研究。⑤ 由此可见,不同捐赠者对捐赠款项的使用限定了条件,而这些"专业性研究"的捐赠要求对日后美国高等教育发展具有至关重要的作用。

---

① Samuel Johnson. President of King's College: His Career and Writings [M]. New York: Herbert and Carol Schneider, 1929:135.

② Beverly McAnear. The Rising Funds by the Colonial Colleges [J]. The Mississippi Valley Historical Review, 1875(8):9.

③ Samuel Eliot Morison. Three Centuries of Harvard, 1636-1936 [M]. Cambridge: Harvard University Press, 1936:64-66.

④ Benjamin Peirce. History of Harvard University [M]. Cambridge: Brown, Shattuck, and Company, 1833:100-101.

⑤ Albert Matthews. Colonial Society of Massachusetts Collection[M]. Cambridge: The Society, 1925:859.

第二节　早期社会捐赠对美国高等教育的支持

伴随各项事业发展,美洲大陆的高等教育开始呈现出高速发展的局面,高等教育机构不再仅仅集中于东海岸的少数地区,开始向其他区域扩展,从东部到中部,再从中部扩展到西部,整个美国在 18 世纪到 19 世纪间新建了大量学院,其中社会资源是关键性的推动力量。

在发展高等教育的原初动力上,初期美洲殖民地的建设者们认为,高等教育机构是美好家园不可缺少的一部分,但是自从学院在美洲落地生根后,支持学院的动力杂糅了宗教动力、捐赠者的个人喜好、大学被视为社区乃至地区文明发展的标志等各项因素。新建学院的办学经费极少数来自当地政府,绝大部分经费支持来自富商和普通民众,支持学院建设和运营在美国蔚然成风。为了彰显某一地区的文明开化,很多地区的富商和民众在捐赠学院的时候,都会特意强调高等教育机构的办学所在地问题,例如菲兰德·蔡斯(Philander Chase)是美洲殖民地时期一位著名的富商,也捐赠了好几所学院,但他在每次捐赠时都会明确表示:"学院的办学地必须在我居住的周围或者我所居住的城镇周围,否则,我将拒绝捐赠。"[1]除此之外,诸多民众认为,大学或者学院的建立具有经济价值,他们将大学在本地的设立等同于铁路或者运河的经过,会将学院设立与经济发展相结合,希望其为当地社区带来经济发展的新动力。

一、社会捐赠初步建立美洲高等教育系统

社会资源给予美洲高等教育机构的支持更多地倾向宗教领域,表1.2 中展示的是殖民地时期的大额捐赠,这些捐赠最大的特点在于除宗教捐赠外,捐赠领域开始呈现一定的多样化趋势,并且指定资金用途,学校的办学开始受到社会资源的指引,其办学内容、课程设置等开始迎合社会资源的喜好——这开启了后期社会资源对高等教育发展施加影响的序幕。

---

[1]　Anonymous. Bishop Chase's Reminiscences:An Autobiography[M]. Boston:Bioblolife,1848:472-473.

表 1.2　18 世纪美洲殖民地的知名私人捐赠

年份	支持学科	捐赠人	支持学校	金额
1721	神学	Thomas Hollis	哈佛	每年 40 英镑
1727	数学与自然哲学	Thomas Hollis	哈佛	390 英镑
1754	神学	Philip Livingston	耶鲁	283 英镑
1764	希伯来语及其他东方语言	Thomas Hancock	哈佛	1000 英镑
1766	神学	John William	普林斯顿	100 英镑
1771	修辞学	Nicholas Boylston	哈佛	1500 英镑

资料来源:Keller Phyllis, Morton Keller. Making Harvard Modern:The Rise of America's University[M]. London:Oxford University Press,2001:40.

　　如表 1.3 所示,当时美国新建立的 20 所大学或学院,均是在私人捐赠的基础上成立,其办学的初始资金主要由富裕人士提供,后期的办学经费则在社会大众和少数富裕人士的共同帮助下运营,加之学生学费、少量的政府拨款等,美国的高等教育系统开始逐步成型,为当时美国年轻人提供了较多接受高等教育的机会。

表 1.3　18—19 世纪美国在社会资源支持下新建的高等教育机构

序号	学院名称	捐助者
1	College of New Jersey	John Jay & Benjamin Franklin
2	Washington College	George Washington
3	Middlebury College	Gamaliel Painter
4	Bowdoin College	James Bowdoin
5	William College	Ephraim William
6	Amherst College	Samuel Williston & Amos Lafrence
7	College of Rhode Island	Nicholas Brown Jr.
8	Waterville College	Gardner Colby
9	Bates College	Benjamin E. Bates
10	Tufts College	William J. Walker & Sylvanus Packard
11	Wesleyan University	Isaac Rich
12	Transylvania University	Robert Davidson
13	Denison University	William S. Denison

续 表

序号	学院名称	捐助者
14	College in Chicago	Orrington Lunt
15	Indiana Asbury University	Washington Charles DePauw
16	Kenyon College	Kenyon Circles
17	Wabash College	Edwin Baldwin
18	Illinois College	Mark Hopkins
19	Marietta College	Henry Ward
20	Oberlin College	Arhtur Tappan

资料来源:Roger L. Geiger. The History of American Higher Education: Learning and Culture from the Founding to World War Ⅱ[M]. Princeton: Princeton University Press, 2014:316.

二、哈佛大学的创建与发展

在美洲殖民地时期,哈佛学院的创办具有开时代先河的重大意义。一方面,1636 年创办的哈佛学院前身"新学院"是美洲殖民者创办的第一所高等教育机构;另一方面,哈佛大学的成长历程堪称美国高等教育发展的历史缩影。1636 年,马萨诸塞湾殖民地政府(Massachusetts Bay Colony)为建设"模范社会",决定仿照宗主国英国的高等教育体制,创办一所学院,命名为"新学院"。① 当时的殖民地政府决定拨款 400 英镑建设美洲大陆第一所高等教育机构,彼时哈佛学院的前身"新学院"由于其办学经费主要来自殖民地政府,故具有公立学院的性质,但是约翰·哈佛的捐赠改变了学院的公立属性。

(一)约翰·哈佛捐赠与新学院更名

约翰·哈佛对马萨诸塞湾新学院的捐赠以及学院因捐赠而进行的更名,是社会资源支持美国高等教育的代表性案例。约翰·哈佛于 1607 年出生于英国伦敦地区,他的父亲罗伯特·哈佛(Robert Harvard)是一位屠夫并经营一家客栈,在当地属于富裕人士。约翰·哈佛作为家中九子中的第四子,并没有表现出太多突出之处。他的父亲和其他的兄弟姐妹在 1625 年欧洲黑死病的灾难中相继离世,他的母亲其后多次改嫁,最终于 1635 年去

---

① 叶通贤.社会资本视阈下哈佛大学的资金筹措与启示[J].黑龙江高教研究,2012,30(3):10—13.

世。约翰·哈佛的母亲继承了前几任丈夫的遗产，可以较为宽裕地供应哈佛读书，约翰·哈佛于 1632 年和 1635 年分别获得剑桥大学伊曼纽尔学院（Emmanuel College，Cambridge University）的学士和硕士学位。1637 年，约翰·哈佛携妻子移民美洲新英格兰地区，成为马萨诸塞地区的一位自由牧师。1638 年，约翰·哈佛由于肺结核结束了他短暂的一生。在向妻子提及其遗愿的时候，膝下无子同时又从欧洲的父母兄弟那里继承来的财产成为焦点，约翰·哈佛主动提及将其名下财产的一半（妻子继承另外一半）——大约 780 英镑以及 400 本书籍捐赠给马萨诸塞湾的新学院。次年，为嘉奖约翰·哈佛对新学院的突出捐赠，学院正式更名为哈佛学院。

约翰·哈佛对哈佛学院的捐赠具有代表性意义，它表明美洲殖民者开始关注教育问题，普遍性的捐赠传统开始逐步形成。美国 1789 年宪法中明确规定："凡未经宪法规定和联邦政府确认的事项以及各州不加禁止的事项，都属于各州及其人民的保留权。"[①]由于美国建国前后一段时期，发展教育不是最为紧急和优先的任务，将发展教育的权利留白，属于较为明智的选择。这也就意味着，高等教育的发展主要仰赖于州政府和民间的力量。虽然哈佛学院所在的马萨诸塞州殖民政府拨款 400 英镑筹建了哈佛学院，也允许将查尔斯河的过河税作为办学经费，甚至允许哈佛学院发行彩票用于筹措办学资金，[②]但从 1636 年哈佛学院创建到 1726 年的 90 年间，哈佛学院所获得的政府拨款仅仅只有 11,715 英镑，与之形成鲜明对比的是，来自社会各界对哈佛学院的捐赠则达到了 29,510 英镑，社会资源在早期哈佛学院的办学经费占比达到了 71.58%，占到绝大多数（表 1.1）。这表明，哈佛学院初创时期的经费来源中，尽管得到当地政府部门的拨款，但是社会资源的支持始终占据主流地位。

美国高等教育初期发展较为艰难，一方面，当时美洲殖民地的经济发展水平较为落后，没有足够的财力支撑高等教育的发展；另一方面，作为新大陆的"文明象征"之一，拥有一所高等教育机构成为一种标准配置。即使在当时生产力极其落后的情况下，人们依然关注教育问题，以慈善的名义支持高等教育机构的成立及发展。

---

① 乔卉. 美国哈佛大学资金筹措方式研究[D]. 北京：首都师范大学，2007：20.

② Samuel E. Morison. Three Centuries of Harvard College and University，1636-1936[M]. Cambridge：Harvard University Press，1936：12-13.

表1.4 哈佛大学办学经费收入(社会捐赠部分和政府拨款部分)(1636—1910)

单位:美元

年份	社会捐赠金额	政府拨款金额	总金额	社会资源占比
1636—1640	1,936	2,002	3,938	49.16%
1641—1645	4,826	0	4,826	100.00%
1646—1650	333	445	778	42.80%
1651—1655	1,475	666	2,141	68.89%
1656—1660	6,875	1,665	8,540	80.50%
1661—1665	266	0	266	100.00%
1666—1670	4,654	66	4,720	98.60%
1671—1675	7,745	1,831	9,576	80.88%
1676—1680	900	1,665	2,565	35.09%
1681—1685	7,041	1,998	9,039	77.90%
1686—1690	2,558	1,665	4,223	60.57%
1691—1695	462	1,332	1,794	25.75%
1696—1700	3,724	1,831	5,555	67.04%
1701—1705	1,498	0	1,498	100.00%
1706—1710	1,232	2,337	3,569	34.52%
1711—1715	2,979	2,758	5,737	51.93%
1716—1720	9,171	11,107	20,278	45.23%
1721—1725	8,259	907	9,166	90.10%
1726—1730	5,153	4,485	9,638	53.47%
1731—1735	2,496	2,354	4,850	51.46%
1736—1740	2,643	654	3,297	80.16%
1741—1745	2,973	378	3,351	88.72%
1746—1750	1,277	942	2,219	57.55%
1751—1755	1,112	9,459	10,571	10.52%
1756—1760	2,548	2,946	5,494	46.38%
1761—1765	17,397	35,507	52,904	32.88%
1766—1770	6,336	14,162	20,498	30.91%
1771—1775	12,989	6,594	19,583	66.33%

续 表

年份	社会捐赠金额	政府拨款金额	总金额	社会资源占比
1776—1780	1,814	3,203	5,017	36.16%
1781—1785	1,800	4,878	6,678	26.95%
1786—1790	7,905	3,220	11,125	71.06%
1791—1795	9,163	0	9,163	100.00%
1796—1800	4,000	0	4,000	100.00%
1801—1805	33,333	0	33,333	100.00%
1806—1810	5,444	0	5,444	100.00%
1811—1815	47,333	20,000	67,333	70.30%
1816—1820	76,700	50,000	12,6700	60.54%
1821—1825	60,003	30,000	90,003	66.67%
1826—1830	145,652	0	145,652	100.00%
1831—1835	44,951	0	44,951	100.00%
1836—1840	31,180	0	31,180	100.00%
1841—1845	303,702	0	303,702	100.00%
1846—1850	205,383	0	205,383	100.00%
1851—1855	131,898	0	131,898	100.00%
1856—1860	254,713	0	254,713	100.00%
1861—1865	680,917	0	680,917	100.00%
1866—1870	254,741	0	254,741	100.00%
1871—1875	773,427	0	773,427	100.00%
1876—1880	784,541	0	784,541	100.00%
1881—1885	1,487,508	0	1,487,508	100.00%
1886—1890	2,594,554	0	2,594,554	100.00%
1891—1895	1,586,855	0	1,586,855	100.00%
1896—1900	4,306,609	0	4,306,609	100.00%
1901—1905	7,648,309	0	7,648,309	100.00%
1906—1910	7,309,950	0	7,309,950	100.00%

资料来源:Jesse Brundage Sears. Philanthropy in the History of American Higher Education[M]. Government Printing Office, Washington, 1922:23.

　　由表 1.4 和图 1.1 可见,社会资源的支持一直在哈佛大学办学经费来源中占据主体地位。在 1636 年至 1790 年这一时期,社会捐赠在哈佛大学的办学经费中的占比起伏较大,但基本保持在 50% 以上,这一时期办学经费来源的不稳定性使得哈佛学院为筹措经费疲于奔命,可以说,哈佛学院的办学经费筹措历程是美国高等教育办学经费发展历程的缩影。1790 年之后,尤其是 1826 年至 1910 年这一时期,哈佛大学的办学经费收入来源中,社会捐赠长期占据总办学收入的 100%。这表明,哈佛大学已经由传统的依赖马萨诸塞州政府拨款和车船税资助转变为依靠社会捐赠生存,与其说 1790 年之前哈佛学院社会捐赠不稳定,倒不如理解为当时哈佛学院和美国社会正在摸索合理的经费来源渠道,最终,原本公立的哈佛学院转变为依靠社会捐赠的私立哈佛大学。

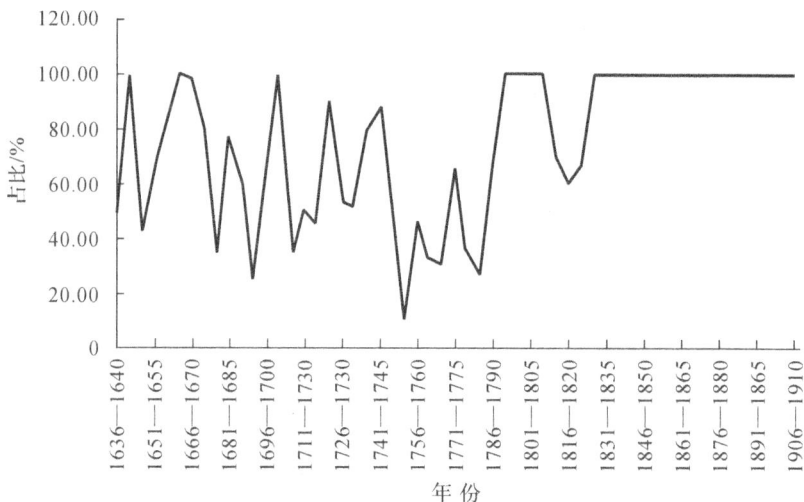

图 1.1　哈佛大学办学经费社会捐赠占比堆积折线(1636—1910)

　　早期社会资源支持美洲高等教育机构的成立与发展,其捐赠更多的是指定用途,且以传播宗教福音和神学研究为主,正如哈佛大学历史上著名的捐赠人托马斯·霍利斯所言:"我希望哈佛学院能够指定一名合格的高水平神学教授,对学生进行神学讲授,净化学生的心灵,每年学院付给神学教授的薪水为 40 英镑,在得到确认后,我将支付这部分的费用。"[1]传播宗教福音成为当时社会资源支持高等教育发展的最大动力。当然,也有一些富裕

---

① David G Allen. Diary of John Quincy Adams, Volume 1, 1779-1786[M]. Boston:Belknap Press,1782:251.

人士依据自己的名字捐建大学建筑物，以图名留青史，更有人根据自身的研究兴趣和爱好进行捐赠。

(二)劳伦斯的捐赠与哈佛大学的实用性变革

达特茅斯学院案(Dartmouth Case)被视为美国高等教育发展的分水岭。[①] 1769 年，英王乔治三世(King George Ⅲ)颁发皇家特许状，准许成立达特茅斯学院以便教化美洲的印第安人。1779 年，年仅 25 岁的约翰·惠洛克(John Wheelock)成为达特茅斯学院的校长，由于其本人较为年轻气盛，与学院董事会爆发了激烈的冲突和矛盾，这个时候，新罕布什尔州议会在双方的要求下介入调停。当时正值新罕布什尔州大选结束，新上任的州长威廉·普鲁姆(William Plumer)开始大肆推行州政府发展高等教育的计划，达特茅斯学院开始为州政府所控制。学院董事会为维护自身办学的独立自主对此提出上诉，1819 年经过最高法院裁决，达特茅斯学院获胜，新罕布什尔州议会粗暴干涉学院办学的行为违法，美国高等教育机构的办学自主权不得受到侵犯。有学者研究认为，这是美国高等教育政府责任与个人责任分道扬镳的标志性事件，同样也是美国高等教育机构开始走向独立募集办学经费道路的标志性事件。[②] 由此，社会资源的支持对私立大学的发展而言变得更加至关重要。哈佛学院的成立虽然因马萨诸塞湾殖民议会的支持而得以建立，但政府后期的办学拨款具有较大的不稳定性。美国的高等教育为生存和发展，不得不通过吸引社会资源来支持自身的办学，而社会资源也开始逐步介入高等教育机构的办学，两者交互影响的作用开始显现。

美国高等教育的实用主义转向与经济发展、社会进步有紧密联系。社会进步、经济发展要求高等教育机构不能单一地研究古典学问，而应该适度地走向社会，为社会经济发展提供人力资本，与此同时，作为高等教育机构经费主要来源的社会捐赠则带有自身的倾向性——资助高等教育的出发点由宗教慈善、美洲殖民地文明的必备品转变为与社会实际生活发生联系，服务社会和经济发展。例如，大学课程中的古典神学等内容已经完全无法满足当时社会经济发展的需求，而相应的，社会上对科学、技术、商业等人才的需求量越来越大。19 世纪下半叶是美国社会经济迅速发展的时期，伴随全国铁路网、公路网的建成以及矿产资源的开发，美国经济取得了突飞猛进的

---

① 周详.“达特茅斯学院案”及其对美国高等教育的影响[J].教育学术月刊,2009(6):76—78.
② 王慧敏,张斌贤,方娟娟.对“达特茅斯学院案”的重新考察与评价[J].教育研究,2014,35(10):119—127.

发展。与此同时,1851 年在芝加哥举行的"世界博览会"令美国人大吃一惊,来自欧洲的现代文明成果引起了美国人的反思,为什么美国没有在这场文明盛宴中占据一席之地? 是什么原因导致美国人没有实现现代工业文明的巨大进步? 于是,美国人发现,德国的强大源于其研究型大学的建设,而美国传统的高等教育机构往往强调逻辑、修辞、理论和拉丁语的教学——这些课程与美国和世界的文明进步格格不入。

高等教育机构资助群体的根本性转变,美国新兴的工业贵族与以往支持高等教育的传统贵族有很大的不同。首先,传统贵族阶层资助高等教育往往是出于宗教情怀和声誉保持,而新兴资产阶级大多出身"草根"阶层,没有受过正规的高等教育训练,但是对高等教育办学却抱有浓厚的兴趣;其次,传统精英贵族的物质积累往往是源于世袭制度,从祖辈继承而来的巨额家产成为其资助的源泉,而新兴资产阶级的财富积累往往是自身努力奋斗的结果;最后,传统贵族的资助不抱有特定目的,仅仅是为资助而资助,其目的往往是为了留名,而新兴资产阶级的资助大多抱有实用性目的,希望通过资助高等教育来解决社会问题,通过资助高等教育为自身企业或社会经济发展提供人力资源或发挥大学的社会智库作用。

早在 1805 年,哈佛大学就获得波士顿民众捐赠的 3000 美元,用于聘请自然历史和植物学的教授席位,当时民众的捐赠信中就已经言明:"根据研究兴趣开展研究,同时也为了国家利益确定研究兴趣。"[1]除此之外,本杰明·汤普森(Benjamin Thompson),一位新英格兰地区著名的物理学者,于 1816 年去世后留下 1000 美元的遗产,指明捐赠给哈佛大学:"为促进实用性研究,鼓励物理和数学的研究,鼓励为工业、经济繁荣和社会进步做出贡献。"[2]这一时期,哈佛获得的捐赠很多都是抱有实用性目的,捐赠人殷切地期望捐助学校后可以为社会进步和经济发展做出贡献。1835 年,哈佛获得了另外一项同样抱有相同目的的捐赠。本杰明·伯西(Benjamin Bussey)向哈佛大学捐赠了 200 英亩的农场土地和价值 4000 美元的财产,并指明农场和财产需要"应用于农业技术的研究以及相关的自然科学研究,以便实质上促进农业的发展"。[3]

---

① Josiah Quincy. The History of Harvard University[M]. Cambridge: John Owen, 1860:292.

② James A. Thompson. Count Rumford of Massachusetts[M]. New York: Farrar & Rinehart Incorporated, 1935:24.

③ Frederick O. Vaille, Henry A. Clark. The Harvard Book: A Series of Historical, Biographical and Descriptive Sketches by Various Authors[M]. Cambridge: Welch, Bigelow, and Co., 1875:321-323.

　　事实上，早在哈佛大学接收这些以要求教授实用课程为出发点的捐赠之前，美国的一些高等教育机构就已经开始相应的变革，但哈佛、耶鲁等名校的变革更加具有代表性，且具有示范、引领作用。1822 年，美国历史上第一所农业职业学院——加德纳·莱瑟姆(Gardiner Lyceum)学院成立。学院试图取消学习时间的限制，主要教授农业实用知识。首任校长本杰明·黑尔(Benjamin Hale)在开学典礼上的致辞可被视为当时美国高等教育转向的代表性发言，他说："对于大学的学者而言，教授化学的基本原理，但是却不教授化学在农业领域的应用；教授法律的原则和机制，但是却不教授法律的具体运用等类似的教育情况，应该予以变革。"①

　　从 19 世纪上半叶开始，一些给哈佛大学的捐赠已经开始要求经费必须用于实用类课程，而不是枯燥的没有实际使用价值的古典类课程。例如 1816 年康特·拉姆福德(Count Rumford)所捐赠的讲座席位要求必须是科学应用类的席位；1820 年一位匿名人士捐赠的讲座席位要求设立的是地理学席位；1842 年的费希尔(Fisher)讲座席位和佩尔金(Perkin)讲座席位均要求教授自然科学和数学等实用类学科。这些捐赠附加的实用课程教授条件，客观上促进了哈佛大学课程内容的转向。

　　在哈佛大学的捐赠历史上，代表课程转向的标志性事件是阿博特·劳伦斯(Abbott Lawrence)的大手笔捐赠。阿博特·劳伦斯是一位成功的商人，积累了大量财富。1847 年，时任哈佛大学校董事会成员的查尔斯·埃利奥特和当时的校长爱德华·埃弗里特(Edward Everett)向劳伦斯提交了关于促进学校发展科学课程的募款计划。作为马萨诸塞州成功的企业家，他本人对当时沿袭英国的古典教育表现出极大的困惑和不解，他一直思考的问题是："我们的大学如何才能满足社会经济的发展需求呢？"②当哈佛大学向他提出发展科学教育计划的时候，劳伦斯对哈佛的科学教育课程予以热烈回应。

　　1847 年，劳伦斯向哈佛大学捐赠 5 万美元，用于创建一所致力于实用教学和科学研究的学院。劳伦斯在写给哈佛大学埃利奥特的信函中明确表示："美国目前的高等教育，可以很好地培养出医生、律师等，但是对于那些

① William Willis. Gardiner Lyceum, Gardiner, Maine[J]. American Journal of Education, 1857 (2):216-219.

② Harvard John A. Paulson School of Engineering and Applied Sciences. Abbott Lawrence[EB/OL]. [2018-08-13]. https://www.seas.harvard.edu/about-seas/history-seas/founding-early-years/abbott-lawrence.

希望学习应用性技术的学生来说,他们无处求学。我们如何培养自己的工程师、采矿师、机械师呢? 应用科学的发展已经开始改变世界,美国不应该缺席,我们应当鼓励应用科学的研究和教学,这样经济才会繁荣,国家才能进步。"①需要指出的是,哈佛大学劳伦斯科学学院(Lawrence Scientific School)的设立一定程度上是哈佛大学对自身课程妥协的结果,其学业规划设计是建立在本科生已经完成相应学业的基础上,学院是进一步深造的机构。1850 年,劳伦斯科学学院的大楼拔地而起,目的是培养化学和工程等方面的实用型人才。由于早期哈佛大学对实用类课程的变革,其捐赠者劳伦斯在 1855 年去世之前,又捐赠了 5 万美元继续支持该学院的发展。② 劳伦斯认为:"哈佛新学院设立的初始目标是为了建立这样一所学院:所有的年轻人,在前期教育完成后,如果立志于成为工程师、化学家等实用类人才,可以到学院进一步深造。"③

在其后几十年的时间里,尤其是南北战争结束后,资本主义大发展的序幕拉开,为满足社会日益旺盛的实用型人才需求,哈佛大学的实用性课程开始占据极为重要的地位。其间,哈佛大学第 21 任校长查尔斯·威廉·埃利奥特和第 22 任校长阿博特·劳伦斯·洛厄尔(Abbott Lawrence Lowell)等人开启了哈佛大学的实用类课程、选修制、导师制等方面的改革,使得哈佛大学开始由传统的英式大学蜕变为现代化的美国大学,④社会资源对哈佛大学的影响力可见一斑。哈佛大学自南北战争后开始关于教学、课程等方面的改革,推广科学教育等教学内容,⑤一方面是大学开始逐步回应社会经济快速发展对实用人才的需求;另一方面也是社会资源作为高等教育的支持方,为反映社会需求而体现对高等教育机构的影响力。当社会资源以支持美国大学的建立为肇始,开始运用其财富影响力将自身的需求映射到高等教育机构的时候,大学与社会的结合开始变得越来越紧密。

---

① Records of the Corporation and Fellows of Harvard College. Abbott Lawrence to Samuel A. Eliot[Z]. Harvard University Archives,1847:Box 106,Folder 17.
② Harvard University Archives. Lawrence Scientific School[J]. American Journal of Education,1856(1):217-224
③ Harvard John A. Paulson School of Engineering and Applied Sciences. Abbott Lawrence[EB/OL]. [2018-08-13]. https://www. seas. harvard. edu/about-seas/history-seas/founding-early-years/abbott-lawrence.
④ 白强. 危机·转机·生机:哈佛大学改革轨迹探究(1869—2001)[D].南京:南京大学,2016:25.
⑤ 陈利民. 哈佛大学办学理念研究[D].武汉:华中科技大学,2005

第三节 社会捐赠与美国研究型大学的诞生

哈佛大学可被视作1900年之前美国高等教育汲取社会资源用以支持自身办学的缩影,这一时期无论是传统的"殖民地九校"还是新建的诸如约翰·霍普金斯大学、芝加哥大学等研究型大学,均是在社会捐赠的基础上建立的。美洲殖民地时期经济发展落后,社会捐赠确保了美国高等教育的火种得以留存;独立战争后,发展经济成为国家主题,实用类课程逐步进入高等教育领域;南北战争后,全国统一市场得以形成,矿产资源的开发和运输系统的形成,使社会进一步要求高等教育进行变革。通过资助,老牌高校和新成立的研究型大学开始学习德国的研究型大学建设经验,美国的高等教育同样在社会资源的支持下开始建设世界知名研究型大学。

一、社会捐赠确保早期高等教育的生存和延续

殖民地时期低下的经济发展水平,致使美洲的高等教育无法实现快速发展,但传统的"殖民地九校",包括哈佛大学、耶鲁大学、哥伦比亚大学等学校依靠社会捐赠,依然得以生存。由表1.5可见,当时的哈佛学院和耶鲁学院在汲取社会资源方面的成果颇丰。除普通大众的小额捐赠外,大金额的捐赠几乎全部集中于这两所院校。就捐赠目的而言,宗教教授讲席依然延续了殖民地时期的特点,但是捐赠目的开始多样化,无论是语言教学还是耶鲁谢菲尔德科学学院的建设,都将社会的实用性需求投射到高等教育中。殖民地时期的高等教育机构是为培养宗教人士和行政人员服务,而资本主义在美国取得一定程度发展后,新兴资产阶级的实用性要求开始在高等教育中显现,通过社会捐赠的方式,对高等教育机构的课程设置施加影响力,将自身需求与高等教育课程内容相结合,大学与社会的互动开始逐步显现。

表1.5 哈佛、耶鲁、哥伦比亚三校大额捐赠一览(1776—1865)

单位:美元

学校名称	年份	金额	捐赠目的
哈佛学院	1814	20,000	希腊语教席
哈佛学院	1816	20,000	法语、西班牙语、文学研究教席
哈佛学院	1845	100,000	未指定用途

续　表

学校名称	年份	金额	捐赠目的
哈佛学院	1847	50,000	劳伦斯科学学院
哈佛学院	1855	50,000	劳伦斯科学学院
耶鲁学院	1825	25,000	特定用途(未指明)
耶鲁学院	1860	50,000	谢菲尔德科学学院
耶鲁学院	1863	40,000	神学讲席
耶鲁学院	1863	50,000	梵语教席
耶鲁学院	1864	175,000	艺术学院建设
耶鲁学院	1864—1867	60,000	学生宿舍建设
耶鲁学院	1865	30,000	教堂建设
哥伦比亚学院	1843	20,000	教授讲席(未指定学科)

资料来源:Ernest V. Hollis. Philanthropic Foundations and Higher Education[M]. New York City: Columbia University Press, 1938.9:15.

哈佛大学、耶鲁大学、普林斯顿大学和哥伦比亚大学作为当时美国高等教育的主要代表,其经费来源状况可以较好地反映出当时美国高等教育机构办学经费中社会资源的占比。由表1.4和表1.6可见,自1636年建校开始,社会捐赠金额占据哈佛大学办学经费来源的主体地位,而在1755年之前,社会捐赠和政府拨款均是耶鲁大学的主要经费来源,但自1806年之后,社会捐赠开始占据重要位置,尤其在1831年后,成为其办学经费的主要来源。

需要说明的是,学生学费部分并未纳入统计,由于当时经济发展水平较低,学生学费极为低廉,以先令或美分计算,有些学校甚至以农作物冲抵学费,统计较为困难,学生学费在整个学校的办学经费中所占比例较低,故而统计的时候将学生学费一项暂时剔除。以耶鲁大学为例,1701年至1725年,学生的学费只有30先令,1726年至1740年维持在40—60先令之间,而后竟然逐年减少,到1748年仅仅只收取17先令的学费。[①] 与学校的总体办学经费收入相比,学生学费更像是一种象征性的收费。与此同时,政府的经费来源时有时无,忽多忽少,各教育机构为维持办学,将大部分的希望寄托

---

① William B. Weeden. Economic and Social History of New England, 1620-1789[M]. Boston: Boston Houghten, 1899:271.

于社会捐赠,造就美国高等教育机构从诞生之初就流淌着汲取社会资源支持自身办学的基因。

表 1.6　耶鲁大学办学经费收入(社会捐赠部分和政府拨款部分)(1701—1900)

单位:美元

年份	社会捐赠金额	政府拨款金额	总金额	社会资源占比
1701—1705	134	1,335	1,469	9.12%
1706—1710	0	1,335	1,335	0.00%
1711—1715	1,424	3,627	5,051	28.19%
1716—1720	5,416	1,758	7,174	75.49%
1721—1725	868	4,005	4,873	17.81%
1726—1730	1,971	2,203	4,174	47.22%
1731—1735	13,608	2,448	16,056	84.75%
1736—1740	67	2,997	3,064	2.19%
1741—1745	352	2,679	3,031	11.61%
1746—1750	53	5,233	5,286	1.00%
1751—1755	159	4,520	4,679	3.40%
1756—1760	968	0	968	100.00%
1761—1765	1041	1,460	2,501	41.62%
1766—1770	100	3,595	3,695	2.71%
1771—1775	62	1,282	1,344	4.61%
1776—1780	1,290	0	1,290	100.00%
1781—1785	3,233	0	3,233	100.00%
1786—1790	1,458	0	1,458	100.00%
1791—1795	1,122	20,314	21,436	5.23%
1796—1800	0	20,315	20,315	0.00%
1801—1805	0	0	0	0
1806—1810	2,000	0	2,000	100.00%
1811—1815	0	8,785	8,785	0.00%
1816—1820	6,000	0	6,000	100.00%
1821—1825	78,848	0	78,848	100.00%
1826—1830	14,664	7,000	21,664	67.69%

续 表

年份	社会捐赠金额	政府拨款金额	总金额	社会资源占比
1831—1835	12,6138	0	126,138	100.00%
1836—1840	12,000	0	12,000	100.00%
1841—1845	38,100	0	38,100	100.00%
1846—1850	15,850	0	15,850	100.00%
1851—1855	177,490	0	177,490	100.00%
1856—1860	329,500	0	329,500	100.00%
1861—1865	434,648	0	434,648	100.00%
1866—1870	743,481	0	743,481	100.00%
1871—1875	1,135,007	0	1,135,007	100.00%
1876—1880	417,000	0	417,000	100.00%
1881—1885	623,200	0	623,200	100.00%
1886—1890	3,349,471	0	3,349,471	100.00%
1891—1895	1,553,382	0	1,553,382	100.00%
1896—1900	1,729,094	0	1,729,094	100.00%

资料来源：Jesse B. Sears. Philanthropy in the History of American Higher Education[M]. Government Printing Office，Washington，1922:24.

从各校办学经费来源来看，从 19 世纪下半叶开始，社会资源占据绝对的主体地位。我们可以从中发现，一方面，美国高等教育机构的办学经费中社会资源占据极其重要的位置，教育机构深知，只有汲取社会资源才能实现生存和发展；另一方面，社会资源自 19 世纪下半叶开始占据美国高等教育机构办学经费的绝对主体地位后，其影响力与日俱增。

二、大学与社会互动：立志成为研究型大学

当时代的轨迹推进到 19 世纪中叶，美国资本主义工商业的发展要求传统而保守的高等教育进行必要改革，社会对人才的需求通过社会资源支持的偏好得以体现，例如哈佛学院劳伦斯科学学院的创办、耶鲁大学谢菲尔德科学学院的创办以及宾夕法尼亚大学沃顿商学院的成立等。19 世纪下半叶，德国研究型大学理念传至美国，一大批立志于创建美国研究型大学的学者开始利用社会捐赠，将办学理念付诸行动，例如老洛克菲勒通过捐赠与威廉·哈珀(William R. Harper)一道创建了芝加哥大学，约翰·霍普金斯

(Johns Hopkins)的捐赠实现了丹尼尔·吉尔曼(Daniel Gilman)的研究型大学理想等。

(一)谢菲尔德捐赠与耶鲁大学的科学课程改革

以清教传统为主要办学特色的耶鲁大学,建校之初顺应了当时美国社会的发展需求,但是其保守性同样在实业浪潮中渐显危机。[①] 虽然在 1828 年完成的《耶鲁报告》(*Yale Report*,1828)中一再对自身的人文教育予以辩护,[②]但是耶鲁大学面对社会资源的捐赠要求则体现出灵活一面。恰好在《耶鲁报告》发布的同年,耶鲁大学第八任校长蒂莫西·德怀特(Timothy Dwight)出生,在其 1886 年至 1899 年的任期内,德怀特校长引领耶鲁大学"完成了从传播宗教思想的教会学校到追求科学知识的传统大学的转变"[③]。

耶鲁大学在开展科学教育之前,进行了较为详尽的规划,首先指定约翰·诺顿(John P. Norton)和本杰明·西利曼(Benjamin Silliman)分别作为农业化学、应用化学和兽医学的讲席教授,讲座席位的设置体现了实用教育的先锋作用,耶鲁开始探索实用性教育课程的可能性。在取得良好效果的基础上,耶鲁大学继续设置其他实用课程教授席位,例如 1852 年威廉·诺顿(William A. Norton)教授进行工程学的教学研究工作,1855 年乔治·布拉什(George J. Brush)教授进行冶金学的教学研究工作。需要特别指出的是,从一开始,耶鲁大学的科学教育办学经费便处于捉襟见肘的状态,在经费极端困难的情况下,寻求社会上富裕人士的支持成为唯一选择。[④] 1856 年,耶鲁大学著名的地质学家詹姆斯·达纳(James D. Dana)代表耶鲁大学开启了向公众募款的历程。达纳在向公众募款的过程中,着重阐述耶鲁大学在处理善款方面的高效和令人信赖的能力——这对于面向公众的募捐至关重要。"自耶鲁大学诞生到现在,这所学校表明了其作为使用社会资本的典范,同时也成就了良好的声誉。"[⑤]达纳的募款助手是后来成为约翰·霍普金斯大学校长的吉尔曼。如果说达纳是在普遍意义上以耶鲁

---

① 刘宝岐.论清教传统对耶鲁大学的影响[J].河北师范大学学报(教育科学版),2010(3):39—44.

② 张金辉.耶鲁大学成就一流学府的经验分析[J].河北大学学报(哲学社会科学版),2007(2):65—70.

③ 武翠红,赵丹.耶鲁大学建设世界一流大学的战略和实践[J].黑龙江高教研究,2016(10):42—45.

④ William L. Kinsley. Yale College: A Sketch of Its History[M]. New York: Henry Holt, 1879 (2):37-65.

⑤ Yale Archive Center. Department of Philosophy and the Arts in Yale College[J]. American Journal of Education,1856(1):363.

大学的信用背书作为募款成功的担保,那么吉尔曼则对那些大企业家和大工业家兴趣十足。经济的繁荣造就了有钱阶层,而有钱阶层的人力资本需求决定了高等教育机构可以提供"对口味"的教学科研与人才培养。

耶鲁大学的募款运动最终引来了一位企业家的注意,他就是约瑟夫·谢菲尔德(Joseph E. Sheffield)。谢菲尔德在年仅 14 岁的时候就辍学到美国南方各州做棉花生意,后来用做棉花生意赚来的人生第一桶金,回到耶鲁大学所在地康涅狄格州纽黑文市,并在纽黑文开展铁路、桥梁、运河挖掘等工程建设,成为当地首屈一指的富豪。① 谢菲尔德对自己家乡的这所大学抱有极大热忱,对耶鲁大学的科学教育计划兴趣浓厚。1853 年,谢菲尔德首期即捐赠 10 万美元用以建设耶鲁大学科学学院大楼和购买相关的实验设备,此后又数次捐赠。1861 年,耶鲁大学正式将自己的科学学院命名为"谢菲尔德科学学院"(Sheffield Scientific School),据统计,直至 1882 年谢菲尔德本人离世,其向耶鲁谢菲尔德学院的捐赠累计达到 110 万美元之多。②

谢菲尔德的成功捐赠事例在美国乃至全世界均享有极高的知名度,美国高等教育在 19 世纪的转型过程,本质上是源自经济发展和社会进步的需求,而高等教育变革的第一步则是民间慈善人士对课程内容改变的直接推动,正如谢菲尔德捐赠耶鲁时所言:"我的捐赠就是为了促进物理学、自然科学、数学等学科的研究,并且使他们能够运用到实际生活中。"③社会资源对美国高等教育的支持,开始慢慢脱离传统的宗教慈善,以自身实用需求为导向的捐赠开始在美国的高等教育中出现。例如 19 世纪早期的电话电报、农业、化学、建筑、铁路等产业的兴起,作为社会经济发展的人才蓄水池,社会资源开始要求美国的高等教育机构为自身培养合格的实用类人才。正如殖民地时期人们希望大学毕业生能够担负起宗教和政府职员的职责那样,资本主义经济的发展同样要求高等教育机构担负起经济发展、民族进步的责任。由此,1847 年的哈佛大学劳伦斯科学学院、1861 年的耶鲁大学谢菲尔德科学学院、1852 年的达特茅斯学院钱德勒科学学院(Chandler Scientific School)等一批以实践应用为导向的科学教育开始走入大学教育。由此可

① American Coucil of Learned Society. Dictionary of American Biography[M]. New York: Scribner,1977:175.

② American Coucil of Learned Society. Dictionary of American Biography[M]. New York: Scribner,1977:213.

③ American Coucil of Learned Society. Dictionary of American Biography[M]. New York: Scribner,1977:168.

见,社会资源作为民间力量,在美国高等教育的诞生、发展壮大与改革中均扮演着关键性的角色。

(二)约瑟夫·沃顿捐赠与宾夕法尼亚大学沃顿商学院

宾夕法尼亚大学沃顿商学院的创办则更加具有社会资源引导乃至主导美国高等教育发展的特点。1881年,费城著名商人约瑟夫·沃顿(Joseph Wharton)致信宾夕法尼亚大学董事会,指出目前美国高等教育存在脱离社会实际需求的问题,并且在哈佛、耶鲁都已经开展科学教育的趋势下,宾夕法尼亚大学不能不做出改变。由于沃顿本人并没有接受过正规教育,他的商业知识完全立足于自己的实践摸索,他发现从高校招聘来的学生对专业的商科知识一无所知。于是他要求宾夕法尼亚大学能够创建一所致力于商业研究和商科人才培养的学院,他本人将予以支持。他说:"目前就全美国而言,商科毕业生的数量占据所有毕业生总数很小的比例,而这些少得可怜的商科毕业生,又只有很小的一部分能够成为成功的商人。"[1]由此可见开展商科教育的必要性。几乎是毫不犹豫地,宾夕法尼亚大学董事会接受了沃顿的建议和捐赠,成立沃顿商学院。

这一时期,在大多数情况下,社会资源支持高等教育已经显现出功利性目的,捐赠者的捐赠大都是基于自身的职业经历。在经济发展的大环境下,致力于传统教学的高等教育明显脱离社会的实际需求。由此,资本家通过社会资源支持高等教育,撬动了高等教育改革的杠杆。美国高等教育在社会资源支持下,开始进行课程内容、新建实用性学院的变革历程。需要补充的是,虽然对美国高等教育发展起到决定性作用的是社会资源的支持,但美国政府在1862年颁布的《莫里尔法案》对实用型农业机械学院的发展同样具有很大的促进作用。

(三)社会捐赠与约翰·霍普金斯大学

约翰·霍普金斯于1795年出生于马里兰州的一个种植园农场主家庭,他的家族拥有多达1000平方英里的烟草种植园,生活十分富足。1812年,年仅17岁的霍普金斯离开家乡,与他的叔叔一起从事日用百货批发生意,其间与表妹相恋,但由于家族贵格派教会的宗教信仰,双方无法结婚。对爱情的忠贞不渝,使得二人均一生单身。情场失意的约翰·霍普金斯将自己的全部精力投入工作中,他拥有巴尔的摩和俄亥俄铁路公司(Baltimore and

---

[1] Joanna W. Loppincott. Speeches and Poems by Joseph Wharton[M]. Philadelphia: J. B. Linnincott, 1926:241

Ohio Railroad)以及巴尔的摩商业银行(Baltimore Merchant's Bank)两家极为著名的公司。约翰·霍普金斯甚至被评选为自富兰克林时代以来全球富豪榜的第 69 位。① 约翰·霍普金斯非常关心美国高等教育发展,其生前已经着手筹备一所医院和一所大学,并认为这两所机构在合适的时候应当合并。约翰·霍普金斯要求自己所创办的机构应该以追求知识的进步和人类的幸福生活为最高宗旨——这与德国研究型大学理念出奇一致;在具体的运行管理方面,设立董事会进行相关人事的任命,确立了这所新大学的管理体制;且约翰·霍普金斯本人并不喜欢铺张奢华,他理想中的大学应当是建筑低调内敛,但学术追求却高尚无比。② 由此可见,以约翰·霍普金斯为代表的社会资源已经不满足于哈佛、耶鲁等大学的传统捐赠,乃至将科学教育内容纳入到原有的体系中都无法令他们满意,社会资源开始谋划在一张白纸上创建一所全新的真正意义上的研究型大学。

吉尔曼担任约翰·霍普金斯大学校长后,秉承德国研究型大学的理念办学,使之成为美国高等教育发展史上第一所研究型大学。吉尔曼曾经说过:"学术研究将是这所大学教师和学生的前进指南和激励器,知识的获取、保存、提炼和整理将是这所大学的主要任务。大学最重要的使命是研究生教育,大学教育的目标是以学术自由的方式促进科学发展、鼓励研究和提高学者的学术水平。"③在具体的操作层面,吉尔曼借鉴德国柏林大学和英国剑桥大学、牛津大学的办学思路,将教学与科研紧密结合,同时结合美国社会经济发展的实际需求开展基础性和应用性研究,从而使大学与社会产生良好互动。同时,吉尔曼还学习牛津、剑桥等名校的出版制度和学会制度,创办约翰·霍普金斯大学出版社,积极将研究成果予以发表和推广。④ 吉尔曼尤其重视研究生教育,他通过设立研究生院,引入客座教授制度,大力发展博士生教育的同时创设助学金制度,保证了学术研究的各项所需。⑤通过以上措施,约翰霍普金斯大学从一开始便以高水准的姿态出现在世人面前,从博士学位的授予量即可窥见约翰·霍普金斯大学的极大影响力。

---

① Adherents. The Wealthy 100: From Benjamin Franklin to Bill Gates-A Ranking of the Richest Americans, Past and Present[EB/OL]. [2018-08-14]. https://www.amazon.com/Wealthy-100-Benjamin-Gates-Americans/dp/0806518006.
② 刘春华.吉尔曼与约翰·霍普金斯大学的崛起[J].高校教育管理,2017,11(1):14—20.
③ 王英.约翰·霍普金斯大学早期办学理念分析[J].河北大学学报(哲学社会科学版),2005(1):131—134.
④ 孟江寅.借鉴与超越:约翰·霍普金斯大学早期发展研究[D].沈阳:沈阳师范大学,2017.
⑤ 刘春华.吉尔曼与美国研究生教育:约翰·霍普金斯模式探析[J].高等教育研究,2012,33(6):85—91.

由表 1.7 可见,从 1879 年开始,约翰·霍普金斯大学的博士学位授予人数开始超越哈佛大学,其后两校的招生量和授予量均有大幅增长,约翰·霍普金斯大学的研究型大学产出开始为人所瞩目。

表 1.7　约翰·霍普金斯大学与哈佛大学研究生入学人数及博士学位授予人数
对比(1876—1902)

年份	研究生入学人数		博士学位授予数		年份	研究生入学人数		博士学位授予数量	
	哈佛大学	约翰·霍普金斯大学	哈佛大学	约·翰霍普金斯大学		哈佛大学	约翰·霍普金斯大学	哈佛大学	约翰·霍普金斯大学
1876—1877	61	54	4	——	1889—1890	111	209	8	33
1877—1878	67	58	7	4	1890—1891	132	233	8	28
1878—1879	50	63	3	6	1891—1892	200	298	6	37
1879—1880	52	79	5	5	1892—1893	216	297	13	28
1880—1881	43	102	3	5	1893—1894	259	261	13	34
1881—1882	50	99	1	9	1894—1895	272	284	18	47
1882—1883	56	125	5	6	1895—1896	299	253	18	36
1883—1884	80	159	6	15	1896—1897	306	210	26	42
1884—1885	72	174	4	13	1897—1898	293	215	26	36
1885—1886	71	184	6	17	1898—1899	336	210	24	42
1886—1887	78	228	2	20	1899—1900	341	185	36	35
1887—1888	97	220	7	27	1900—1901	353	168	29	30
1888—1889	99	202	6	20	1901—1902	315	172	31	17

资料来源:王英.约翰·霍普金斯大学早期办学理念分析[J].河北大学学报(哲学社会科学版),2005(1):131—134.

小结　社会捐赠与美国高等教育的初步结合

1900 年之前的社会捐赠与美国大学,其结合是生硬的,尽管其中已经出现大学实用类课程改革的星星之火,乃至出现约翰·霍普金斯大学和芝加哥大学等一批新建的研究型大学,但社会资源的支持在其中扮演的作用往往只是大学的"钱袋子",对大学内部的科学研究与教学虽然提出了要求,但是远达不到研究型大学所应有的水平和要求。伴随美国社会的巨变,社会需求开始投射在高等教育领域。1862 年美国联邦政府为促进现代农业的发展而颁布《莫里尔法案》,实用类农业机械课程开始步入高等教育殿堂,大学服务社会的职能初现端倪;哈佛大学的选修制课程开始得到推广,美国高等教育整体处于新旧转换的过渡期。[①] 就在此时,诸多留学德国的教育家对美国高等教育发展提出独到见解,一方面他们对德国大学注重科学研究,将教学与科研相结合的理念推崇备至;另一方面,他们也认为需要结合美国社会经济发展的实际改革美国的高等教育。[②]

　　社会资源对美国高等教育的支持,在 19 世纪后半叶呈现出与以往完全不同的特征,从简单的宗教慈善、维持新大陆的文明景象演化到在社会经济发展的大环境下,开展目的性捐赠。这种社会资源引导下的大学变革,首先体现在课程和教育内容上,虽然博雅教育内容仍然保留在大学的课程体系内,但是新增加的自然科学、社会科学以及实用性技能的教授开始融入美国高等教育课程计划中。社会对高等教育的捐赠在社会巨变的洪流下开始酝酿转变,教育学家们建设研究型大学的冲动同样随时在迸发,两者在这之前的简单结合,是基金会支持与美国研究型大学崛起的序幕,直到卡内基、洛克菲勒等标志性人物的出现,基金会开始在美国研究型大学的崛起历程中占据重要地位。

① 齐利静.吉尔曼治理约翰·霍普金斯大学研究[D].长春:东北师范大学,2011.
② 梁丽.美国学人留德浪潮及其对美国高等教育的影响(1815—1917)[D].保定:河北大学,2015.

第二章 紧密关联:基金会资助体系的建立 (1901—1920)

美国慈善基金会的成立与发展有其独特的历史背景与生存土壤,以洛克菲勒基金会和卡内基纽约基金会为代表,它们开始与各个研究型大学合作,开展教育教学和科学研究的资助。以卡内基华盛顿研究所对研究型大学的资助为肇始,基金会开启了对大学科学研究的资助历程,华盛顿研究所的资助倡导的是小规模、精英化的资助策略。第一次世界大战令美国人认识到科学技术的巨大能量,出于先天的社会责任感与爱国心,洛克菲勒与卡内基两大基金会不约而同地开始担负起社会责任,试图以私人财富实现公共目的。[1] 在这一时期,基金会依然在探索慈善之道,对慈善本身的思考使得资助工作呈现杂乱无章的局面,但历经人事变动乃至对科学研究资助理念的争论后,基金会开始逐步与研究型大学建立起紧密联系。大学将基金会的资助作为自身科学研究和研究生培养的重要经费来源,基金会同样开始意识到实现自身资助目的的最佳场所是研究型大学。

第一节 基金会建立资助体系的背景概述

伴随美国资本主义大发展,世俗性力量开始崛起,宗教慈善的影响力转而浸润到世俗当中,新兴资产阶级开始接棒资助高等教育的责任,以安德鲁·卡内基的《财富的福音》为思想基础,世俗力量开始在宗教教义的指引下大规模支持美国高等教育。物质基础方面,资本主义工商业的发展催生了一大批出身平民阶层的富豪,他们对高等教育抱有极大热忱,秉承"上帝的旨意"理性分配自己的剩余财富;思想基础方面,"科学慈善"思想得到广泛传播,不同于纯粹的慈善捐赠,卡内基、洛克菲勒等人开始通过前期调查、

---

[1]　Ellen C. Lagemann. The Politics of Knowledge, the Carnegie Corporation, Philanthropy, and Public Policy[M]. Middletown: Wesleyan University Press, 1987:41-44.

专业人员管理等方式,以商业竞争策略资助美国的高等教育。与此同时,进步主义运动的社会思潮引起了基金会领导人的注意,借助基金会的资助平台,通过资助高等教育解决人类社会问题成为当时富豪们的共识。

一、宗教慈善转向基金会理性捐赠

美国高等教育早期发展极大仰赖基督教的宗教慈善,美国民众正是在接受宗教教义后,开始对慈善事业抱有热忱之心。具体而言,美国人对高等教育的资助理念承袭自欧洲的基督教慈善传统,经过清教徒的不断发展,逐步具有慈善心理导向,最终形成具有美国普世性价值的慈善文化。基督教的宗教教义对美国人的财富分配观念、志愿者精神和个人人生价值的实现均具有重大影响,美利坚民族的精神纽带实质上是基于基督教教义的普世价值观念。① 美洲殖民地时期最早建立的三所高等教育机构,哈佛学院、威廉•玛丽学院、耶鲁学院均与宗教慈善有着千丝万缕的联系。

以宗教教义为基础,真正奠定美国现代公益慈善思想的论著是安德鲁•卡内基的《财富的福音》一书。② 卡内基作为 19 世纪美国家喻户晓的"钢铁大王",在事业蒸蒸日上时期将自己拥有的钢铁企业股份卖出,专心慈善事业。1886 年问世的《财富的福音》堪称美国现代慈善事业的思想奠基石,卡内基本人是虔诚的基督教信徒,且其事业的成功全部靠自身奋斗得来,对当时美国人所笃信的"美国梦"具有极大的鼓舞意义。《财富的福音》一书首先肯定了经济发展、社会进步的积极意义,同时也毫不避讳地承认目前社会上存在的"劳资摩擦、贫富矛盾和社会失和"等尖锐问题。按照基督教教义,富人所拥有的财富是上帝仁慈的给予,富人通往天国的道路需要造福自己的兄弟姐妹,用上帝赐予的财富来帮助贫苦群众。由此,卡内基认为富裕人群在宗教教义的指引下,对社会公共福利具有不可推卸的责任,卡内基认为"剩余财富的最佳处理方式是将其用于公众的福利事业"。与基督教纯粹地给予教义不同,卡内基进一步阐述其慈善思想,认为慈善的捐赠不能使接受者堕落,而是应该通过慈善来激励那些敢于努力拼搏的人,从根本上治愈社会贫富不均的弊病。基于科学慈善思想,卡内基认为富人的剩余财富应当捐赠到大学、公共图书馆、医院、教会等机构,尤其是高等教育和公共图书馆。由此,传统的基督教教义开始正式与高等教育慈善相结合,形成了

① 李婷.美国现代慈善兴盛的原因及启示研究——基于文化的视角[J].理论界,2016(5):65—73.
② Andrew Carnegie. The Gospel of Wealth and Other Timely Essays[M]. New York: The Century Co. , 1900.

具有美国特色的高等教育慈善理念。

二、政教分离下公民社会的形成

从"五月花号"民主体制的萌芽到美国立法权、司法权、行政权三权分立原则的确立，美国政治上的权力制约关系俨然形成，而侧重于政治制度设计的建国者们则对民间力量的发展留足了空间。当美国侧重政治体制权力制衡的时候，公民自行进行社区治理等传统开始逐步形成，最终成就强有力的公民社会。在此背景下，崇尚自由秩序和民主政体、注重个人奋斗实现自身梦想的"美国梦"开始被发扬光大，社会财富开始在宽广的空间中急剧增加。在公民社会的加持下，社会资源对美国高等教育发展负有天然的责任感。

1787年制定的美国宪法(*The United States Constitution*)确立了包括人民主权、共和制、联邦制、制约与均衡、有限政府、个人权利和三权分立等七项基本原则。① 追根溯源，洛克和孟德斯鸠的思想对美国社会政治体制的影响尤为深刻，"制宪者分权观念的主要文献来源是洛克的《政府论两篇》和孟德斯鸠在《论法的精神》中对英国宪法的描述"②。洛克和孟德斯鸠一致认为，政府的权力不能过于集中，而应该适度地分散，尤其是形成互相制约的关系显得尤为重要，只有这样，政府才能够真正地为人民服务。此外，政府的权力与公民的权利不能引起冲突，提倡"有限政府"。美国联邦宪法所确立的七项基本原则可以从政府三权分立与互相制约、公民权利这两个方面进行总体概括：一方面，政府的内部运作以三权分立为基础，防止权力滥用；另一方面，公民权利得到了极大的强调，公民自由度的界定宽泛而广大，这就为后续美国公民社会的发展奠定了坚实基础。

美国宪法三权分立原则的确立和治理实践，"洛克的社会契约论、政府论与孟德斯鸠的三权分立学说深深影响了强烈要求民主、自由、平等、渴望维护人民权利的美国人民……实现了由西方宪政思想到国家实践的伟大飞跃"③。美国政治体制的三权分立，侧重对政府内部治理的详细规定，而行文简洁的宪法更加强调人民的权利和自治，造就了官民分治后大量的权利留白。1789年至1891年间，美国宪法虽然确立了三权分立的原则，但是对

① National Archives. America's Founding Documents [EB/OL]. [2018-07-11]. https://www.archives.gov/founding-docs.
② 斯科特·戈登. 控制国家——西方宪政的历史[M]. 应奇,陈丽微,孟军,等译. 南京:江苏人民出版社,2001:298.
③ 杜亚玲. 对美国三权分立制度的审视[D]. 长沙:中南大学,2011.

人民权利和自由的规定是模糊不清的,其后进行了数次修改,形成《人权法案》(The Bill of Rights)。《人权法案》总体上规定了美国人民应当享有但是不限于"出版、集会、示威和宗教信仰等的自由权利"[1]。《人权法案》从国家顶层设计层面保障了人民的权利,为公民社会的形成奠定了法律基础。

公民社会经典论述者阿列克西·托克维尔(Alexis de Tocqueville)在《论美国的民主》中,将美国社会定性为政治社会和公民社会的二元社会,两者相辅相成,又互相独立。[2] 政治上,深受洛克和孟德斯鸠的三权分立思想的影响,确保人民权利的同时留有大量的民间治理空间,后续逐渐形成以"自治"为主要特征的公民社会。正是由于美国建国初期美国宪法和《人权法案》的精妙设计,公民自治与责任担当成为美国人的一种生活方式,对包括高等教育在内的诸多公益事业的热心程度远远高于其他国家。乃至有学者认为,自治的公民社会是美国互相产生民族认同的关键,成为美利坚民族形成的重要推动力量。[3] 经过南北战争、西进运动、镀金时代等一系列重大事件后,占据美国社会主流思想的是自由放任和个人主义。事实证明,虽然后期美国联邦政府在社会治理中发挥起越来越重要的作用,但是美国整体上崇尚自由放任和个人主义的思想并没有发生根本性转变。美国的社会自治和公民社会的形成,是美国民众"不由自主的默契"或"契约"。[4] 此外,清教徒严格贯彻基督教的使命感、自我约束和互相扶持的宗教教义;美国宪法和《人权法案》对公民行为的规范以及功利主义的横行,政府和社会对责任、义务、积极参与公共事务社会舆情的培育和引导,共同铸就了美国的公民社会。[5] 公民社会必然要求广大民众对包括高等教育在内的准公共产品负起相应的责任和义务,在政府尚未开始大规模资助美国高等教育的 19 世纪末20 世纪初,基金会等社会资源在公民社会理念的指引下,资助高等教育资助成为一件理所当然的事情。

三、镀金时代与进步主义运动

自南北战争至 19 世纪末,美国资本主义取得长足发展,为基金会等社

---

[1] National Archives. The Bill of Rights [EB/OL]. [2018-07-11]. https://www.archives.gov/founding-docs/bill-of-rights.

[2] 阿列克西·托克维尔. 论美国的民主[M]. 董果良,译. 北京:商务印书馆,2010.

[3] Roy F. Nichols. History in a Self-Governing Culture[J]. The American Historical Review, 1976,72(2):411-424.

[4] 阿列克西·托克维尔. 论美国的民主[M]. 董果良,译. 北京:商务印书馆,2010:714.

[5] 张骏. 论美国自治传统的形成与发展[D]. 南京:南京师范大学,2014.

会资源支持美国高等教育发展奠定了坚实的物质基础。马克·吐温(Mark Twain)与查尔斯·沃纳(Charles Warner)合著的《镀金时代》(*The Gilded Age*)纵然讽刺了当时美国社会的种种弊端,诸如对自然环境的破坏、贫富差距、官商腐败等问题,出现这一系列问题的主要原因是美国由农业社会向工业社会转型,垄断资本主义的形成,但不可否认的是内战后美国资本主义的快速发展,物质财富积累前所未有。究其原因,美国联邦政府基于个人主义至上的信条,对内施行自由放任主义,对外则奉行国家保护主义;作为美利坚民族主体宗教信仰的新教,倡导勤劳致富;西进运动、铁路网和通信网的建成等一系列重大事件,使美国一跃成为世界强国,而进步主义运动的迸发则在一定程度上为社会资源支持高等教育提供了更加合理的社会舆论基础。

世俗意义上的物质财富积累成为美国人的追求目标,资本主义发展开始由自由竞争阶段进入到垄断资本主义阶段。由此产生了一大批全国性垄断企业,包括花旗银行、美国钢铁公司、美孚石油、杜邦公司、美国电话电报公司、福特汽车集团、J. P. 摩根公司、通用电气、美国烟草公司等。这些大型垄断企业涵盖美国国民产业的方方面面,积累了巨额的社会财富。在这批大公司的推动下,美国的资本主义财富积累达到前所未有的高度。1860 年到 1900 年仅仅 40 年的时间内,美国的工业产值就由原先的 19 亿美元急速增长到 114 亿美元,伴随西进运动对农业、矿产资源的开发,铁路里程同样实现了质的飞跃,由初始的 3 万英里增长至 25 万英里,煤炭产量也由 1000 万吨增加到 2.12 亿吨,钢铁产量由 100 万吨增长至 1100 万吨。[1] 与此同时,美国的城市化进程取得显著的进步,大型企业的集聚效应开始将分布散乱的人口逐步向城市集中。据统计,1860 年至 1900 年,美国的城镇数量由原先的 141 座急速增长至 449 座,城市人口由原先的 500 万增长至 2500 万,城市化率达到 34%。[2] 如表 2.1 所示,不仅美国的工业呈现飞速的发展,而且其农业同样取得了长足的进步,无论是农场数量、耕地面积还是农业总产值等方面,均取得了长足的发展。工农业的飞速发展促使美国由农业国向工业国华丽蜕变。美国一跃成为世界头号资本主义强国,到 1890 年,其工业产值已经跃居世界第一位,到 1913 年,其工业总产值占世界工业

---

① Neil A. Wymn. From Progressivism to Prosperity: World War Ⅰ and American Society[M]. New York: Holmes & Meier Pub, 1987:3.

② 余志森. 美国史纲[M]. 上海:华东师范大学出版社,1992:197.

总产值的 38%,超过英、法、德、日等传统资本主义国家的工业产值总和。[①]
美国资本主义经济的大发展,使社会财富总量达到惊人水平,这也为后续慈
善基金会大规模支持高等教育奠定了坚实的物质基础。如表 2.1 所示,美
国农业总产值在 1860 年仅为 22 亿美元,但到 1910 年后增长为 90 亿美元,
农业的长足发展仅仅是当时美国社会经济快速发展的缩影。

表 2.1　美国农业数据统计(1860—1910)

单位:百万

年份	1860	1870	1880	1890	1900	1910
农场数量(个)	2.0	2.7	4.0	4.6	5.7	6.4
耕地面积(英亩)	407	408	536	623	839	879
农业人数	6.2	6.9	8.6	10.0	10.7	11.3
农业总产值(美元)	2200	2600	3900	4600	5800	9000
人均产值(美元)	0.000332	0.000362	0.000439	0.000456	0.000526	0.000796

资料来源:U. S. Department of Commerce, Bureau of the Census. Historical Statistics of the United States: Colonial Times to 1957 [M]. Washington D. C.: Government Printing Office, 1960:74, 278, 284.

“自由放任主义思想在‘镀金时代’,既促进了美国经济的迅速发展,同
时也带来严重的社会政治经济问题。”[②]工业文明的发展除积累了大量的物
质财富外,美国社会的贫富差距越拉越大,官商勾结、不安全的食品、严重的
环境污染、工人与企业家的紧张关系等成为美国社会的严峻挑战。作为新
兴资产阶级的代表性人物,卡内基和洛克菲勒等人并不甘心于仅仅在商业
领域取得成功,他们开始考虑社会稳定、人类前途与命运等宏观问题,准备
担负起社会治理的责任。在那个年代,美国社会通过进步主义运动意识到:
个人主义是美国价值观中至高无上的存在,但是个人主义的前提是社会责
任与担当,两者只有达成有机平衡,才能实现社会的稳定与和谐。[③] 解决社
会矛盾,寻求人类终极幸福之道需要科学的指导,无论是现代化工业生产对
人才的需求,还是慈善家的崇高理想,都要求基金会对美国的高等教育展开
资助。

---

① 于涛.浅谈美国南北战争后经济迅速发展的原因[J].内蒙古电大学刊,1992(4):38—39.
② 许国林.内战后至 20 世纪初美国社会思潮主流的变迁[D].郑州:郑州大学,2006:1.
③ 张亚红,王秋石.美国两次镀金时代及其后的治理转型[J].浙江大学学报(人文社会科学版),2012,42(2):25—49.

四、现代慈善基金会的崇高理想

如果说社会资源对高等教育的支持从殖民地时期的简单宗教慈善，到后续伴随经济发展和国家独立，普遍性的社会捐赠为美国高等教育发展奠定了初步的框架，那么真正促使美国高等教育腾飞的则是资助形式的彻底变革——现代公益慈善基金会的创立。创办慈善基金会的人士都是镀金时代富可敌国的富豪，他们在商业战场上所向披靡，例如，美孚石油的老洛克菲勒和美国钢铁公司的卡内基等。洛克菲勒创办的普通教育委员会及后续的洛克菲勒基金会、卡内基创办的教学促进委员会和卡内基纽约基金会对美国高等教育具有深远的影响，甚至在一定程度上重塑了美国的高等教育格局。

在"科学慈善"诞生之前，美国已经建立起一些显示出"科学慈善"端倪的基金会组织，其中较为著名的是成立于 1800 年的马达尔登社团（Magdalen Society）和成立于 1846 年的史密森尼学会。马达尔登社团的主席是费城主教威廉·怀特（William White），副主席是当时的费城市长罗伯特·沃顿（Robert Wharton）。[1] 该慈善组织主要是为挽救当时年轻的失足妇女而设立，早期活动与传统的宗教慈善（charity）并无差异，仅仅是提供失足妇女的避难场所。其创立宗旨是"挽救那些因为误入歧途的妇女，使她们重新走上美德之路"[2]。由此可见，马达尔登社团的创立是基于基督教的慈善思想。其后，世俗力量开始在社团内部盛行，纯粹的失足妇女避难所为人所诟病，于是，社团规定妇女只能在社团提供的设施内居住至多 12 个月，12 个月内被救助者需要学习生活技能以便找到工作自力更生。马达尔登社团的救助原则体现了基金会萌芽时期朴素的科学救助原则，以"造血"代替简单的"输血"。成立于 1846 年的史密森尼研究院由英国科学家詹姆斯·史密森捐赠成立，该协会旨在促进"知识的增进与传播"，广泛设立研究中心、开办多种多样的博物馆展览等。[3] 史密森尼研究院将科学慈善捐赠逐步引入到人类知识的增进方面，为下一步大型基金会的产生开了先河。19 世纪下半叶和 20 世纪初，科学慈善基金会的产生对美国高等教育而言具有极为

---

[1] Negley K. Teeters. The Early Days of the Magdalen Society of Philadelphia[J]. Social Servive Review，1956，30(2)：158-167.

[2] Negley K. Teeters. The Early Days of the Magdalen Society of Philadelphia[J]. Social Service Review，1956，30(2)：158-167.

[3] Smithsonian Institution Archives. Smithsonian General History [EB/OL]. [2018-08-06]. https://siarchives.si.edu/history/general-history.

重要的意义,其崇高的慈善理想为资助美国高等教育尤其是研究型大学确立了资助目的。

(一)乔治·皮博迪及其慈善事业

乔治·皮博迪被视为美国现代慈善事业之父,其捐赠理念深刻影响了后来大资本家的慈善事业。乔治·皮博迪于 1795 年出生于马萨诸塞州的一个穷苦家庭,后从事进出口贸易发家致富,在伦敦与朱尼厄斯·摩根(Junius Morgan)共同创立了摩根财团。皮博迪终生未婚未育,且并没有受到正规的良好教育,在其中年后,为弥补自身成长缺憾开始大手笔的慈善捐赠,尤其是对教育文化事业的捐赠。由于皮博迪的成长经历,他本人具有强烈的自尊心和爱国精神,对美国高等教育的发展抱有极大的热情。

皮博迪认为,通过自身的努力发家致富无可厚非,甚至非常值得赞扬,同时他的财富观念也令他相信,发家致富后做有益于他人的慈善事业更加值得赞扬。① 对于当时欧美社会盛行的"给予式"捐赠皮博迪嗤之以鼻,以他个人的发家经历来看,他更加倾向资助那些具有奋斗精神、拥有才华和潜力的人以及项目——科学的慈善思想开始在美国慈善界显露端倪。除了对伦敦贫民的救济外,皮博迪对美国南北战争后南方教育事业的资助以及美国研究型大学的资助同样令人印象深刻。② 他于 1866 年捐赠哈佛大学皮博迪考古学与人类学博物馆(Peabody Museum of Archaeology and Ethnology at Harvard)、同年捐赠耶鲁大学皮博迪自然历史博物馆(Peabody Museum of Natural History at Yale),以及 1867 年成立的皮博迪教育基金会③等,对美国高等教育的发展、科学文化事业的繁荣起到了极大的推动作用(表 2.2)。从皮博迪教育基金会成立到 1915 年整体性并入南方教育基金会(Southern Education Foundation),皮博迪教育基金会总捐赠金额超过 2500 万美元,相当于 2016 年同等货币价值 2.81 亿美元,由此可见皮博迪本人及其慈善事业在美国慈善发展历史中举足轻重的地位。

---

① Parker Franklin. George Peabody, 1795-1869: His Influence on Education Philanthropy[J]. Peabody Journal of Education, 2002,68(1):46-58.

② 王慧. 乔治·皮博迪与十九世纪美国慈善事业的发展[D].郑州:郑州大学,2014:24.

③ Peabody Museum of Archaeology & Ethnology. About George Peabody, Founder of Modern Philanthropy[EB/OL]. [2018-08-07]. https://www.peabody.harvard.edu/node/101.

　　皮博迪的慈善事业具有诸多与以往宗教团体的慈善给予的不同点：其一，世俗性与宗教性相结合的捐赠理念。皮博迪及其家人都是虔诚的清教徒，因而对世俗意义上的发家致富抱有极大的热忱，同时，也认为富人应当理性地帮助穷人，而不是简单的给予。其二，捐赠对象多样化，但对教育事业的偏好成为其一生慈善事业的显著标志。无论是对哈佛、耶鲁的捐赠，还是成立皮博迪教育基金会以及皮博迪师范学院等，皮博迪本人对教育事业的发展抱有极大的热情，皮博迪在其家乡丹佛斯(Danvers)百年庆典上的致信中说道："教育，需要几代人的共同努力。"——这也成为后续皮博迪研究院(The Peabody Institute)的座右铭。其三，皮博迪于1867年成立的皮博迪教育基金会，其管理体制已经具有公司化的倾向，基金会内部成立董事会，确立资助原则和资助方向，任命15位成员作为基金会的管理人员，内部运作顺畅。① 由此可见，皮博迪被称为"现代慈善事业之父"实至名归。

表 2.2　皮博迪慈善事业主要捐赠项目

单位：美元

年份	捐赠项目	捐赠金额	捐赠地址
1852	皮博迪研究院	217,000	马萨诸塞州
1856	皮博迪研究院	100,000	马萨诸塞州
1857	皮博迪研究院	1,400,000	约翰·霍普金斯大学
1862	皮博迪捐赠基金	2,500,000	伦敦
1866	皮博迪考古学与人类学博物馆	150,000	哈佛大学
1866	皮博迪自然历史博博物馆	150,000	耶鲁大学
1867	皮博迪科学研究院	140,000	马萨诸塞州
1867	皮博迪研究院	15,000	路易斯安那州
1867	皮博迪教育基金会	2,000,000	——
1875	皮博迪师范学院	——	范德堡大学
1901	皮博迪纪念图书馆	——	休斯敦大学
1913	皮博迪楼	——	密西西比大学

---

① 王慧. 乔治·皮博迪与十九世纪美国慈善事业的发展[D].郑州：郑州大学,2014：26—27.

续 表

年份	捐赠项目	捐赠金额	捐赠地址
1913	皮博迪教学楼	——	阿肯色大学
1913	皮博迪教学楼	——	佐治亚大学
1913	皮博迪教学楼	——	佛罗里达大学
1913	皮博迪教学楼	——	路易斯安那州立大学
1914	皮博迪教学楼	——	弗吉尼亚大学

资料来源:Elizabeth Schaaf. George Peabody:His Life and Legacy,1795-1869[J]. Maryland Historical Magazine,1995.90(3):268-285.

(二)安德鲁·卡内基及其慈善事业

如果说乔治·皮博迪是现代慈善事业之父,那么安德鲁·卡内基则是将"科学慈善"理念真正阐述且发扬光大的第一人。卡内基于 1835 年出生于苏格兰,1848 年移民美国匹兹堡,彼时的匹兹堡由于铁路行业的兴起而蓬勃发展。经过早期的财富积累后,卡内基抓住机会,成立了匹兹堡卡内基钢铁公司,商业上极为成功。[①] 1901 年,卡内基将其名下钢铁公司的股份全部出售给摩根财团(J. P. Morgan),套取现金 4.8 亿美元,专心从事自己的慈善事业。当时卡内基的身价已经超越老约翰·洛克菲勒,成为全美国最为富裕的知名人士。截止到 1919 年卡内基去世,他的慈善捐赠高达 3.5 亿美元,超过其总资产的 70%,按照卡内基纽约基金会官方网站的核算,卡内基的捐资总额相当于 2000 年 3090 亿美元的购买力。[②] 他所成立的卡内基纽约基金会、卡内基华盛顿研究所、卡内基梅隆大学(Carnegie Mellon University)、卡内基匹兹堡图书馆协会(Carnegie Library of Pittsburgh)、卡内基和平基金会(Carnegie Endowment for International Peace)、卡内基教学促进委员会等机构有力地倡导了慈善事业,对美国的文化、教育等产业发展起到了强有力的促进作用。

卡内基的《财富的福音》一书系统阐述了其财富观和慈善观,被后来的洛克菲勒、比尔·盖茨等富豪奉为"科学慈善"的思想圣经,正是因为该书的出版及广泛传播,美国的慈善事业开始步入全新阶段。卡内基对当时社会

[①] UK National Archives. Archival Material Relating to Andrew Carnegie[EB/OL]. [2018-08-08]. https://discovery. nationalarchives. gov. uk/details/c/F65323.

[②] Carnegie Cooperation of New York. Andrew Carnegie:Pioneer, Visionary, Innovator[EB/OL]. [2018-08-08]. https://www. carnegie. org/interactives/foundersstory/#!/.

的贫富差异现象进行了解释，认为贫富差异是社会达尔文主义自然进化的结果，既然存在即具有合理性，他认为："与其让所有人都处于贫困状态，不如让一部分人率先富足。"①卡内基从人类社会整体进步的角度出发，认为伴随人类社会的进步必然导致贫富分化，关键是如何使用好剩余财富。基于卡内基本人的基督教信仰，他认为人人生而平等，社会财富的分配不均只是上帝将财富集中给富人管理，富人应当将所拥有的财富以合适的途径返还给穷人，进而造福社会，促进人类社会的整体进步。卡内基认为，剩余财富有三种处理方式：作为遗产由死者家属继承，或者捐赠给公共事业，又或者由活着的所有者进行管理。② 卡内基认为，前两种剩余财富的处理方式并不能够令人满意，而第三种即由剩余财富的所有者进行专业的管理，才是最好的处理方法。

卡内基基于专业管理剩余财富的思想，引出其慈善观。卡内基认为，毫无目的性的捐赠是对剩余财富的浪费，应该帮助那些具有潜力和明确发展目标的人，使他们在慈善捐赠的帮助下获得成功。"识别出那些能够成功的人，通过金钱的资助使他们能够抓住机会，帮助受助者扫清他们前进道路上的障碍，激发受助者自身的成功欲望，并帮助他们提升成功能力。"③基于此，卡内基认为，捐赠剩余财富的最佳领域为教育、医学、图书馆、公园、礼堂、游泳池和教堂等。其中教育排在捐赠的第一位，由于在卡内基的成长经历中并没有接受过正规的系统教育，而他本人知识的获得绝大部分是通过在图书馆中阅读书籍，因而卡内基对资助教育和图书馆情有独钟（表 2.3）。"为这个世界真正的永久性美好而努力"④完美阐释了卡内基崇高的慈善思想。

① Andrew Carnegie. The Gospel of Wealth and Other Timely Essays[M]. New York：The Century Co. , 1900：2.
② 陆月. 安德鲁·卡内基研究——美国大企业家、慈善家安德鲁·卡内基的思想与实践[D].上海：华东师范大学，2003：109.
③ Forbes, Stephanie Denning. Andrew Carnegie, On Achieving Wealth And Prosperity[EB/OL]. [2018-08-08]. https://www. forbes. com/sites/stephaniedenning/2018/07/30/andrew-carnegie-on-achieving-wealth-and-prosperity/＃50ebd48e6e1c.
④ Carnegie Corporation of New York. Governance and Policies[EB/OL]. [2018-08-08]. https://www. carnegie. org/about/governance-and-policies/.

表 2.3　卡内基慈善捐赠项目

单位:美元

项目	金额	占比
图书馆类	60,364,868.75	17.21%
大学教育类	20,363,010.11	5.81%
卡内基教学促进委员会	29,250,000.00	8.34%
教堂类	6,248,309.00	1.78%
卡内基纽约基金会	125,000,000.00	35.64%
文化类	105,626,065.00	30.12%
战争类	2,792,500.00	0.80%
其他捐赠	1,050,900.00	0.30%
总计	350,695,653.40	

　　资料来源:陆月. 安德鲁·卡内基研究——美国大企业家、慈善家安德鲁·卡内基的思想与实践[D].上海:华东师范大学,2003:118—119.

(三)约翰·洛克菲勒及其慈善事业

　　约翰·洛克菲勒是与卡内基同时代的人物,两者无论是在商业领域还是慈善领域的成就都名垂青史。1839 年,洛克菲勒出生于纽约州北部的一个偏远地区,其父亲靠推销杂货和行骗为生,母亲则是一位虔诚的清教徒,童年时期的洛克菲勒由于父亲长期在外谋生,其母亲的宗教行善思想对洛克菲勒影响极大,使洛克菲勒也成了一名虔诚的清教徒。[1] 正如洛克菲勒本人所言:"自我出生以来,我就被训练成为一个懂得工作赚钱、存钱和给予的人。"[2]洛克菲勒一家后来定居在俄亥俄州,由于大型油矿的开采和铁路的兴建,当时俄亥俄州的采油、炼油产业极度繁荣。19 世纪 50 年代后,洛克菲勒及其生意伙伴开始专注于炼油产业,逐步通过极为残酷的商业竞争将本地的炼油厂纳入麾下,标准石油托拉斯(Standard Oil Trust)由此诞生。巅峰时期,洛克菲勒的标准石油公司(Standard Oil)一度占据全美石油市场90%的份额。洛克菲勒的捐赠习惯深受宗教思想的影响,自他 16 岁工作起

---

①　彼得·柯利尔戴维·霍洛维茨. 洛克菲勒王朝[M]. 劳景素,译,钱维藩,校. 上海:上海译文出版社,1982:5—6.

②　Tim Challies. The Philanthropists: John D. Rockefeller[EB/OL]. [2018-08-09]. https://www.challies.com/articles/the-philanthropists-john-d-rockefeller/.

便开始将其总收入的 6% 捐赠给教会,到 20 岁时更是将 10% 的收入捐赠出去。① 同时他又是一个不折不扣的社会达尔文主义信仰者,对于那些毫无意义的捐赠,他本人极为反感。当卡内基的《财富的福音》发表后,他与卡内基的"科学慈善"态度不谋而合,洛克菲勒在给卡内基的信函中明确表示:"我非常赞同您的科学慈善理念。"②

虽然洛克菲勒的慈善捐赠起步较早,但他对犹如雪片般飞来的求助信疲于应对,如何更好地管理剩余财富被提上议事日程。1889 年,芝加哥大学首任校长威廉·哈珀以及当时的全国浸信会教育委员会会长弗雷德里克·盖茨(Frederick T. Gates)为创建芝加哥大学而向社会募款,基于宗教方面的联系,盖茨向洛克菲勒募捐。洛克菲勒不仅向新生的芝加哥大学捐赠了 60 万美元,且与盖茨成为非常亲密的合作伙伴。在盖茨等人的建议下,洛克菲勒的慈善事业开始逐渐步入正轨。洛克菲勒早期对医学事业进行捐赠,1901 年在纽约成立洛克菲勒医学研究所(The Rockefeller Institute for Medical Research,一般简称为洛克菲勒研究所,The Rockefeller Institute)③,后来发展成为洛克菲勒大学(Rockefeller University),是当时美国第一所专业性的医学研究机构,该机构在防治钩虫病、青霉素开发、黄热病治疗等方面的研究取得了突破性进展。洛克菲勒认为,要"造福全人类"就需要从医学等自然科学入手。通过 1902 年成立普通教育委员会,1913 年成立洛克菲勒基金会,1918 年成立劳拉·斯佩尔曼·洛克菲勒纪念基金会等机构,④洛克菲勒及其家族向芝加哥大学、哈佛大学、耶鲁大学、约翰·霍普金斯大学、哥伦比亚大学等一大批知名高校捐赠,使得这些高校的诸多学科成为世界一流学科,北京协和医学院等海外捐赠同样令人瞩目。⑤

① 彼得·柯利尔戴维·霍洛维茨. 洛克菲勒王朝[M]. 劳景素,译,钱维藩,校. 上海:上海译文出版社,1982:103.

② 陆月. 安德鲁·卡内基研究——美国大企业家、慈善家安德鲁·卡内基的思想与实践[D]. 上海:华东师范大学,2003:124.

③ 洛克菲勒医学研究所,简称洛克菲勒研究所,成立于 1901 年,是美国成立最早的从事基础科学和医学研究的机构,在老洛克菲勒、盖茨和小洛克菲勒的共同倡导下,该研究所获得了洛克菲勒家族大量的经费资助。1965 年,洛克菲勒研究所更名为洛克菲勒大学,发展至今,已经有 37 位美国科学院院士加盟,且培养出了 5 位诺贝尔奖获得者,为世界知名私立研究型大学。The Rockefeller University. Our History[EB/OL]. [2018-11-09]. https://www.rockefeller.edu/about/history/.

④ Encyclopaedia Britannica. John D. Rockefeller [EB/OL]. [2018-08-09]. https://www.britannica.com/biography/John-D-Rockefeller.

⑤ 东梅,张艳荣,李志平. 洛克菲勒基金会与医学教育[J]. 医学与哲学(人文社会医学版),2009,30(8):62—64.

洛克菲勒将其在商业中的竞争战略引入捐赠中,认为:"对于不明智的教育项目捐赠毫无意义,我们的捐赠要在全美范围内重塑整个美国的高等教育系统。"①

从卡内基纽约基金会到洛克菲勒基金会,现代公益慈善基金会开始逐步脱离传统的宗教慈善,形成了独具美国特色的科学慈善模式。在管理体制方面,洛克菲勒基金会设立董事会,董事会成员为洛克菲勒家族和基金会的高级管理者,具有至高无上的权威。除此之外,还设立各个项目部,具体事务由各项目人员运营,董事会只对项目的可行性和基金会的发展战略做出安排;在具体的资助程序方面,董事会做出倾向性选择,项目部人员根据董事会的资助原则进行项目筛选,提交可行性报告,由董事会进行最后的裁决;在资金来源方面,无论是洛克菲勒基金会、卡内基纽约基金会还是皮博迪教育基金会等,均是由美国当时的富豪提供经费;在捐赠意愿方面,由于富豪们在商业上的成功,对传统的教会慈善兴趣不大,转而采取了"科学慈善"的态度,倡导"慈善是一笔生意,不加区分的捐赠是有害的,应当进行'匹配捐赠'(Matching Gift)"②,即受助者如果希望获得资助,必须证明自身的能力,例如向社会大众或者其他人寻求近乎等值的捐款。例如,芝加哥大学在筹建之初向洛克菲勒的募款金额为 100 万美元,洛克菲勒明确提出只捐赠 60 万美元,剩余的 40 万美元需要芝加哥大学的筹建者们向社会公众募款,只有筹集到 40 万美元后,他个人捐赠的 60 万美元才可以到账。

美国现代慈善基金会的形成,经历了由传统的宗教慈善向科学慈善的转型,这一转型伴随着美国社会由农业社会向工业社会的转型历程。由于资本主义托拉斯垄断集团的形成、进步主义运动的兴起等,彼时的美国社会正在经历剧烈的大变革和大动荡,脱胎于宗教慈善,结合社会达尔文主义的现代慈善基金会成为美国富豪群体处理剩余财富的最佳手段。美国的富豪们通过商业竞争策略的引入,整体性地盘活了美国社会的剩余财富,其雄心勃勃,期望通过自身的财富力量重塑包括高等教育系统在内的美国社会,例如卡内基的教学促进委员会通过捐赠养老金的形式,设置受助学校的门槛标准,对美国的高等教育系统进行了人为的分级,而洛克菲勒基金会的资助则一直抱有"使高峰更高"的原则,有针对性地资助研究型大学,使其傲立于

---

① Internet Archives. Works by or about John D. Rockefeller, John D. Rockefeller: Oil Baron and Philanthropist [EB/OL]. [2018-08-10]. https://archive.org/details/johndrockefeller0000laug.

② 何莉君.美国 20 世纪现代私募基金会的诞生及其创建者的慈善观——研读洛克菲勒、卡耐基及罗森华德[J].中国非营利评论,2011,8(2):192—205.

世界高等教育之林。卡内基基金会的"促进人类文明的进步"(to promote the advancement and diffusion of knowledge and understanding)和洛克菲勒基金会的"促进全世界人类的福祉"(to promote the well-being of mankind throughout the world)的宗旨,都展现出当时美国精英富豪们的雄心壮志。

第二节　"第一代基金会":磨合中前行的卡内基华盛顿研究所

从 19 世纪末开始,科学研究的地位变得越来越重要,大学的办学更加迫切地需要寻求外部社会资源的支持。无论是扩充教职工队伍、吸引优秀的科研人才,还是更新或者建设更加先进的科学实验室、发表前沿的学术成果,美国各个大学在争夺优秀生源、开展科学研究和争取社会捐赠等方面呈现出明显的竞争局面。而基金会等社会资源对于大学的资助要求变得不同以往,无论是要求大学为基金会资助提供更好的组织架构,还是要求资助经费的高效使用,都相较于传统的慈善捐赠有了根本性的变化,"科学慈善"的理念开始得以贯彻。基金会的管理者对于资助对象的要求愈发明显,他们对学校的组织架构、学科发展的基础实力等表现得尤其在意,只有符合基金会资助要求的学校才会得到青睐。与此相对应的是,大学中的科学研究和教学活动开始"配合"基金会的资助要求,寻求资助和管理资助款项变成科学研究中的重要环节,成为教学、系所和学科建设等环节中的重要方面,大学开始积极"讨好"基金会,企图向基金会展示自己拥有的教育和科研实力,以便于获取基金会的捐赠。

需要着重指出的是,大学的办学理念非常重要,基金会的资助则帮助这种理念落地,实现研究型大学校长们的办学理想。以哈佛大学校长埃利奥特、芝加哥大学校长哈珀等为代表的同时代大学校长们,需要筹措充裕的办学经费,进而实现其扩大研究生院、提升科研水平、改革本科生教学、增容学科等办学目标。在这一过程中,大学开始发生组织变革并在外部资金的支持下不断生产出新的科学知识。大学开始与社会广泛接触,大学的校长、教职员工等通过与基金会的接触,形成了复杂的关系网络。其中最为重要的三条主线是基金会基于自身资助理念的资助演变、大学应对时代发展需求而进行的种种变革、基金会与研究型大学的关系问题。

表 2.4　支持研究型大学的主要基金会

组织名称	成立时间	活动时间段
洛克菲勒研究所(Rockefeller Institute)	1901	1902 至今
卡内基华盛顿研究所(Carnegie Institution of Washington, CIW)	1902	1902 至今
普通教育委员会(General Education Board, GEB)	1902	1923—1930
卡内基纽约基金会(Carnegie Corporation of New York, CC)	1911	1919—1931
洛克菲勒基金会(Rockefeller Foundation, RF)	1913	1919 至今
劳拉·斯佩尔曼·洛克菲勒纪念基金会(Laura Spelman Rockefeller Memorial, LSRM)	1918	1922—1928

基金会(表 2.4)资助美国研究型大学主要划分为三个阶段,第一阶段以卡内基华盛顿研究所的资助为主要代表,其资助特征是基金会董事会成员、管理者和研究型大学的科学家之间在误解与矛盾中前行——这是 19 世纪私人资助美国高等教育的典型面貌;第二阶段是普通教育委员会、劳拉·斯佩尔曼纪念基金会、洛克菲勒基金会等通过自身的目的性、倾向性和策略性,直接大规模资助研究型大学的科学研究与教学,体现基金会的主政者如何实现增进知识的目标,同时这些大型基金会通过资助美国高等教育体系中的研究型大学,实现了重塑美国高等教育体系的目标;第三阶段则是从 1928 年洛克菲勒家族慈善事业的大改组开始,继比尔兹利·拉姆尔(Beardsley Ruml)和威克利夫·罗斯(Wickliffe Rose)之后,在 20 世纪 30 年代,洛克菲勒基金会的马克斯·梅森(Max Mason)和沃伦·韦弗(Warren Weaver)主导了对研究型大学科学研究的资助。拉姆尔和罗斯借助劳拉·斯佩尔曼基金会和普通教育委员会发起了对研究型大学的大规模资助行动;重组后的洛克菲勒基金会资助不仅在研究型大学的层面展开,而且更加注重学科的发展、实验室的建设和研究实力的增强。其中第三阶段韦弗等人通过资助成功地促使美国的研究型大学拥有诸如海洋学、分子生物学、核物理学等世界领先的学科。

一、研究所的人员更迭与伍德沃德的资助创举

1901 年洛克菲勒成立旨在促进医学研究的洛克菲勒医学研究所,次年,卡内基捐资 1000 万美元成立卡内基华盛顿研究所,旨在促进科学事业的发展,而洛克菲勒和卡内基二人似乎在无意间开启了一种全新的私人资

助科学研究的模式,拉开了民间慈善大规模支持高等教育的序幕。卡内基华盛顿研究所通过巨大的财政影响力,招揽了最具天赋的年轻研究者,该研究所的资助主要以个人主导的研究项目为主,帮助大学中的知名科学家拓宽研究视野,鼓励学术成果出版和知识创造,同时对研究型大学内部的研究生培养进行资助,极大地促进了美国科学事业的发展。而卡内基华盛顿研究所的资助宗旨具有很大的价值倾向:"无论何时何地,发现那些在科学研究领域出类拔萃的人,通过资助帮助他们解决实际的研究困难,确保这些人可以利用自己的天赋实现研究理想。"[1]卡内基华盛顿研究所提出的资助出类拔萃的人才,本质上是一种精英资助理念,相信自我奋斗和向上流动的美国梦。卡内基认为,科学研究同样是高精尖的事情,是属于少数精英人群的专属工作。

卡内基华盛顿研究所之所以提出这样的理念,与当时美国高等教育的现状息息相关。从19世纪70年代开始,美国的高等教育开始了急剧的扩张,伴随着高等教育培养质量下降,很多大学开始摒弃原先的精英教育,转而投入大众的怀抱。与东海岸的精英院校相比,当时新成立的诸多小学院声称自己同样提供研究生课程,而事实上其师资配备、研究水准等均不尽如人意。[2] 即使在诸如哈佛、普林斯顿这样的传统老牌名校,由于学校办学经费有限,一些具有科研梦想的教师往往仅仅停留在梦想阶段,无法实现其自身的科研抱负。卡内基华盛顿研究所决定通过资助"拯救"那些怀才不遇的人。在此之前,美国科学研究的初始同行评议第三方机构叫做全国科学研究院(National Academy of Science)和美国艺术与科学学院(American Academy of Arts and Sciences),但是这两所机构的研究经费少得可怜,在1890年其科研经费仅仅只有94,000美元,大部分经费被分割成金额极小的几十到几百美元,以便照顾到全美大部分的研究者。[3]

在卡内基、洛克菲勒等人之前,较早资助大学科学研究的是伊丽莎白·汤普森(Elizabeth Thompson),她捐赠了35,000美元用于科学研究,哈佛大学的查尔斯·迈诺特(Charles S. Minot)等人负责统筹分配研究经费。事实上,哈佛大学的教授们在此项科研经费的统筹分配上扮演着同行评议

① Carnegie Institution of Washington. T. C. Chamberlin to R. S. Woodward[R]. CIW Yearbook, 1902:8.

② Roger L. Geiger. The History of American Higher Education [M]. Princeton: Princeton University Press, 2014:366-369.

③ Howard S. Miller. Dollars for Research[M]. Seattle: University of Washington Press, 1970:5.

的角色,为了尽量做到公平公正,他们不对申请的学科设限,而是将这些研究经费分成极小的从 50 美元到 300 美元不等的数额,以便满足大多数申请者的需求。① 同时,迈诺特等人组成评议小组,对已经配置科研经费的项目进行评估,评估不合格的则予以公开通报批评,对一些情节特别恶劣的滥用研究经费的人员,他们会要求其退还经费。汤普森的捐赠虽然是小金额的科学研究捐赠,但是在哈佛大学教授们的努力下,科学研究经费配置拉开了崭新的一幕:竞争性的科研经费申请、公开透明的评议制度、科研成果验收和惩罚制度,②这些全新的针对研究型大学科学研究的资助设计为后期洛克菲勒、卡内基等人的科学资助提供了良好的运作范式。

从 1903 年到 1910 年,卡内基华盛顿研究所对全美各个研究型大学的科研拨款年均超过 10 万美元,③这在美国当时整体科研经费匮乏的情况下,超过了全国科学研究院和美国艺术与科学学院的科研经费总和。而卡内基华盛顿研究所的首任所长是从约翰·霍普金斯大学退休的首任校长丹尼尔·吉尔曼,吉尔曼成功地在 1876 年创办了美国第一所研究型大学,他就任所长,有利于全美科学研究事业的发展。可以说,卡内基华盛顿研究所的介入彻底改变了美国科学研究经费的配置现状。

(一)卡内基华盛顿研究所的首任所长吉尔曼曾经带领约翰·霍普金斯大学开美国研究型大学的创办先河,吉尔曼试图将卡内基华盛顿研究所的研究资助均衡地分配给各个研究型大学,尤其是那些拥有一定学术成果的老一辈科学家。吉尔曼资助有研究经验的老一辈科学家的理念与华盛顿研究所旨在资助年轻科学家的理念产生了冲突。在研究所内部,董事会主席约翰·比林斯(John S. Billings)同样是一位著名人物,他之前创立了纽约公共图书馆(New York Public Library)和全国医学图书馆(National Library of Medicine),由于其在图书馆领域的权威地位,研究所内部对他的决策和科研思路尤为重视。比林斯不负众望,认为卡内基华盛顿研究所不应该仅仅是一所独立的研究机构,而应该是面向全美大学提供科研基金的

---

① Elizabeth Thompson Science Fund. Correspondence and Papers,1885-1919[Z]. Harvard Countway Medicine Rare Books, HMS b36.
② Elizabeth Thompson Science Fund. Correspondence and Papers,1885-1919[Z]. Harvard Countway Medicine Rare Books, HMS b36.
③ Carnegie Institute of Washington. Year Book of Financial data 1903-1910[R]. Washington D. C. ,1911.

机构。① 比林斯在向董事会的汇报中说："毫无疑问,美国有诸多的年轻学者拥有美好的科研梦想,但是却局限于现实的条件无法实现这样的梦想;同样毫无疑问的是,美国也有诸多保守的老一辈学者,他们在一定程度上阻碍了这些年轻学者前进的脚步。因此,华盛顿研究所的定位应当是资助那些有潜力有梦想的年轻科学家,而不是保守型的老资历。"②

正是由于比林斯的强势地位,比林斯和另外一位董事会成员查尔斯·沃尔科特(Charles D. Walcott)在诸多资助项目上对吉尔曼的资助行动指指点点。心高气傲的吉尔曼根本无法忍受这种受制于人的工作方式,两年后的 1904 年,吉尔曼带着满腹怨言离开了华盛顿研究所,其继任者是罗伯特·伍德沃德(Robert S. Woodward)。在资助金额方面,截至 1903 年 11月,华盛顿研究所向全美的科学工作者提供了 2,200,398 美元的资助,相当于华盛顿研究所五分之一的预算额度。③ 伍德沃德上任后,比林斯为了避免与伍德沃德产生类似与吉尔曼那样资助理念方面的矛盾,比林斯自己对此进行了思考,他认为吉尔曼是一个典型的学者型人物,并不适合做科研项目资金的分配和管理工作,而伍德沃德不同,他曾经是美国科学促进协会(American Association for the Advancement of Science, AAAS)④的主管人之一,具有丰富的科研项目管理经验。沃尔科特对伍德沃德的到来持欢迎态度,他认为："伍德沃德经过与大学的科研人员接触后,得出了和我们(指比林斯和沃尔科特)一样的结论,即针对科研人员单独的资助是目前最好的资助方式。"⑤

伍德沃德不仅要处理好与比林斯等人的微妙关系,而且还发现了一个更加残酷的现状,即自己每天的工作都淹没在那些无穷无尽的要求提供资助的信函中,有些甚至会运用各种政治性力量对他进行施压,他对此极为反感和疲倦。他曾经向哈佛大学化学系教授西奥多·理查兹(Theodore W. Richards)写信抱怨说："华盛顿研究所的资助政策可能过于宽松,很多申请

① Carnegie Institution of Washington. Memorandum to Executive Committee[R]. Washington D. C., 1901:317-320.
② Dupree A. Hunter. Science in the Federal Government[M]. Cambridge: Harvard University Press, 1957:230.
③ Carnegie Institution of Washington. Year Book 1903[R]. Washington D. C., 1903:2.
④ 美国科学促进协会是具有极高影响力的科学组织,其宗旨在于"促进全人类科学、工程和创新",该组织于 1848 年在费城成立,其出版发行的《科学》(Science)期刊是目前国际公认的权威刊物. American Association for the Advancement of Science. AAAS MISSION [EB/OL]. [2018-10-16]. https://www.aaas.org/mission.
⑤ Rockefeller Archives Center. Walcott to Billings[Z]. Board Minutes, 1906.

资助的研究者被宠坏了。一些申请者显得心浮气躁,还有一些申请者所需的款项已经超出了研究的需求,更有一些人甚至拿着国会议员的推荐信向我施压。"①而另一方面,伍德沃德也对申请者抱有一定程度的同情,因为他惊讶地发现,那些获得华盛顿研究所资助的科研人员,其所在大学或者学院会把他们本就已经少得可怜的科研经费予以撤销,学校方面认为外部经费的支持虽然没有经过学校,但是学校可以通过自身的财政力量减少开支——作为资助方的华盛顿研究所、作为受助方的研究者个人及研究者所隶属的单位形成最为复杂的三角关系。由此可见,华盛顿研究所作为基金会首次试水资助科学研究的过程并不是那么顺利,过程中董事会比林斯和吉尔曼的矛盾,以及伍德沃德对现行资助体制的不满,均显示未来基金会资助大学的科学研究充满了极大的不确定性。

处理与比林斯等人的关系、做好资助工作、协调研究所与大学科研人员的关系成为摆在伍德沃德面前的艰巨任务。伍德沃德认为,资助的利益权衡问题很难解决,他在给哈佛大学理查兹的信函中,透露了他的解决思路:"分内外两个层面,华盛顿研究所内部方面的主要任务就是做研究,外部的大学和学院需要进行引导,而最为关键的是华盛顿研究所需要明确自身的定位和使命,即内部独立研究与外部资助优秀研究人员。"②伍德沃德更加倾向在开展资助的时候向那些已经证明自身实力的科研人员发放研究经费,这些资金的使用同样需要得到其所在单位的支持。另外,小规模的资助开始被伍德沃德抛弃,他更加倾向那些大规模的、长时间的研究项目,并将那些获得资助的大学科研人员聘请为华盛顿研究所的兼职研究员,以便于管理。为了说服董事会,伍德沃德拿出了之前的科研数据,自华盛顿研究所成立后,只有大约60%的科研人员产出了研究成果,并且只有少数的高校如哈佛大学、耶鲁大学、芝加哥大学等没有减少科研人员的研究经费,绝大部分的高校在获取华盛顿研究所的资助后,减少了其自身的科研经费支出。伍德沃德的思路一经公开,即遭到比林斯等人的反对,尤其是"长期大型项目"的建议,已经违背了华盛顿研究所创建的初衷——"少数的优秀人才的资助"这一基本原则。

(二)1906年12月,伍德沃德和比林斯在华盛顿研究所的内部会议上

---

① Harvard University Archives. Papers of Theodore William Richards, 1868-1928 Woodward to Richards[Z]. 1905: Accession 14375.

② Harvard University Archives. Papers of Theodore William Richards, 1868-1928 Woodward to Richards[Z]. 1905: Accession 14375.

出现交锋，伍德沃德认为小规模的个人资助已经证明了它的不可行性，从研究成果的产出来看，研究经费遭到了巨大的浪费。解决这一问题的最佳途径就是，选取在大学中专门以科研为职业的科学家，将他们聘为兼职人员，并且对他们进行长期的培育。[①] 伍德沃德的意见得到哈佛大学化学系理查兹等人的声援。在伍德沃德看来，小规模的个人资助已经无法满足当前的科研需求，而扩大华盛顿研究所的参与人数，就研究经费的使用效果而言，长期地持续性地对相关人员进行资助，则更加有利于促进研究人员的成长和科学技术的进步，兼职研究人员的聘用可以将大学教师从繁重的教学任务中解放出来，潜心于科学研究——这与当时大学内部的改革遥相呼应。

1869 年上任的哈佛大学校长埃利奥特是哈佛大学发展历史上影响至深的人物。上任之初，埃利奥特对哈佛大学分散而杂乱的二级学院管理进行了改革，包括对医学院、法学院等大刀阔斧的改革，使得哈佛大学的组织架构变得清晰明了起来，为学校下一步的发展奠定组织基础。其后，埃利奥特积极推行选修制度、确定学生入学标准以提升生源质量，积极引进优秀师资，大力发展研究生教育，使得哈佛大学成了一所现代研究型大学。[②] 与埃利奥特同时代的芝加哥大学校长哈珀等人均大力提升学校的研究水平和教学质量，立志使学校成为享誉世界的研究型大学。这些教学改革的推进离不开办学经费的支持，当基金会的捐赠与教育家的改革措施相结合的时候，美国的研究型大学建设真正迈入快车道。

比林斯则就卡内基先生创设华盛顿研究所的初衷进行了再次说明，虽然他内心非常清楚伍德沃德改革思路的正确性，也表现出很大的同情心，但是作为执行委员会的主席，他需要严格遵守捐赠人卡内基先生发掘优秀人才的捐赠意愿。比林斯尤其反对伍德沃德将业已成功的研究人士纳入到资助范围，而将之前确立的年轻的、有抱负的研究人员剔除在外，比林斯甚至威胁伍德沃德，华盛顿研究所所长的职责是负责执行研究所委员会的决议，而不是对既有的政策评头论足。

伍德沃德不同于学者型的吉尔曼，他拥有丰富的行政经验，他意识到在他这位华盛顿研究所所长和执行委员会之间，存在着比林斯和沃尔科特这样的障碍。于是，他直接与研究所执行委员会的其他委员接触沟通，甚至争取到执行委员会委员的职位，这就为他实现自身的资助理念迈进了重要一

---

①　Carnegie Institution of Washington. Board Minutes[R]. Washington D. C. , 1906:565-566.

②　Samuel E. Morison. Three Centuries of Harvard, 1636-1936 [M]. Cambridge: Harvard University Press，1936:323-330.

步。在伍德沃德的强大压力下,与他针锋相对的比林斯盟友沃尔科特辞职离开。与比林斯等人根据个人的兴趣爱好决定资助不同,伍德沃德开始每个月向执行委员会的全体成员汇报当前的资助申请情况,征询他们的意见,尽管伍德沃德明白,在处理申请资助方面,执行委员会的成员不见得是专业的,但是伍德沃德满足了执行委员会成员的虚荣心,"使他们看起来像有经验的专业人士那样发放资助"[1],从而实现了自己的资助策略。尽管比林斯依然对伍德沃德存在种种质疑,但是他不得不接受全体执行委员会成员的决议。伍德沃德的大项目、长时间资助策略已经开始在研究资金的拨付上发生明显的变化,1906 年,伍德沃德批复的小额研究经费仅仅是 1904 年的一半,1908 年则仅仅是 1904 年的三分之一,小额研究项目数量从 1905 年的75 个降为 1907 年的 50 个。[2] 为了说服卡内基本人继续增加对华盛顿研究所的投资,伍德沃德甚至绕开比林斯等人开始直接面见卡内基,终于说服卡内基在 1907 年和 1911 年继续对华盛顿研究所分别增资 200 万美元和 1000万美元。

伍德沃德所开展的不仅是大规模、长时间的资助项目,而且接受资助的大学科学家同样也成为华盛顿研究所的长期"编外"研究人员。伍德沃德从未放弃这样的资助理念,他计划从各个大学招募 50—100 人的研究团队,组成不同的系所,将这些系所置于自身的控制之下。事实上,这相当于伍德沃德在华盛顿研究所内部既有架构的基础上,通过缩减对外的小额资助,将资金用于建立起符合自身资助倾向的研究团队。50—100 人的研究团队在当时是较为庞大的,伍德沃德在执行委员会内部的话语权也变得越来越大。各个大学也乐见华盛顿研究所对自己优秀研究人员的聘用,因为这些优秀的研究人员不仅可以继续为学校的教学和科研出力,同时可以有效地缓解办学经费压力,一举两得。

以伍德沃德为首的华盛顿研究所开始摸索出与各个大学合作整合科研力量的道路。例如,哈佛大学化学系的理查兹教授 1906 年获得了华盛顿研究所资助后,在哈佛大学建立起独立的化学实验室,招收的研究生也同样在实验室内部进行培养,成功地使哈佛大学的化学研究水平有了较大的提升。与理查兹的化学实验室采用自己的研究生进行科研活动相对应的是,哈佛等大学的研究生培养早已起步,如何培养高质量的研究生成为诸多美国大

---

[1] Carnegie Institution of Washington. Board Minutes[R]. Washington D. C. , 1906:563.
[2] 根据 Carnegie Institution of Washington. Year Book[R]. 1904-1909 的数据测算而成。

学亟需思考的问题。理查兹采用的方式是,学生有两种选择,要么成为研究生,每个月获得 50 美元的报酬,在学制结束后,可以获得博士学位;要么成为实验室的专职研究助理,薪水相较学生较高,但是却不会获得毕业证书。在此情况下,绝大多数年轻人选择了薪水较低但是可以获得学位的全职科研工作。至此,哈佛大学在一些自然学科的研究生培养上,采用了"补助+全职实验室培养"的少数精英路线。[①] 华盛顿卡内基研究所的伍德沃德根据自身的研究喜好聘用所外兼职大学研究教授的举动,成就了美国各个研究型大学在获得资助后的研究生培养新模式。

对此,伍德沃德在华盛顿研究所内部的一次会议上说过:"从上世纪(指19 世纪)80 年代开始,大学开始意识到科学研究的重要性,但是它们却不知道如何开启科学研究的大时代。作为商业慈善,我们可以提供给大学的研究者们更多的研究资金,在具体的研究管理等方面,我们从商业角度而不是从学术角度进行指导,这些指导有利于大学科学研究的管理和成果产出。华盛顿研究所的院外'兼职人员'聘用,促成了大学科学研究面貌的改变,包括独立的研究经费、商业化的高效组织、大学教师科学研究的新角色和兼职研究人员的聘用等。"[②]

二、卡内基华盛顿研究所与哈佛大学化学系

(一)资助促使哈佛化学系引进优秀人才开展教学、科研等各项工作

卡内基华盛顿研究所成立初期就对哈佛大学化学系进行资助,借助研究所的资金,哈佛大学化学系开展了一系列提升教学与科研的措施。哈佛大学 1903—1904 年《校长报告》显示,理查兹教授成为哈佛大学化学系主任,亨利·托里(Henry A. Torrey)从佛蒙特大学加盟哈佛大学化学系,成为有机化学和基础化学的教师和研究者,同时,托里同样协助老资格的查尔斯·桑格(Charles R. Sanger)教授进行工业化学的研究工作,这得益于华盛顿卡内基研究所的资助与提倡。另外,哈佛大学化学系入学学生人数有了较大幅度的增长,从 1903 年 6 月的 579 名,增加到 1903 年 10 月的 687名,截至 1903 年 10 月,学习基础化学专业的学生为 394 名,学习有机化学的学生人数为 132 名,学习工业化学的学生为 45 名,其他的化学专业学生

---

① Harvard University Archives. Papers of Theodore William Richards, 1868-1928 Woodward to Richards[Z]. 1905: Accession 14375.

② Carnegie Institution of Washington. Board Minutes[R]. Washington D.C., 1920:48-49.

人数为 116 名(详见表 2.5)。从学生分布和教师的研究旨趣来看,1903 年的哈佛大学化学系已经呈现出在工业化学、有机化学等应用化学领域的快速增长面貌,在卡内基华盛顿研究所等社会资源的支持下,哈佛大学的化学专业正显现出基础研究与应用研究齐头并进的趋势。

表 2.5　哈佛大学化学系学生专业分布情况(1903—1904)

专业方向/时间	1903 年 6 月	1903 年 10 月
基础化学	336	394
有机化学	127	132
工业化学	39	45
其他	77	116
合计	579	687

资料来源:Harvard University. Reports of the President and the Treasurer of Harvard College,1903-1904[EB/OL]. Harvard Library Archives, The Chemical Laboratory:247. https://iiif. lib. harvard. edu/manifests/view/drs:427018264 $ 249i, 2018-11-05.

在社会捐赠方面,除华盛顿卡内基研究所的长期资助外,社会各界对哈佛大学的捐赠从未停止,哈佛大学化学系可以利用多项捐赠开展教学与科学研究。例如,当时的知名商人爱德华·马林克罗特(Edward Mallinckrodt)向化学系捐赠 1000 美元,主要用于学生阅读室建设和图书资料的购买。诸多捐赠资金主要用于购入最新的化学研究成果资料,更新学生阅读室的桌椅和灯光等硬件设备。除此之外,系所还专门订阅最新的化学研究期刊,使教师与学生可以方便快捷地了解到当时最新的化学研究成果。

在具体的研究层面,哈佛大学化学系的教授们已经开始在诸多领域取得不俗的成果,例如大卫·杰克逊(David Jackson)教授对医用正醌(orthoquinone)进行了突破性的研究,主要用于医学事业中的抗菌消炎治疗;弗兰克·鲁塞(Frank. W. Russe)教授关于四溴苯酚酞乙酯(tetrabromorthoquinone)的研究,主要应用于免疫学基础化学部分;麦克劳林(R. D. MacLaurin)教授对四氯对苯醌(tetrachlororthoquinone)的开拓性研究,可广泛应用于工业生产中的染料,其后同样是哈佛大学化学系的怀曼(A. D. Wyman)教授对四氯对苯醌的生产提取工艺进行了改进,方便大规模地应用于工业生产。与此同时,化学系的教授们还对一些新的化学发展方向进行了研究,例如普林斯海姆(H. H. Pringsheim)教授对苯二胺

（phenylenediamine）和克拉克（L. Clarke）教授对二甲基苯胺
(dimethylaniline)的探索性研究等。[①]

与卡内基华盛顿研究所关系密切的理查兹教授则在化学原子质量测
量、结晶盐(crystallized salt)的提取工艺和温度控制等方面取得显著成就。
自从获得卡内基华盛顿研究所伍德沃德的资助后,在理查兹的领导下,诸多
研究开始取得进展：贝尔(G. E. Behr)教授继续了关于钢铁冶炼工业中能耗
控制的研究(而安德鲁·卡内基之前的商业公司就是美国钢铁公司)；肯特
(R. W. Kent)教授采用同样的方法,对金属镍进行了研究；兰姆(A. B.
Lamb)教授研究水溶液的特定温度问题,并取得了令人满意的结果；威尔斯
(R. C. Wells)教授开始对钠原子质量问题进行有益的探讨——所有这些研
究的开展是理查兹教授在两次获得卡内基华盛顿研究所共计5万美元的启
动基金后开始进行的。另外一位知名的化学系教授巴克斯特(Baxter)在测
量化学原子质量方面非常有建树,例如他对碘原子、镉原子等的质量测量,
巴克斯特同样获得了卡内基华盛顿研究所500美元的资助,用于锰原子的
质量测量研究。他在1904至1905年间,又获得了卡内基华盛顿研究所
1000美元的追加研究经费,继续其关于化学原子质量的研究(表2.6)。除
此之外,化学系还从美国艺术与科学学院、沃伦基金会(Cyrus W. Warren
Fund)、拉姆福德基金会(Rumford Fund)、伊丽莎白·汤普森科学基金会
(Elizabeth Thompson Science Fund)、米尔顿基金会(Milton Fund)、杜邦基
金会(Alexis Irenee Du Pont Fund)等汲取研究经费,用以支持自身的科学
研究和教育活动。

表 2.6　卡内基华盛顿研究所对哈佛大学化学系研究经费资助情况(1903—1927)

单位：美元

年份	理查兹团队	巴克斯特团队
1903—1904	2,500+50,000	500
1904—1905	2,500	1,000
1905—1906	2,500	1,000
1906—1907	2,500	1,000
1907—1908	2,500	1,000

---

① Harvard University Gazette. The Chemical Laboratory [N]. Harvard Library Archives, Box
32, Folder 2.

续　表

年份	理查兹团队	巴克斯特团队
1909—1910	2,500	1,000
1910—1911	2,500	1,000
1911—1912	3,000	1,000
1917—1918	3,000	1,000
1918—1919	3,000	1,000
1919—1920	2,700	1,000
1920—1921	3,000	1,000
1921—1922	3,000	1,000
1922—1923	3,000	1,000
1924—1925	3,000	1,000
1925—1926	3,000	1,000
1926—1927	3,000	1,000
合计	91,800	16,500

资料来源：Harvard University. Reports of the President and the Treasurer of Harvard College[R]. Harvard Library Archives，The Chemical Laboratory.

在外部研究经费的支持下,哈佛大学的化学研究涌现出了较多的科学研究成果,化学系的研究人员在美国知名期刊《美国化学期刊》(*American Chemistry Journal*,后更名为《美国化学会志》,*Journal of the American Society*)发表多项研究成果,该期刊从创刊至今一直为世界顶级化学期刊,2017 年的影响因子为 14.357,2017 年度引用数量为 53.3512 万次,可见当时哈佛大学的化学系研究成果已经具有较高的学术水平。[①] 鲍厄尔(M. C. Bowell)教授发现了合成姜黄素(curcumine)的合成基本公式和方法,理查兹教授成功的测量出钠元素与氢元素在食盐中的具体含量,而这些研究成果的取得,均是在卡内基华盛顿研究所在 1904 年向哈佛大学化学系捐赠 2500 美元后,虽然在今日看来数目不大,但当时华盛顿研究所的捐赠占整

————————

① ACS Publications. Journal of the American Chemical Society[EB/OL]. [2018-11-06]. https://pubs. acs. org/page/jacsat/about. html.

个哈佛大学化学系年度预算的三分之一。[①]

　　哈佛大学化学系办学软硬件条件的改善，使得化学系的人才培养呈现出较好的风貌。例如，应用化学、有机化学等被视作具有"现实"价值的学科开始受到学生们的欢迎，德国研究型大学的习明纳(Seminar)制度得以开始在化学系建立。化学系教授普林斯海姆确定了在图书馆每周与学生见面一次，共同研读原版德国化学期刊论文，进而进行讨论的形式。这充分表明美国研究型大学开始借鉴德国研究型大学的各项培养方式，试图在培养高级研究人才方面有所作为。除在1905年引入习明纳师生研讨制度外，1909年，哈佛大学化学系指定10万美元的专项资金，用于兴建全新的化学实验室和购买实验设备，而这些硬件配备的资金来源主要是来自两位1883届和1888届校友洛布兄弟(Morris Leob, James Loeb)的捐赠。另外，哈佛大学化学系除对教师的科学研究予以重视外，还挑选20名优秀的研究生在导师的带领下进入实验室进行相关的研究工作，仅仅一年，在化学系教授们的指导下，化学系的优秀学生们已经发表了18篇研究成果。[②]

(二)以学科带头人的形式获取外部办学经费支持

　　1905年至1906年，由于卡内基华盛顿研究所推崇的是小规模的个人资助，故理查兹教授和巴克斯特教授均组建自己的研究团队，开始以团队研究方式开展化学方面的研究。由于研究经费的到位，哈佛大学化学系的各个教授们在理查兹和巴克斯特两位教授的带领下，根据自己的研究兴趣，开展多项基础性和应用性研究，他们一致认为："卡内基华盛顿研究所的资助，很大程度上提升了研究水平，扩展了研究领域。"[③]由表2.7和表2.8可见，哈佛大学的化学系在理查兹和巴克斯特两位教授的带领下，通过获取卡内基华盛顿研究所的"个人形式"资助，组成了几乎涵盖整个化学系教师队伍的研究团队，开展了多项研究工作。从化学系年度发文总量来看，化学系的研究成果出版在获取研究经费后一直保持较高水平，从1903年的22篇增

[①]　Harvard University. Reports of the President and the Treasurer of Harvard College, 1904-1905 [EB/OL]. [2018-11-05]. Harvard Library Archives, The Chemical Laboratory：251. https://iiif. lib. harvard. edu/manifests/view/drs；427018293 $ 251i.

[②]　Harvard University. Reports of the President and the Treasurer of Harvard College, 1909-1910 [EB/OL]. [2018-11-06]. Harvard Library Archives, The Chemical Laboratory：197. https://iiif. lib. harvard. edu/manifests/view/drs；427018383 $ 197i

[③]　Harvard University. Reports of the President and the Treasurer of Harvard College, 1907-1908 [EB/OL]. [2018-11-06]. Harvard Library Archives, The Chemical Laboratory：251. https://iiif. lib. harvard. edu/manifests/view/drs；427018352 $ 252i.

长到 1906 年的 34 篇,其后一直保持着较高的研究成果产出。①

表 2.7　卡内基华盛顿研究所资助的理查兹教授团队的研究

人员	研究成果
G. E. Behr, Jr.	炼钢技术改进
R. W. Kent	炼镍技术改进
G. S. Forbes	汞合金研究
A. B. Lamb	水溶沸点新方法
R. C. Wells	钠原子质量测量
R. C. Wells	氯化钠研究
W. N. Stull	原子合成与压缩
B. S. Lacy	铣孔隔膜电解
G. S. Forbes	汞合金研究
G. E. Behr, Jr. ; R. W. Kent	金属电动势影响
L. J. Henderson	伯塞洛特氧弹
R. F. Jackson	化学热力学研究
Arthur Staehler;Edward Mueller	钾原子质量测量
G. S. Forbes	氮的温度测量
Grinnell Jones	硫化处理工艺
J. H. Mathews	蒸馏工艺
F. G. Jackson	低温无机盐处理工艺
L. J. Henderson; H. L. Frevert	有机物氧化实验
B. S. Lacy	验证电解质的汤姆逊效应
A. Staehler; F. Kuzma	与柏林大学开展氯酸盐研究
F. Hoffmann	硫酸盐研究
F. Wrede	二氯化锰研究
F. B. Coffin	氮原子测量
H. H. Willard	高氯酸盐研究

---

① Harvard University. Reports of the President and the Treasurer of Harvard College, 1907-1908 [EB/OL]. [2018-11-06]. Harvard Library Archives, The Chemical Laboratory, 1903-1927. https://guides. library. harvard. edu/harvard-radcliffe-online-historical-reference-shelf.

续　表

人员	研究成果
Grinnell Jones	化学压缩研究
A. W. Rowe	热量测定研究
F. G. Jackson	低温固态研究
L. L. Burgess	金属盐研究
J. H. Mathews	有机蒸发研究

资料来源：Harvard University. Reports of the President and the Treasurer of Harvard College[R]. Harvard Library Archives，The Chemical Laboratory.

表 2.8　卡内基华盛顿研究所资助的巴克斯特教授团队的研究

人员	研究成果
Baxter	碘原子质量测量；氯化钾研究；锰原子质量测量
M. A. Hines	镉原子质量测量
M. A. Hines	锰原子质量测量
H. L. Frevert	高锰酸盐研究
R. C. Griffin	磷酸测定
C. H. Hickey	纯氮气提炼
J. E. Zanetti	草酸研究
O. F. Black	碳酸盐研究
Baxter	溴原子质量测量
M. A. Hines	锰原子质量测量；氯化物研究
G. S. Tilley	碘原子质量测量
R. C. Griffin	草酸铵研究；电解质研究
A. C. Boylston	高锰酸钾溶解度研究
W. Chapin Holmes	碘的沸点研究
F. B. Coffin	砷原子质量测量
Grinnell Jones	磷原子质量测量
Edward Mueller	镉原子质量测量
M. A. Hines	洛酸盐研究

续　表

人员	研究成果
G. S. Tilly	五氧化二碘研究
R. H. Jesse	草酸盐研究
Baxter	碘化物研究
G. S. Tilley；F. B. Coffin	水银研究
R. H. Jesse	镉原子质量测定
A. C. Boylston	三溴化磷研究

资料来源：Harvard University. Reports of the President and the Treasurer of Harvard College[R]. Harvard Library Archives，The Chemical Laboratory.

(三)基金会支持下的诺贝尔化学奖获得者理查兹

在卡内基华盛顿研究所的资助下,哈佛大学化学系教授理查兹认识到多个化学元素中的原子质量存在差异,他开发出的测量方法可以精确的测量原子质量,并于1914年获得诺贝尔化学奖——这标志着哈佛大学的化学研究取得了世界性声誉,其科学研究水准得到了广泛认可。诺贝尔奖委员会在颁奖词中做出如下的陈述:"西奥多·威廉·理查兹教授发明的精确测量原子质量方法获得了广泛的认可和应用,他本人也测量出大量原子的质量。"[1]截至1914年理查兹获得诺贝尔化学奖时,他已经测量出21个化学元素的原子质量,诺贝尔奖委员会认为,这是对化学领域的重大贡献。难能可贵的是,理查兹是实打实的哈佛大学"本土派",他于1886年获得哈佛大学科学硕士学位,并于1888年获得哈佛大学博士学位,后留学德国,从1891年开始一直担任哈佛大学化学系教师,1903年开始便担任哈佛大学化学系系主任一职。

由于与卡内基华盛顿研究所伍德沃德良好的私人关系,理查兹在争取基金会等社会资源的支持方面同样令人瞩目。作为一名优秀的科学工作者,其出色的个人履历以及在化学事业方面所展现的巨大潜力,深深地打动了卡内基华盛顿研究所。以伍德沃德为首的卡内基华盛顿研究所开始对理查兹等人展开资助,1903—1927年间,华盛顿研究所对理查兹的研究团队资助超过91,000美元,这在当时无异于一笔巨款。理查兹的研究团队开展

① The Nobel Prize. The Nobel Prize in Chemistry 1914：Theodore William Richards[EB/OL]. [2018-11-09]. https://www.nobelprize.org/prizes/chemistry/1914/summary/.

多项研究,他本人也成为世界知名的科学家。1914年他成为美国化学协会(American Chemical Society)的主席,1919—1921年担任美国艺术与科学学院理事。在获得诺贝尔化学奖之前,理查兹已经在1910年荣获化学领域最为权威的英国皇家"戴维奖章"(Davy Medal)。理查兹在诺贝尔奖颁奖典礼的致辞中特意感谢了卡内基华盛顿研究所:"我非常幸运地得到了哈佛大学年轻的研究生们的支持,在与他们交流过程中,我们双方都获益良多,没有这群年轻人的帮助,我们取得的成果可能比现在要少很多;1903年便开始对我们进行资助的卡内基华盛顿研究所,对我们研究工作的支持是巨大的,我要特意感谢他们。"[1]

华盛顿研究所的资助取得了丰硕的成果,如果没有这些资助,理查兹无法在实验设备和器材方面有质的突破,也不会使得哈佛大学化学系的习明纳制度及研究生实验室培养方式推行下去。由此可见,卡内基华盛顿研究所在哈佛大学化学系的发展历史上起到了关键性作用。

(四)卡内基华盛顿研究所对哈佛大学其他院系的资助情况

除对哈佛大学化学系进行了卓有成效的资助外,1900年至1940年,卡内基华盛顿研究所还发起了对动物学实验室(The Zoological Laboratory)、地质与地理系(Department of Geology and Geography)、艺术与科学研究院(The Graduate School of Arts and Sciences)、比较动物学博物馆(Museum of Comparative Zoology)、伯西研究所(The Bussey Institution)、医学院(The Medical School)、哈佛大学植物园(The Botanic Garden)、哈佛大学出版社(Harvard University Press)、神学院(The Theological School)、皮博迪人类学与考古学博物馆(The Peabody Museum of American Archaeology and Ethnology)、福格艺术博物馆(The Fogg Art Museum)、教育学院(The Graduate School of Education)、阿诺德植物园(The Arnold Arboretum)、杰斐逊物理实验室(The Jefferson Physical Laboratory)、蓝山气象观测站(Blue Hill Meteorological Observatory)、格雷植物标本馆(Gray Herbarium)、植物博物馆(Botanical Museum)等科研系所的资助。总体而言,因哈佛大学办学规模的宏大和各项社会捐赠资源的繁多,卡内基华盛顿研究所对哈佛大学各个院系的支持并不能代替整体性的哈佛大学办学经费。但卡内基华盛顿研究所所秉承的"个人项目资助"理念,对哈佛大学化

---

[1] Theodore W. Richards. Nobel Lecture [EB/OL]. [2018-11-09]. https://www.nobelprize.org/prizes/chemistry/1914/richards/lecture/.

学系等科研系所的研究产生了较大的影响,无论是科研人员的"项目制"理念,积极要求对方以研究成果的形式作为下一轮资助的凭据,还是化学系在取得研究经费后,积极引入优秀师资,与德国开展学术合作交流,进行学生培养方式的改革等,都对哈佛大学的发展具有积极作用。

第三节　基金会资助体系的构建

洛克菲勒于1902年创立普通教育委员会,与卡内基一道成为科学慈善的鼻祖。普通教育委员会侧重实验和调查研究,立足于调查和数据分析,对未来的资助进行理性决策,与卡内基华盛顿研究所类似,普通教育委员会同样采用系统的商业化策略对资助进行管理。正如约瑟夫·沃尔(Joseph Wall)所言:"卡内基和洛克菲勒都对慈善资助抱有相似的理念:慈善不是毫无底线的给予,而是像洛克菲勒经营标准石油公司和卡内基经营美国钢铁公司那样,将商业领域的竞争淘汰策略应用于科学研究的资助上。"①这些新成立的基金会与卡内基的华盛顿研究所不同,由于卡内基本人对科学研究的浓厚兴趣,他对华盛顿研究所的初次试水给予了较多的关注目光,无论是伍德沃德和比林斯的争论,还是华盛顿研究所成立的宗旨,均在卡内基的视线中。但是1911年成立的卡内基纽约基金会和1913年成立的洛克菲勒基金会,相较于华盛顿研究所,其体量是极为庞大的,这两大基金会在当时的社会条件下,几乎可以做到任何它们想要做的事情,尽管其政治争议一直存在。②

在进步主义运动者看来,洛克菲勒和卡内基的托拉斯垄断企业对美国造成的伤害是不可饶恕的,但洛克菲勒和卡内基均是具有浓厚宗教情结的人物,他们的人格相对较为分裂,一方面在商业领域对竞争对手残酷无情,另一方面又对巨额财富的处理抱有造福社会的崇高价值观。③ 因而,从洛克菲勒基金会和卡内基纽约基金会成立开始,社会上对这两大寡头成立基

---

① Joseph F. Wall. Andrew Carnegie[M]. Pittsburgh: University of Pittsburgh Press, 1989:833.

② 洛克菲勒本人在经营标准石油公司的时候,采取了残酷无情的同行竞争策略,将美国的众多炼油企业予以吞并,造成了很多负面的社会影响,当时的进步主义运动对洛克菲勒、卡内基等人进行了猛烈的批判。洛克菲勒的标准石油公司成为进步主义者反托拉斯的靶心,他们对洛克菲勒的垄断商业行为进行了猛烈的抨击,美国国会也就此做出调查,将标准石油公司以州为单位分割成若干的小公司,且规定了洛克菲勒家族的持股比例。

③ 彼得·柯利尔、戴维·霍洛维茨. 洛克菲勒王朝[M]. 劳景素,译,钱维藩,校. 上海:上海译文出版社,1982:52.

金会目的的争议一直不断——因为他们是开放式的基金会，不像卡内基华盛顿研究所那样注重单纯的科学研究工作，而卡内基纽约基金会拥有十倍于华盛顿研究所的资金，其财政影响力可见一斑。这也就意味着，如果洛克菲勒基金会和卡内基纽约基金会想要就社会的某一方面采取自己的改革措施，那么其影响力将是巨大且深远的。

一、洛克菲勒基金会"科学资助"的路线之争

在洛克菲勒基金会内部，具有项目资助权力的人物是当时的基金会秘书长杰尔姆·格林(Jerome D. Greene)，格林来自一个非常传统的波士顿宗教家庭，他于1896年毕业于哈佛大学，后担任哈佛大学历史上最为著名的校长之一埃利奥特的助理。他在哈佛大学校内创办了《哈佛校友通讯》(*Harvard Alumni Bulletin*)，1901年至1905年，担任哈佛大学校长助理，1906年至1910年，担任哈佛基金公司的负责人，[①]是一位经验十分丰富的大学管理人才。格林于1910年进入洛克菲勒基金会，起初是作为小洛克菲勒的私人助理，在1913年成为洛克菲勒基金会的首任秘书长。由于相较于他的父亲而言，小洛克菲勒在管理和经营方面的天赋显得并不是那么出众，格林很好地发挥了这方面的才能，正如伍德沃德之于华盛顿研究所，格林成了洛克菲勒基金会事实上的掌权人。基于他在哈佛大学长期的工作实践，他意识到基金会的资金进入大学是为了将美国的大学建设成为"人类所需要的大学"(university of human need)。他希望洛克菲勒基金会的资助能够促进大学各个学科的研究，包括社会、经济、公共健康等。[②]

格林上任之初便野心勃勃，希望借助洛克菲勒基金会庞大的赞助经费创造出系统的、科学的、全面的慈善体系。他相信，既然洛克菲勒家族可以在美国标准石油公司那里取得成功，那么洛克菲勒基金会同样可以在慈善领域取得类似成功。他开始招揽一批专业人士进行广泛的资助前的调查工作，例如1909年开始的针对中国公共健康状况的调查，他盛情邀请当时美国著名的精神病学专家托马斯·萨蒙(Thomas W. Salmon)负责成立了中国医学委员会(China Medical Board, CMB)。正是在格林的大力推动下，北京协和医学院才得以获得洛克菲勒基金会的捐赠，成为中国的"约翰·霍普金斯大学"；麦肯齐·金(Mackenzie King)在格林的指派下参与"工业关

① Harvard University Archives. Papers of Jerome D. Greene, 1894-1955[Z]. HUG 4436, Folder 32.
② Jerome D. Greene. Principles and Policy of Giving[R]. Rockefeller Archive Center, 1913:20-21.

系"调查,进而提出希望洛克菲勒基金会赞助成立经济研究所(Institute for Economic Research);格林同时希望模仿之前国际健康委员会(International Health Commission)的成功经验,将美国的社会公共健康体系建立起来。除此之外,格林对公共管理、市政管理、退休养老金、艺术、环境保护等问题抱有浓厚的资助兴趣。[1] 格林所选取的领域,除洛克菲勒家族既有的慈善项目外,与标准石油公司的生产和业务经营也遥相呼应,例如关于工业关系的研究试图对当时愈演愈烈的企业与工人的紧张关系问题做进一步的深层次理解;对经济问题的研究则期望能够对各大企业开展公司业务具有一定的咨询意义。更为难能可贵的是,格林对洛克菲勒基金会的定位是开放而系统的,他并不赞同像卡内基华盛顿研究所那样进行内外两条线的研究资助工作,反而倾向借助大学的力量开展研究,着力将洛克菲勒基金会的慈善事业打造成为一个平台——一个可以吸引其他社会资金和发放科研资金的平台。基金会通过"调查——合作——制定标准"三个步骤展开合作,在格林看来,调查是开启资助行动的第一步,尤为重要。通过调查,将洛克菲勒基金会的报告公之于众,使基金会成为全美的"慈善事业大学"。

格林将洛克菲勒基金会建设成为慈善高峰的理念,理所当然地遭到了诸多人士的反对,其中包括具有广泛影响力的雷蒙德·福斯迪克(Raymond B. Fosdick)和弗雷德里克·盖茨。福斯迪克对格林的这种理想化举动表现出极大的不耐烦,福斯迪克之前在纽约参与进步主义运动,对政府的行政腐败、社会娼妓等问题进行过深入调查。或许是出于自身对现实问题的深刻感悟,格林有关洛克菲勒基金会的构想与福斯迪克的理念格格不入。福斯迪克的个人经历以及之前帮助洛克菲勒家族开展欧洲社会问题研究的履历,使其影响力在小洛克菲勒时代显得尤为突出。福斯迪克期望洛克菲勒基金会能够成为改革社会的主要力量之一,这与当时斯塔尔·墨菲(Starr Murphy)和亚伯拉罕·弗莱克斯纳(Abraham Flexner)等人的理念更为接近。1915 年,福斯迪克和弗莱克斯纳共同启动了一些在他们看来更加具有实际意义的项目,例如有关城市犯罪、酗酒、吸毒、性传播疾病、家庭结构、收入政策等方面的研究和资助。

除福斯迪克外,盖茨作为洛克菲勒家族慈善事业的"元老级"人物,认为洛克菲勒基金会的慈善事业应该继续关注医学和公共健康领域,因为基于

---

[1] Jerome D. Greene. Future Organization of the Rockefeller Foundation[R]. Rockefeller Archive Center,1914.

前期的慈善工作,洛克菲勒的慈善事业在这些方面已经取得了良好的成效。在盖茨的计划中,洛克菲勒基金会是已有的普通教育委员会、洛克菲勒研究所、国际健康委员会和中国医学委员会等的母体机构,基金会主要是这四大下属慈善机构的经费提供者。与之相反,格林所设想的洛克菲勒基金会则是全面的、连续完整的机构,并不是之前洛克菲勒慈善事业的附庸。[①] 格林明白,他与福斯迪克和盖茨的路线之争,实际上是慈善理念的争论,格林认为:"洛克菲勒基金会的设想应该是长远而富有建设性的。"[②]

令人遗憾的是,格林的想法没有得到新旧两位董事会成员的认可,无论是老派作风的盖茨还是新式作风的福斯迪克,他们都不同意格林关于洛克菲勒基金会的设想。当建设北京协和医学院成为洛克菲勒基金会头等大事的时候,国际健康委员会也试图在世界范围内发挥更大的作用,加上一战的爆发,洛克菲勒基金会向美国红十字会累计捐赠 2000 万美元。格林关于洛克菲勒基金会的设想在经费极为紧张的情况下,开始化为泡影。带着极大的失望,格林辞职离开了洛克菲勒基金会,盖茨和小洛克菲勒开始重新物色基金会的负责人。基金会的首选目标是当时芝加哥大学校长哈里·贾德森(Harry P. Judson),但是贾德森对洛克菲勒基金会提供的职位并不感兴趣。就在此时,乔治·文森特(George E. Vincent)进入盖茨和小洛克菲勒的视野。文森特同样是一位就职于芝加哥大学的优秀学者,他在 1896 年获得社会学博士学位后留校工作,1907 年成为芝加哥大学艺术与科学学院院长。由于与贾德森竞争芝加哥大学校长职位失败,他于 1911 年离开芝加哥大学,就任明尼苏达大学校长。[③] 小洛克菲勒认为:"文森特博士将是基金会主席的不二人选,他具有较好的全国性声誉,且擅长于处理公共关系,能够为塑造基金会的公共形象做出贡献。"[④]

文森特的到来终于使洛克菲勒基金会步入了正轨。文森特一方面需要平衡董事会中盖茨、福斯迪克等人的意见,另一方面也需要对基金会的财政预算进行精简。对于盖茨和福斯迪克所热衷的医学领域资助,文森特予以放行,否则他将重蹈格林的覆辙。文森特惊讶地发现,1917 年洛克菲勒基

---

① Jerome D. Greene. The Policy of the Rockefeller Foundation[R]. Rockefeller Archive Center, 1916.

② Rockefeller Archive Center. Greene to Vincent[Z]. 1917;Box 21,Folder 163.

③ Ernest. W. Burgess. Georg Edgar Vincent;1864-1941[J]. American Journal of Sociology, 1941,46;887.

④ Rockefeller Archive Center. John D. Rockefeller to Raymond B. Fosdick[Z]. 1916;Box 31, Folder 311.

金会的总收入为 650 万美元,其中,国际健康委员会和中国医学委员会合计占用了 300 万美元,医学教育和中小学的医学预防教育资助占用了 105 万美元,洛克菲勒医学研究所占用了 15 万美元,行政费用为 80 万美元,仅仅剩余 150 万美元用于发展新的资助项目。① 文森特执行了盖茨等人关于继续医学方面资助的决定,同时也打算在未来的时间内开发出更多的资助项目。从格林到文森特,洛克菲勒基金会作为美国慈善基金会发展的历史缩影,其人员更迭更像是基金会对自身定位的一次探索。

二、卡内基纽约基金会专业资助团队的建立

洛克菲勒基金会和卡内基纽约基金会有些许的不同,洛克菲勒基金会的具体管理工作由专业人员完成,洛克菲勒家族的人员插手较少,只是在极为特殊的情况下小洛克菲勒才会出现在基金会的办公室。与之相反,卡内基纽约基金会管理人员的任命和其他的诸多事宜都是由卡内基本人及其极为信任的三位人士完成,这三位人士分别是:主要负责管理资助项目的詹姆斯·伯特伦(James Bertram)、负责人事事务的约翰·波因顿(John Poynton)以及负责财政事务的罗伯特·弗兰克(Robert A. Frank),这三位主要的基金会管理者由卡内基本人亲自挑选。相较于洛克菲勒基金会初期的人事变动和慈善路线之争,卡内基本人作为基金会的董事会主席,亲自过问基金会的管理事项,使得卡内基纽约基金会比较稳定地度过了初创时期。当然,在卡内基的慈善事业中,仍然有少数锐意改革的人士,他们分别是:卡内基国际和平基金会的伊莱休·鲁特(Elihu Root)、卡内基教学促进委员会的亨利·普利切特(Henry S. Pritchett)和卡内基华盛顿研究所的罗伯特·伍德沃德。普利切特在写给鲁特的信件中表达了锐意改革的诉求:"我们不仅应该使卡内基先生的慈善事业取得成功,而且应该寻求一些有意义的项目,使卡内基先生的慈善事业得以进一步发扬光大。"② 作为前麻省理工学院的校长,普利切特不仅拥有学者风范,而且其多年的学校管理经验使得他拥有其他学者所没有的那种经营管理能力,卡内基本人非常欣赏普利切特。这充分表明,卡内基纽约基金会的部分管理者同样在基金会资助的道路上进行了有益探索。

与普利切特不同,鲁特是一位热爱科学研究的政治人物,他曾经在美国

---

① Rockefeller Archive Center. Memorandum of Expected Income and Expenditure[Z]. 1918:Box 21, Folder 164.
② Rockefeller Archive Center. Henry S. Pritchett to Elihu Root[Z]. 1917.

国会任职,具有强大的组织协调能力。卡内基将这两位知名人士招入麾下,使得卡内基纽约基金会的运行变得异常顺畅。普利切特和鲁特在基金会内部建立了紧密的工作关系,普利切特曾经写信给鲁特,称赞鲁特办事迅速果断,在基金会内部拥有很高的权威。① 由于伍德沃德和普利切特的大学行政背景,当他们转任到卡内基的慈善基金会后,均不约而同地将卡内基纽约基金会的资助转向教育领域。据统计,1900 年至 1916 年间,在伍德沃德和普利切特的倡导下,卡内基的慈善事业已经向教育领域资助了 1900 多万美元。② 1916 年 4 月,普利切特作为卡内基纽约基金会的负责人,向董事会提出了未来资助的四个重点方向,包括移民的美国化研究、公共教育中的国际关系研究、教育经济研究以及医学教育。③

1919 年 8 月,一代慈善大亨安德鲁·卡内基与世长辞,他所提倡的科学慈善思想已经在欧美各国广泛传播。他身后所遗留的各项慈善事业依然需要普利切特等人继续下去,普利切特开始了其改革措施,尽管他不是卡内基纽约基金会的主席,但是他事实上承担起卡内基慈善事业管理者的角色。普利切特开始扩充董事会成员,物色基金会主席人选,确保卡内基离世后的各项事业能够顺利开展。与洛克菲勒基金会相似,基金会的主席任职要求是要有全国性的学术声誉和优秀的公共关系处理能力。1921 年,芝加哥大学教授詹姆斯·安杰尔(James R. Angell)成为卡内基纽约基金会的首任主席。安杰尔在芝加哥大学从普通教员做起,进而成为教授和院长,最后成为代理校长,他曾经也是国家研究委员会(National Research Council, NRC)的主席,在全国范围内拥有较高的学术声誉和较为丰富的科研、教育管理经验。锐意进取的安杰尔上任卡内基纽约基金会的主席后,其资助措施超出了普利切特的预料,安杰尔力主将基金会的大部分资金投入大学的科学研究与研究生教育中。他认为:"现在美国的研究型大学并没有意识到科学研究与研究生教育的重要性,而大学的一项主要职能就是生产新的知识和培养优秀的科学家。作为卡内基纽约基金会的管理者,我们有责任使他们意识到这个问题,需要我们用建设性的眼光来审视这个问题,并且帮助那些优秀大学来解决这一问题。"④由此,安杰尔大力推动针对大学研究人员的资

①　Rockefeller Archive Center. Henry S. Pritchett to Elihu Root[Z]. 1918.

②　Rockefeller Archive Center. Classification of Appropriations, 1911-1922[Z]. Box 31, Folder 12.

③　Rockefeller Archive Center. Henry S. Pritchett, Field of Activity [Z]. 1916.

④　Rockefeller Archive Center. James R. Angell about the Proposals with Reference to General Policy[Z]. 1921.

助,乃至和大学合作开展各方面的研究工作。遗憾的是,安杰尔任期时间太短,其资助的思路转向与之前普利切特侧重医学教育的资助策略相背离。1921 至 1922 年,普利切特亲自任卡内基纽约基金会主席,终止了安吉尔的资助策略,转而回归到之前卡内基所倾向的教育研究和医学教育领域。

小结　探索中前行的基金会慈善事业

卡内基华盛顿研究所作为基金会慈善事业的试水之作,具有标志性意义。这是基金会首次尝试以系统的方式资助科学研究,该研究所试图在内外两个维度资助科学研究:内部方面,研究所招募了一批科学家开展研究,并配备相应的研究经费;外部方面,对美国当时的各研究型大学展开资助,其中哈佛大学化学系建立了以理查兹为首的研究团队,将卡内基华盛顿研究所的资金转化为高效的研究力量,从科学研究和人才培养两个方面进行初步改革,取得了令人满意的成果。彼时的哈佛大学化学系已经成为美国化学研究的重镇,并且获得广泛的国际认可。

基金会在开展科学研究资助的同时,也在探索科学慈善之道。从卡内基本人资助卡内基华盛顿研究所开始,其本意是发现那些具有科学研究潜力的"超群的天才",到后来如巨人一样的卡内基纽约基金会和洛克菲勒基金会成立,一群具有学术背景的人士成为基金会的管理者,在诸如伍德沃德、普利切特、文森特、凯博尔、安杰尔等人的倡导下,基金会的资助始终将教育和科学研究置于首位。实际上,当这两大巨型基金会横空出世的时候,对美国人而言是陌生的,而基金会内部的管理人员也在探索应该成就什么样的慈善事业。第一次世界大战的爆发使得人们认识到科学技术的重要性,而原先的卡内基华盛顿研究所已经无法满足大规模科学研究的资助要求,大型基金会开始成立,期望在未来的慈善事业上有更大的作为。

当然,基金会的资助兴趣直接决定了大学科研的发展方向,由于基金会脱胎于商业领域,无论是洛克菲勒的标准石油公司还是卡内基的美国钢铁公司,乃至美国电话电报公司和杜邦公司等,他们对于化学、物理等学科的浓厚兴趣取决于公司的商业利益。但是由于基础研究的不确定性和长期性,短时间内转化为商业利益的可能性微乎其微,于是,商业公司的资助开始隐退,基金会作为长期的慈善机构开启了对大学科学研究和研究生教育的资助。另外,第一次世界大战后复杂的国际局势也令基金会的领导者意识到,美国的国家利益高于一切,只有资助有利于美国国家利益的事业,才能保证美国在世界舞台上的领导地位。由此,为了确保美国的国家竞争力,带着些许的责任感与爱国心,基金会的领导者们同样将目光转向大学,转向科学知识的生产和积累场所。

第三章 渐至佳境:基金会与大学科学知识的增进(1921—1928)

美国高等教育在急速扩张后,出现教育质量低下、大学滥竽充数的现象,这不仅不利于美国高等教育的整体发展,而且也败坏了美国研究型大学在世界上的声誉。基金会企图利用其经费资源对高等教育进行"标准化",提升美国研究型大学办学质量。与此同时,基金会开始其自身进化历程,它们抛弃了原先卡内基华盛顿研究所小金额的资助模式,转而以大规模、多学科的资助支持研究型大学,将大部分的经费投入代表美国最高科研与教育水平的研究型大学,促使研究型大学一流学科的建成。

第一节 基金会提升大学办学质量的努力

从 20 世纪初开始,美国的高等教育开启了大扩张历程,短短几十年的时间内涌现出大量高等教育机构,更多的年轻人进入大学接受高等教育,随之而来的问题是高等教育培养质量的低下和大学文凭的贬值。面对这样的情况,已经肩负起社会责任的基金会试图改变这一状况。洛克菲勒的洛克菲勒基金会、普通教育委员会、劳拉·斯佩尔曼基金会以及卡内基教学促进委员会等通过对研究型大学的资助以及建立大学教师退休金制度,以直接或间接的方式对美国高等教育进行分层。它们着力支持研究型大学,设置资助标准,通过扶持优质的教育资源进而"打压"办学质量低下的院校,试图维护研究型大学学位的含金量。

一、高等教育大扩张后遗症:培养质量下降

美国高等教育在市场化理念的指引下,于 1915 年之后开始了大规模的扩张运动,一战的爆发虽然延缓了其扩张的步伐,但是战争结束后其大扩张仍然持续发生。一战期间,美国各个大学积极参与到培训士兵和相关的科学研究工作,与此同时,一些学校原本的科研任务被迫中断,一切为战争服

务的理念贯穿整个大学校园。1916 年，美国与英法等国确认盟友关系，各个大学开始创建"预备役军官训练队"(Reserve Officer's Training Corps)，美国的大学校园已经不再像以往那样宁静闲适，军队人员的频繁出入，使得校园里充满战争的紧张氛围。美国人的爱国热情高涨，大学成为大众倾注爱国热情的集中地，大学的教职工被要求购买"爱国公债"(Liberty Bonds)，"百分之百美国化"(100% Americanism) 的运动使得德裔美国人受到非议。①

　　秉承学术自由传统的教授们对这种以战争为中心的大学办学表达出极大的不满，开始联合起来，于 1915 年成立美国大学教授联合会(The American Association of University Professors，AAUP)，以学术团体的方式捍卫学术自由。尽管教授联合会声称自己的研究是根据自身的研究兴趣而开展，不受外部势力的干扰，但是在宏大的爱国主义潮流面前，大学教授们只能采取妥协的态度。诸多德国裔或奥地利裔的大学教授被解聘，甚至出现了针对大学教授的暴力袭击事件。例如，威斯康星大学的一位教授在课堂上讽刺一些美国人虚伪的爱国热情后，在下班途中遭遇枪击；哥伦比亚大学知名的心理学家詹姆斯·卡特尔(James M. Cattell)因为向国会议员写信批评当下的国内政策而遭到解雇。② 美国大学教授联合会的发声显得微不足道，基金会大规模地进入高等教育，使得大学教授们有了第三方的经费支持，可以一定程度上保障自身科学研究的开展。从这一层面而言，基金会成为一股可以影响大学教育教学和科学研究的势力。

　　美国的高等教育以其多样化和高度市场化闻名于世，社会资源与大学紧密结合后，高等教育大发展的序幕徐徐拉开。1915 年，只有大约 5.5% 的年轻人有机会接受高等教育，而到了 1940 年，大约有 15.5% 的年轻人可以进入大学校园接受教育，③由此可见美国的高等教育在过去 25 年的扩张速度之快。一战后，伴随高等教育大扩张的是传统老牌精英大学与新兴的普通高等教育机构的分界线开始逐渐显露。例如，精英大学开始强调其学生优渥的家庭背景或者极高的学术造诣，而普通的文理学院、社区学院等则侧重为绝大多数美国人提供接受高等教育的机会；精英大学强调其培养过程

①　Carol S. Gruber. Mars and Minerva：World War Ⅰ and the Uses of Higher Learning in America [M]. Baton Rouge：Louisiana State University，1975：46-49.

②　American Association of University Professors. Report of the Committee on Academic Freedom an Tenure[R]. 1917：4，7.

③　Roger L. Geiger. The History of American Higher Education：Learning and Culture from the Founding to World War Ⅱ[M]. Princeton：Princeton University Press，2014：428.

中学生良好性格和领导力的养成,普通大学则以职业素养为导向,为未来的职业做"实际性"的准备;精英学校的课程更加注重高学术性和高标准教学,普通大学强调实际应用课程的重要性;精英大学对攀登世界科学研究的高峰蠢蠢欲动,普通大学则以教学为中心,对顶尖的科学研究不抱太高的热忱。①

伴随着美国高等教育大扩张,培养质量低下的问题开始逐步显现,例如1929年普通教育委员会曾经委托教育学家沃尔特·伊尔斯(Walter C. Eells)做过一项针对25所社区学院学生留存率的调查,调查显示:这些社区学院中,只有大约三分之二的大一新生可以进入第二年的学习,只有大约49%的学生可以最终毕业。② 当时哈佛大学校长洛厄尔认为:"美国的大学校园有太多的年轻人,这些社区学院不应该被称为大学,社区学院的学生根本就没有品尝过大学的'味道'。"③

二、基金会:试图规范美国高等教育

美国高等教育的大扩张,引起了教育质量低下和大学生留存率下降等问题,高等教育系统的自然分层开始显现,传统和新兴的研究型大学立志成为世界顶尖大学,而大多数州立大学和文理学院等则致力为本州和当地的社区服务。高等教育的扩张引起了社会的广泛重视,但以市场为驱动力的大学教育以及美国联邦政府高等教育管理权力的弱小,使得以私人资本为支撑的基金会开始担当起高等教育改革者和管理者的角色。其中,洛克菲勒基金会、卡内基教学促进委员会、劳拉·斯佩尔曼基金会、普通教育委员会等在其中起到了极为重要的作用。基金会进入研究型大学,促进了研究型大学科学研究和教育教学的改革与发展,是因为"当时美国联邦政府和州政府都没有对高等教育扩张的后遗症进行必要的管理和改革"④。与此同时,一战后科学技术的力量开始显现,无论是基于化学工业的战争毒气实验,还是新型机枪、坦克等先进武器的应用,给普通美国民众以及基金会的

① Martin Trow. Twentieth Century Higher Education: Elite to Mass to Universal[M]. Baltimore: Johns Hopkins University Press, 2010:558-559.

② Walter Crosby Eells. Why Junior College Terminal Education? [M]. Washington D. C. : American Association of Junior Colleges, 1941:76.

③ Walter Crosby Eells. Why Junior College Terminal Education? [M]. Washington D. C. : American Association of Junior Colleges, 1941:16.

④ Barry D. Karl, Stanley N. Katz. The American Private Philanthropic and the Public Sphere, 1890-1930[J]. 1981,19(2):236-270

管理者们留下了深刻的印象,战后基金会的管理者开始站在国家全局的角度思考问题,通过资助大学的科学研究人员,提升经济产业乃至美国的整体竞争力,实现社会和谐,成为基金会管理者追求的目标。

卡内基、洛克菲勒等人是商业领域的成功者,他们基于之前经营美国钢铁公司和标准石油公司的经验,强调组织的"有序"和"效率"。① 老洛克菲勒本人对 1902 年成立的普通教育委员会的期望是"创设一个综合性的美国高等教育体系",而卡内基本人资助高等教育的目的是"使美国教育标准化"。② 普通教育委员会成立之初的目的在于资助美国南部各州的中小学教育和师范教育,但是在 1905 年,老洛克菲勒认为普通教育委员会应该发挥更大的作用,由此开始逐步资助美国的高等教育,而早期仅仅是对一些南方各州的小型学院进行资助。③ 同样是在 1905 年,卡内基的卡内基教学促进委员会成立,致力于美国大学教师退休金的资助工作,但其资助的前提是美国的大学必须达到卡内基制定的大学标准和要求。由此,卡内基教学促进委员会以大学养老金为突破口,开始"标准化"美国的高等教育。普通教育委员会与卡内基教学促进委员会的资助方式有很大不同,后者是以大学教师退休金为突破口,通过较为间接的方式影响美国高等教育。而普通教育委员会则在资助前展开各项调查工作,1905 年普通教育委员会在当时的负责人华莱士·巴特里克(Wallace Buttrick)的带领下,对全美 700 所号称大学或者学院的教育机构展开调查,委员会最后认为其中仅有少数机构可以被称作真正意义上的大学和学院。在高等教育大扩张的背景下,基金会对高等教育质量的担忧与日俱增。

按照洛克菲勒基金会领导人盖茨的说法:"美国有 450 多所号称自己是大学或者学院的机构,它们分布在美国的各个区域,发展也不均衡。我们不可能资助所有的大学和学院,几乎每一所大学都告诉我它们非常缺钱,我们能做的就是挑选其中一些优秀的大学进行资助,这些被资助的大学必须在美国的高等教育系统中有特定的地位,只有资助具有系统性价值的高校,美

---

① Roger L. Geiger. The History of American Higher Education: Learning and Culture from the Founding to World War Ⅱ[M]. Princeton: Princeton University Press, 2014:479.

② Barry D. Karl, Stanley N. Katz. The American Private Philanthropic and the Public Sphere, 1890-1930[J]. 1981,19(2):236-270

③ General Education Board. The General Education Board: An Account of its Activities, 1902-1914: With 32 Full Page Illustrations and 31maps[R]. New York: General Education Board, 1915.

国的高等教育才能真正成为一个体系。"①与洛克菲勒的普通教育委员会抱有相似观点的还有卡内基教学促进委员会主席亨利·普利切特,作为麻省理工学院的前校长,他因为主政时期对麻省理工学院办学等各方面的改革而备受尊敬,当时即使像麻省理工学院这样的优秀学校都考虑与哈佛大学合并,可见普利切特对美国高等教育的担忧。当卡内基本人对卡内基教学促进委员会初期注资1000万美元用以支持美国高等教育的"标准化"改革后,普利切特毫不犹豫地加入了慈善基金会资助美国高等教育的大潮中,成为卡内基教学促进委员会的首任主席。普利切特将委员会对大学退休教师的资助称之为"福利资本主义"(Welfare Capitalism),即在提升美国大学办学标准的同时采用竞争的办法实现美国高等教育的分层。卡内基教学促进委员会对获得教师退休金的大学具有明确的要求,例如学校的办学规模、师生比、学位授予数量、研究生教育规模等,②这些资助标准不是每一所美国的大学都可以达到。

普通教育委员会和卡内基教学促进委员会等基金会使美国高等教育"标准化"的尝试性资助成果颇丰。普通教育委员会通过对研究型大学中的特定院系展开资助,极大地提升了科研资金的使用效率和学校的行政效率,使得美国高等教育在外力推拉的作用下呈现出逐步分层的发展特征。③ 时任《科学》期刊编辑的弗兰克·卡梅伦(Frank K. Cameron)认为:"洛克菲勒基金会和普通教育委员会对19世纪末到20世纪的美国高等教育'规范化'具有极为重要的作用。"④

第二节 "第二代基金会":专业化大规模资助

20世纪20年代,普通教育委员会和劳拉·斯佩尔曼基金会对研究型大学的资助堪称典范。威克利夫·罗斯和比尔兹利·拉姆尔分别担任普通教育委员会和劳拉·斯佩尔曼基金会的负责人。罗斯提出了"使高峰更高"

---

① Frederick T. Gates. The Purpose of the Rockefeller Foundation with Suggestions as to the Policy of Administration[Z]. Rockefeller Archive Center,Box 19,Folder 19.

② Henry S. Pritchett. A National System of Education[Z]. Rockefeller Archive Center,Box 7,Folder 2.

③ Ethan W. Ris. The Origins of Systemic Reform in American Higher Education,1895-1920[J]. Teachers College Record of Columbia University,2018,120:1-42.

④ Frank K. Cameron. The Rockefeller Foundation and the General Education Board[J]. Science,New Series,1916,43:419-420.

的资助原则，处于金字塔顶端的研究型大学，其科学研究和研究生教育实力
较为强劲，意味着这两个基金会的资助更加侧重于已经拥有较好办学实力
的研究型大学，这也从侧面使得美国的高等教育系统开始发生分流——研
究型大学成为基金会的主要资助对象。

　　罗斯和拉姆尔试图将"使高峰更高"的资助理念贯彻到实际的资助行动
中，培育美国的科教中心。与基金会之前的领导人格林、文森特、凯博尔等
人不同，罗斯和拉姆尔均是从大学的学者转型为基金会的管理者，他们的工
作风格与之前的基金会领导人颇有不同。相较于文森特和普利切特等人的
大学从业经历，之前的基金会领导人往往从大学行政岗位转任而来，而罗斯
和拉姆尔作为大学学者给基金会带来了不一样的资助理念。罗斯和拉姆尔
不是被动等待各个研究型大学的资助请求，而是积极地与各个大学取得联
系，询问需求，与科学家进行长期联络，最终确定自己的资助方向。与上一
代的基金会领导人相比，罗斯和拉姆尔更加主动地开展慈善资助工作，而不
是被动地接受"募捐书"，其独立性和主观性更加明显，也更加具有进取性。
两人带着数额巨大的研究经费对研究型大学开展了大规模的资助行动。

一、"研究服务于研究"：罗斯的资助理念

（一）罗斯对普通教育委员会资助内涵的扩展设计

　　1923年，小洛克菲勒正在考虑1902年成立的普通教育委员会的接班
人问题，之前的普通教育委员会在华莱士·巴特里克的带领下，对美国乃至
世界的医学研究做出过突出贡献，借助钩虫病防治的契机，普通教育委员会
以在医学领域的建树以及对南方黑人教育的资助为人所知。小洛克菲勒最
为信任的两个人一位是福斯迪克，另外一位就是在防治钩虫病过程中表现
突出的罗斯。当小洛克菲勒征询罗斯是否有意全面接手普通教育委员会资
助工作的时候，罗斯认为普通教育委员会不应该仅仅对疾病防治领域进行
资助，而且应该扩展到其他的自然科学领域，并着重资助研究型大学。罗斯
认为，研究型大学不仅可以促进科学研究，同时还可以培养各领域的专业科
研人才，为科学事业的长久发展打下基础。[①]

　　罗斯之所以如此重视教育，尤其是高等教育，与他个人的成长经历和职
业生涯有密切的联系。罗斯年轻时候家境贫寒，如果没有接受教育，罗斯可

---

① George W. Gray. Education on an International Scale[M]. New York：Harcourt Brace Publisher，1941：220.

能终生都在他的家乡田纳西州一个偏远农场做一位农民。罗斯通过自己主动地接受教育,最终成为乔治·皮博迪师范学院(George Peabody College for Teachers)的一名教师,并且积极地投身于美国南部各州的教育发展事业。当他在南部各州的教育活动引起普通教育委员会的重视后,他被任命为普通教育委员会防治沟虫病项目的负责人。[①] 在防治钩虫病过程中,罗斯的表现可圈可点,他不仅成功地将美国南部各州的钩虫病问题解决,而且试图以此为基础,建立起疫病防治的公共卫生网络,还将防治钩虫病的经验介绍到欧洲各国,以国际化的视野发展慈善事业。虽然罗斯的公共卫生事业进行得如火如荼,但是他早期乔治·皮博迪师范学院的职业经历和个人成长历程,使他对后天教育的重大作用有较为深刻的认识。同时,罗斯在从事普通教育委员会钩虫病防治的工作中发现,高端医学专业人才极度匮乏,这更加坚定了他致力于教育和科研的决心。

罗斯对教育和科学研究的视野并没有局限于医学领域,他对物理、化学、生物、经济等学科始终抱有浓厚的兴趣。1916 年 5 月,罗斯向普通教育委员会提交了一份关于促进医学事业发展的计划书,该计划中明确了他对科学研究和人力资源培养的四点看法:"第一,选取三到四个与医学学科相关的其他学科进行重点资助;第二,每个学科选取一到三名著名学者进行重点资助;第三,重点资助这些著名学者的科学研究事业和研究生培养工作,提供他们需要的各项研究条件;第四,向这些著名学者的学生提供奖学金,帮助他们完成学业,乃至进行一定程度的职业生涯指导。"[②]

1923 年,当罗斯成为普通教育委员会负责人的时候,他进一步提出自己对科学研究和教育的看法,罗斯的资助理念可以被视作对 1916 年"初心"的进一步具体化阐述:"第一,从与医学相关的物理学、化学和生物学入手,确认著名学者名单,征询学者培养研究生的意图,向他提供所需的实验室设备及其他教学资源;第二,以国际化的视野看待问题,对于这些学者的招生,可以鼓励他们招收外国留学生,普通教育委员会可以承担留学生的学习费用,但是要确保这些学生毕业后需要回到自己的国家工作;第三,对于贫穷落后的国家,适当地予以帮助,尤其是在招生方面确保他们的学生可以来到

① Abraham Flexner. Wickliffe Rose,1862-1931[J]. Science,1932,75:504-506.
② Wickliffe Rose. A Plan for Increasing Productivity in Medical Science[R]. Rockefeller Archive Center,1916:Box 906,Folder 13.

美国学习,以便于他们归国后可以为自己的国家效力。"①罗斯以国际化的视野看待科研人才的培养,在他担任普通教育委员会期间,科学研究与人才教育成为并行的重点,基金会的资助已经开始由单纯的支持科学研究转变为科研和教育"两条腿走路"的模式。罗斯之所以如此重视教育和科学研究是因为:"这是一个科学的时代,所有重要的活动均离不开科学的身影;一个国家若是不认真衡量科学的作用,不积极地发展科学,⋯⋯ 将是极为危险的事情;当一个国家发展科学的时候,将科学局限于少数人的手中,同样是不完美的,需要通过教育将科学传播到大多数人的头脑中;发展科学事业将会影响美国乃至世界的高等教育,教育事业尤其是高等教育的发展水平将是一个国家重要的文明标志之一。"②

罗斯对发展教育和科学研究的热忱值得人们称赞,他还认为,科学和教育事业的发展路径虽有很多种,但是基金会责无旁贷。这一点可能受到国家研究委员会罗伯特·米利肯(Robert Millikan)的启发。1919 年,米利肯在芝加哥大学演讲,透露了国家研究委员会试图说服洛克菲勒基金会建立全国性科研中心的想法。③ 弗莱克斯纳将米利肯后期发表在《科学》上的文章分享给罗斯,罗斯对此的评价是:"我已经很久没有读到令人如此激动的文章了,它给人以启发,从中可以找寻到我们未来的资助方向。"④而米利肯对于发展科学的态度时至今日读来依然令人动容:"发展教育和科学研究,可以由国家出资,但是从美国高等教育的发展经验来看,可能还有另外一种途径。基金会基于强烈的爱国精神和丰富的资助经验担负起了教育与科研的使命。基金会资助科学研究和教育,将会造福国家和社会。⋯⋯ 如果普通教育委员会可以通过资助建立起全美的科学研究和教育中心,我们在有生之年就可以看到我们所培养的人才将成为这个国家的领导人,这将是长远的极为有益的资助。"⑤

罗斯是一个擅长学习的基金会领导人,不同于洛克菲勒基金会和卡内基纽约基金会的管理者,罗斯并不根据个人的偏好决定资助项目,恰恰相

① Wickliffe Rose. Scheme for Promotion of Science on an International Scale [R]. Rockefeller Archive Center, 1923; Box 906, Folder 19.
② Wickliffe Rose. Scheme for Promotion of Science on an International Scale [R]. Rockefeller Archive Center, 1923; Box 906, Folder 19.
③ 国家研究委员会为美国国家科学院(National Academy of Science)的下属机构,洛克菲勒、卡内基等慈善基金会均与该委员会有较为密切的合作,委员会利用基金会等的捐赠通过同行评议的形式向全美的科研项目拨付研究经费。
④ Rockefeller Archive Center. Wickliffe Rose to Abraham Flexner[Z]. 1919.
⑤ Robert A. Millikan. The New Opportunity in Science[J]. Science, 1919,50:285-297.

反,他在资助项目开始之前,都会和知名的科学家座谈,乃至亲临现场考察资助项目的启动情况。如果说大型基金会的领导人,例如文森特等,一直在默默地探索大型慈善基金会的定位问题,那么罗斯已经走出对慈善基金会存在意义和价值的思考,他是一位优秀的资助项目实践者。在很多科学研究领域,罗斯并不是专家,但难能可贵的是他会积极地向专业人士请教,例如弗农·凯洛格(Vernon Kellogg)——罗斯的优秀助手,弗莱克斯纳——他因对美国和加拿大的医学教育调查报告闻名于世,托马斯·摩根(Thomas H. Morgan)——美国著名的生物学家,于 1933 年获得诺贝尔生理学奖,菲伯斯·莱文(Phoebus Levene)——著名的化学家,亨利·戴金(Henry Dakin)——同样是著名的化学家。除此之外,托马斯·理查兹(Thomas W. Richards)、罗伯特·米利肯、阿瑟·诺伊斯(Arthur Noyes)等国家研究委员会的专业人士同样是罗斯的"顾问"。

罗斯一方面请求弗莱克斯纳向他推荐权威的科学丛书,不断地学习了解当时美国以及欧洲的科学研究和高等教育现状;另一方面,他也向上文提及的那些科学界知名人士寻求值得资助的科学家名单。"我们不应该设置关于资助候选人的入围标准,我们应当以非正式的形式进行了解,做到心中有数,为下一步的资助工作打好基础。"①1923 年 9 月至 1924 年 4 月,罗斯甚至开始走出国门,到欧洲游历,在摩根和米利肯的建议下,罗斯对欧洲的科学研究进行了详尽考察。罗斯试图了解欧洲物理学、化学和生物学的研究现状,以及这些学科在欧洲的科研产出情况,是否拥有知名的研究中心等。罗斯通过在欧洲与当地著名学者的接触,了解科研设备配备情况、科学研究中心的运营情况,开始建立起自身系统的科学研究和教育资助策略。②

(二)罗斯国内与国际双轨并行的资助行动

罗斯的副手奥古斯塔斯·特罗布里奇(Augustus Trowbridge)和罗斯一道负责普通教育委员会和国际教育委员会(International Education Board)的工作,特罗布里奇毕业于柏林大学,对教育和科学研究同样抱有热忱。他对欧洲的核物理学研究和美国普林斯顿大学的数学研究表现出了浓厚的兴趣。特罗布里奇对于罗斯而言是极为合适的助手,特罗布里奇了解科研,但是却没有投入科研工作中,拥有较多的时间从事资助的调查工作。

---

① Rockefeller Archive Center. Wickliffe Rose to Robert Millikan[Z]. 1923.10

② Wickliffe Rose. Comparative Statement Embodying the Views of American and Europe[R]. Rockefeller Archive Center,1927:Box 10,Folder 142.

另外,特罗布里奇在实验室设计与建设、科学教育等方面拥有丰富的经验。罗斯在其日记中这样评价特罗布里奇:"他(指特罗布里奇)拥有丰富的科学研究和科学教育的经验,毫无疑问,他是我最合适的伙伴。"①

在欧洲,特罗布里奇代表罗斯与当地著名科学家进行私人面谈,了解对方意向后再与科学家所在的大学或科研院所进行深入谈判,为罗斯的资助事业奠定了坚实的基础。同时,特罗布里奇还在哈佛大学数学系教授乔治·伯克霍夫(George Birkhoff)的建议下,资助欧美两地学者之间的私人访问活动。通过资助访问,美国的学者可以及时了解欧洲的科学研究状况。② 特罗布里奇和罗斯共同调查了美国和欧洲研究型大学科学以及科学研究中心的地理分布状况,他们在 1926 年至 1927 年对欧洲和美国的科学研究中心分布进行了广泛的调查。该调查的规模宏大,覆盖主要欧洲国家和美洲大陆,由此,普通教育委员会和国际教育委员会获得了世界上主要科研中心的第一手资料。③ 在这项调查中,乔治·伯克霍夫负责数学部分,加里·卡尔金斯(Gary N. Calkins)负责动物学部分,莱斯利·邓恩(Leslie C. Dunn)负责生物学与基因学部分,劳德·琼斯(Lauder Jones)负责化学部分,另外还有植物学、植物生理学、植物基因学、农学、森林、渔业、海洋学等各个学科和研究的调查。④ 相对于上一代的基金会管理者,罗斯等人不再探讨基金会存在的意义和慈善工作的范畴,他们开始专注于科学研究和科学教育领域,通过亲身参与了解欧美各国的科学研究。当然,第一代基金会的领导人对科学慈善事业的探索为罗斯等人的研究型大学资助奠定了基础。罗斯等人开始将科学研究和科学教育融为一体,其本身所做的各项调查工作,已经与大学科研院所中所开展的科学研究无异,旨在通过"研究服务于研究"。

罗斯和特罗布里奇通过前期的各项调查准备工作,与科学家和大学等科研院所融为一体,以更加细化和更加专业化的态度开展各项资助工作。国际教育委员会和普通教育委员会开始将欧洲和美国的科学研究与教育融为一体,通过学者间的访问与交流,加强了欧洲大学与美国大学的沟通交流,有力地促进了美国科学研究和研究型大学的发展。由表 3.1 可见国际教育委员会对欧洲和美国高等教育研究机构的资助情况。在具体的资助机

---

① Rockefeller Archive Center. Wickliffe Rose Diary[Z]. 1924；Box 24，Folder 346.

② Rockefeller Archive Center. Augustus Trowbridge to Wickliffe Rose [Z]. 1927；Box 24，Folder 345.

③ Rockefeller Archive Center. Maps in IEB[Z]. Box10，Folder 143.

④ Harlow Shapley. Classification of Fields of Study and Research[R]. Rockefeller Archive Center，1927；Box10，Folder 141.

构上,以研究型大学为主,同时新加入学生奖学金、访问学者计划和出版资助等项目,充分体现了罗斯的科学研究和科学教育齐头并进的思路。除了对欧洲各大研究机构进行资助外,国际教育委员会对美国本土的哈佛大学、加州理工学院等的资助也非常可观,达到了485.5万美元,其中还不包括对欧美各国学者和学生的资助。从1926年开始,国际教育委员会的资助出现井喷式增长,由1923年的15.5万美元增加到1926年的168.9万美元,到1928年更是高达1336.3万美元,资助金额是1923年的88倍。由此可见,国际教育委员会在罗斯的带领下,对欧美世界的科学研究和科学教育做出了不可磨灭的贡献。

表3.1 国际教育委员会(IEB)自然科学研究和教育资助明细(1923—1928)

单位:美元

机构名称	资助领域	1923	1924	1925	1926	1927	1928
哥本哈根大学	物理学	45,000					
哥本哈根大学	生理学	107,000					
哥廷根大学	物理学		8,000				
欧洲测量局	物理学		4,000				37,000
那不勒斯研究站	生物学		55,000				
莱顿大学	物理学		70,000				10,000
哈佛大学	天体学			180,000			
马德里国家研究院	物理学、化学			20,000	420,000		
乌得勒支大学	物理学			3,000			
维也纳研究院	物理学、医学			9,000			5,000
普利茅斯研究站	生物学			5,000			
爱丁堡大学	基因研究				150,000		
爱丁堡大学	动物学				362,000		
特罗姆瑟研究站	地球物理学				75,000		

续　表

机构名称	资助领域	1923	1924	1925	1926	1927	1928
哥廷根大学	数学、物理学				350,000		
巴黎大学	数学、物理学				119,000		198,000
巴黎大学	化学				10,000		
乌得勒支大学	生理学					4,000	
哥本哈根大学	化学					132,000	
日内瓦植物园	植物学					27,000	
伦敦大学	动物学					586,000	
乌普萨拉大学	物理学					12,000	
斯德哥尔摩大学	化学						6,000,000
加州理工学院	天体学						3,500,000
哈佛大学	生物学						3,000,000
里昂研究院	天体学						4,000
巴黎雅尔丹植物园	植物学						200,000
弗吉尼亚大学	自然学科						175,000
少女峰研究站	地球物理学						38,000
乌普萨拉大学	化学						50,000
奖学金计划			108,000	175,000	182,000	170,000	139,000
访问学者计划			35,000	51,000	15,000	50,000	5,000
出版资助			17,000	11,000	6,000	2,000	2,000
合计		152,000	297,000	454,000	1,689,000	1,053,000	13,363,000

资料来源：根据洛克菲勒档案馆中国际教育委员会的相关资料整理而成。

二、"精英化"资助策略：研究型大学与基金会的博弈

美国的大学与欧洲有很大的不同，其独立性非常明显，大学教授大多隶属于不同院系，院系的经费状况与大学教授的科学研究紧密相关，这就意味着普通教育委员会如果要资助一定的学科，必然要同时与大学教授和所在的院系对接。在 20 世纪 20 年代，美国研究型大学的校长们几乎同时致力于一件事情：使他们的大学变得更加精英化，更加研究化，努力成为世界知名学府，例如普林斯顿大学、斯坦福大学、芝加哥大学、加州理工学院、耶鲁大学、哈佛大学等。

普通教育委员会的罗斯一定程度上采纳了国家研究委员会米利肯等人建设区域性科教中心的想法，这样有利于一部分美国大学率先脱颖而出，成为世界知名研究型大学，罗斯的信条是：使高峰更高。由表 3.2 可见，1923年至 1931 年，普通教育委员会向美国的各个大学共计拨款 1400 余万美元，主要拨款对象为研究型大学。其中，加州理工学院、罗切斯特大学、哈佛大学、芝加哥大学、康奈尔大学、普林斯顿大学等成为最大的"赢家"，这几所大学的拨款总金额达到了整个普通教育委员会拨款总额的 79.6%，充分说明罗斯的"使高峰更高"原则得到了贯彻实施，普通教育委员会的精英化拨款倾向十分明显。

表3.2　普通教育委员会自然科学拨款明细表（1923—1931）

单位：美元

机构	领域	1923	1924	1925	1926	1927	1928	1929	1930	1931	合计
罗切斯特大学	自然科学	1,000,000		750,000							1,750,000
加州理工学院	物理学、生物学		529,000		1,050,000	1,000,000				500,000	3,079,000
范德堡大学	自然科学		343,000	350,000							693,000
国家研究委员会	统筹拨款		30,000			25,000					55,000
国家研究委员会	林学		50,000								50,000
普林斯顿大学	自然科学			1,000,000			1,000,000				2,000,000
北卡罗来纳大学				15,000							15,000
哈佛大学	物理学、化学、天体学			500,000	400,000	200,000		75,000			1,175,000
伍兹霍尔大学	生物学			300,000			200,000				500,000
哥伦比亚大学	生物物理学			10,000							10,000
芝加哥大学	自然科学				1,500,000		298,000				1,798,000
康奈尔大学	自然科学					1,500,000					1,500,000
斯坦福大学						810,000			30,000	30,000	870,000
得克萨斯大学	基因学					65,000					65,000
国家研究委员会	海洋学					75,000					75,000

续 表

机构	领域	1923	1924	1925	1926	1927	1928	1929	1930	1931	合计
国家研究委员会	生物物理学						63,000				63,000
耶鲁大学	行为科学						500,000				500,000
合计		1,000,000	952,000	2,925,000	2,050,000	3,675,000	2,061,000	105,000	530,000		14,198,000

资料来源：根据洛克菲勒档案馆中善通教育委员会的相关资料整理而成。

　　普通教育委员会的拨款使美国的高等教育系统在最关键的 20 世纪 20 年代出现了较大的办学经费差异。当办学经费差异开始逐渐显现的时候，马太效应产生，出现了强者愈强、弱者愈弱的局面。时至今日，普通教育委员会重点资助的这些大学仍然是世界顶尖的研究型大学。对于这样的政策，无论是福斯迪克还是小洛克菲勒都乐见其成，他们的主要观点是，目前美国高等教育扩张得过于迅速，通过有侧重的科研和教育经费资助手段，使高等教育分级，不仅完美地延续了洛克菲勒家族在商业方面的托拉斯战略，而且集中有限的经费发展一批重点研究型大学符合当时美国高等教育发展趋势。①

　　正如特罗布里奇作为罗斯在欧洲的副手一样，哈尔斯顿·索克尔森(Halston J. Thorkelson)是罗斯在普通教育委员会的得力助手。索克尔森拥有丰富的大学财政经验，1921 年正式成为罗斯在纽约办公室的第一助手，他通过大量的实地走访，接触各个大学的财务人员、院长乃至校长，明确资助要求，进而向普通教育委员会提出相应的资助计划。普通教育委员会在美国的资助呈现出三方博弈的关系，三方分别是代表大学的校长或院长、代表科学研究和科学教育的科学家，以及代表普通教育委员会的索克尔森。

　　大学的校长通常更加欢迎那些非限定用途的资助，例如哈佛大学校长埃利奥特在面向社会公共募款的过程中，一再强调"自由资金"(Free Money)理念，期望外部的社会资源对大学的资助是不附加条件的，由学校进行统筹安排，以便于实现教育管理者管理大学的目标。其后几十年的时间里，美国各研究型大学开始采纳埃利奥特的"自由资金"募款理念。② 埃利奥特的募款理念一定程度上反映了科学家通常希望获得针对自己科学研究经费的自由支配权。索克尔森代表普通教育委员会表示，他们提供的资助既不是那种不限定用途的资助——通常是选取大学中具有优势的两到三个自然学科进行资助，也不是科学家们所希望的针对自己的个人资助，而是针对整体学科的资助，从整体上提高美国大学的自然科学研究和教育水平。③ 无奈之下，为获取办学经费，各个研究型大学只能在基金会强大的经费资源面前妥协。

_____

① Raymond B. Fosdick. Adventure in Giving the Story of the General Education Board[M]. New York: Harper and Row Publisher, 1962:10.
② Bruce A. Kimball. The Rising of Cost of Higher Education: Charles Eliot's "Free Money" Strategy and the Beginning of Howard Bowen's "Revenue Theory of Cost", 1869-1979[J]. The Journal of Higher Education, 2014,85(6):886-912.
③ Rockefeller Archive Center. Halston J. Thorkelson's Memo[Z]. 1924: Box 83, Folder 734.

20 世纪 20 年代,哈佛大学、普林斯顿大学、芝加哥大学等致力于成为一所"真正"的大学,即高深学问的研究和研究生教育的扩张。当时的哈佛大学校长洛厄尔继续了其前任埃利奥特的改革措施,通过对学校下属不同院系的调整,大力提倡研究生教育和科学研究,在普通教育委员会等基金会的资助下,哈佛大学的办学经费较为充裕,可以很好地推行各项改革措施。① 正如当时罗斯给特罗布里奇的信件中对哈佛大学的评论:"你知道哈佛大学在历史发展过程中是多么的个人主义,哈佛明明有很好的科研和教学资源,但是这些资源却过于分散,无法很好地整合在一起。"② 和约翰·霍普金斯大学、芝加哥大学等一样,哈佛大学在改革的过程中同样面临着巨大的办学经费压力。

哈佛大学科研院所的重新架构从埃利奥特校长就已经开始,洛厄尔校长同样继续执行这样的方针。当时哈佛学院观测站(Harvard College Observatory)的院长哈洛·沙普利(Harlow Shapley)③向普通教育委员会提出建设全新生物学实验室的想法,沙普利想利用普通教育委员会的资助重新整合哈佛大学整体的研究力量,包括海洋学、古生物学、动物心理学、人类生物学、农作物生物学等各个学科,使新的生物学实验室成为独立于哈佛大学其他系所的存在,但是这一倡议并未得到校长洛厄尔的支持,洛厄尔认为哈佛大学的改革应当按照自己的规划方针,而不是沙普利的计划。虽然哈佛大学内部对此有质疑,但总体而言,继续在哈佛推行改革是人心所向。最终,普通教育委员会依然提供了 200 万美元的资助,用于建设全新的生物学大楼,至于其内部的改革,则交由哈佛人员完成——哈佛大学一定程度上保持其学术和行政的独立性。④ 研究型大学在与基金会的博弈过程中,虽然对基金会进行了一定程度的妥协,但是总体而言保持了自身办学的独立性和办学自由。

三、基于崇高理想还是自身利益:基金会资助社会科学

在 20 世纪早期,无论是美国联邦政府还是州政府对社会科学的资助都

---

① 罗杰·L.盖格.增进知识——美国研究型大学的发展(1900—1940)[M].王海芳,魏书亮,译,周钧,校.保定:河北大学出版社,2008:271.
② Rockefeller Archive Center. Wickleffe Rose to Augustus Trowbridge[Z] 1928:Box 18,Folder 266.
③ 哈洛·沙普利是美国 20 世纪著名的科学家和社会活动家,他在哈佛大学天文观测站工作期间,提出了"液态球水理论",认为外星球适宜人类居住的首要条件是存在液态水。Great Debates in Astronomy. The Shapley-Curtis Debate in 1920[EB/OL]. [2018-10-24]. https://apod. nasa.gov/diamond_jubilee/debate20.html.
④ Rockefeller Archive Center. Harlow Shapley to Wickliffe Rose[Z]. 1928:Box 18,Folder 226.

寥寥无几,私人资本的基金会成为美国大学社会科学研究的主要赞助者。基金会之所以愿意资助美国的社会科学研究,是因为在第一次世界大战之后,自然科学的力量为公众所认知,但是在促进人类社会和谐发展的道路上,单纯地依靠自然科学力量显得非常不全面,自然科学可以解决人类社会的物质财富问题,但人与人、国家与国家的关系更加需要引起重视,为预防世界大战的再次爆发,也为了更好地实现人类社会的文明与进步,资助社会科学被基金会提上议事日程。

受自然科学实证研究方法的影响,基金会认为社会科学研究不应该仅仅是定性的研究方法,而是应当大力倡导以数据分析、社会实地调查获得一手资料的定量研究方法。社会科学研究的目的在于理解人类社会的运行规律,从理论和数据上进行支持,试图用自然科学的研究方法解析人类社会。基金会资助社会科学,与资助自然科学、医学等领域的目的是一致的,洛克菲勒基金会的盖茨曾经说过,洛克菲勒基金会是为了增进全世界的人类福祉而资助,这也就意味着社会科学研究同样应该有利于增进人类福祉这一目标。①

当基金会开始以增进人类社会福祉为己任开展对相关研究的资助的时候,美国高等教育学习德国研究型大学的浪潮方兴未艾,通过私人财富与建设研究型大学思想的伟大结合,美国大学的办学水平得到了长足的发展。首先,以卡内基、洛克菲勒等人为代表,他们得益于美国的经济繁荣而发家致富,致力于通过基金会的形式分配剩余财富,对大学进行大规模地资助;其次,德国研究型大学理念的传入,使得美国大学开始重视科学研究和研究生教育,以 1876 年成立的约翰·霍普金斯大学、1887 年成立的克拉克大学和 1891 年成立的芝加哥大学为代表,以及老牌的哈佛大学、哥伦比亚大学、耶鲁大学等纷纷致力于增强自身的研究实力,私人研究经费的投入和研究型大学的建设使两者完美结合,铸就了美国研究型大学发展的历史画卷。

基金会资助社会科学研究的初次尝试。1908 年,拉塞尔·塞奇基金会(Russell Sage Foundation)成立,塞奇基金会致力于社会现实状况的调查工作,尤其是对匹兹堡地区的实地调查开社会科学实证研究的先河,其中芝加哥大学教授罗伯特·帕克(Robert Park)的调查结果在当时引起了一定的

---

① Barry D. Karl, Stanley N. Katz. The American Private Philanthropic Foundation and the Public Sphere, 1890-1930[M]. Minerva, 1982: 236-270.

关注。总体而言,塞奇基金会对美国社会科学研究的资助影响力有限,但却具有开先河的重大意义。① 1914 年,美国大企业的劳工关系愈发紧张,尤其是洛克菲勒家族所拥有的科罗拉多石油与钢铁公司(Colorado Fuel and Iron Company)发生了矿工与雇主之间的暴力冲突,造成了"勒德洛大屠杀"(Ludlow Massacre),21 人死于非命,这一事件震惊全美。小洛克菲勒随后卷入这一事件,由于他全力支持公司的管理工作,很多人对小洛克菲勒的批评主要集中于他执行公司管理决定的残酷无情和对劳工人群的漠不关心。

"勒德洛大屠杀"事件同样引起了基金会的重视,他们认为应该采取科学的方法解决类似的劳工关系问题,以便于为公司的发展提供长远的支持。由此可见,基金会支持美国大学的社会科学研究不仅具有道德层面的崇高追求,而且还基于其母公司的现实利益考量,基金会支持的社会科学研究有益于母公司的生产和经营工作。事实上,早在 1914 年,小洛克菲勒就已经资助了哈佛大学的埃德温·盖伊教授(Edwin F. Gay)开展关于经济方面的研究工作。② 但是这种针对经济学和工业关系的研究却在美国引起轩然大波,当时的"勒德洛大屠杀"本就使得对工业关系问题的讨论变得风声鹤唳,此时的资助也成为众矢之的,美国人民开始怀疑起洛克菲勒家族的慈善事业,认为他们利用基金会作为工具,从而实现他们不可告人的目的。美国参议院院长弗兰克·沃尔什(Frank P. Walsh)发起了对老洛克菲勒和小洛克菲勒的听证会,父子二人均被传唤,要求具体说明基金会进行资助的目的。当然,这样的传唤和听证遭到了洛克菲勒家族的一致反对,他们在听证席上坚决捍卫了基金会的独立性和资助自由。

基金会的管理者们也在思考,基金会是一个包括大学教育和研究在内的资助机构,还是自主开展多项研究工作的独立机构,所以直到 20 世纪 20 年代,洛克菲勒家族的慈善事业中对社会科学研究资助并不是那么的积极,政治敏感性以及各方利益的交错,使得社会科学研究的资助变得越来越难以触碰。

卡内基纽约基金会由于其创始人安德鲁·卡内基已经将其美国钢铁公司的股权出售给了摩根财团,专心致力于其慈善事业,反而可以放开手脚对

① Michael Gordon. The Social Survey Movement and Sociology in the United States[J]. Social Problems,1973,9:284-298.
② Herbert A. Heaton. A Scholar in Action:Edwin F. Gay[M]. Cambridge:Harvard University Press,1952:91-92.

美国的社会科学研究进行资助。例如,1913 年,卡内基纽约基金会就已经于教育领域资助了 560 万美元,而同期,美国联邦政府对教育的资助仅仅为 500 万美元。[①] 卡内基纽约基金会在社会科学研究领域较为成功的资助项目是芝加哥大学的罗伯特·帕克教授和威廉·托马斯(William I. Thomas)教授的移民"美国化"(Americanisation)研究,以及后续对国家经济研究所(National Bureau of Economic Research)、布鲁克林研究所(Brooking Institution)等的资助。无论是洛克菲勒基金会早期对哈佛大学经济学研究的资助,还是卡内基纽约基金会对芝加哥大学社会学方面的资助,均是小金额的,并没有从整体上改观美国大学的社会科学研究。直到劳拉·斯佩尔曼基金会的出现,在比尔兹利·拉姆尔的带领下,劳拉·斯佩尔曼基金会在短短几年的时间内,从整体上改观了美国大学的社会科学研究面貌,正如芝加哥大学校长哈钦斯(Robert M. Hutchins)在 1929 年芝加哥大学社会科学大楼的竣工典礼上所言:"劳拉·斯佩尔曼·洛克菲勒纪念基金会对美国社会科学研究的推动是至关重要的。"[②]

四、基于前期调查:拉姆尔发起的一流社会科学研究

(一)劳拉·斯佩尔曼基金会的早期资助

1915 年 12 月,老洛克菲勒的妻子劳拉·斯佩尔曼·洛克菲勒(Laura Spelman Rockefeller)去世,1918 年 10 月,老洛克菲勒为纪念亡妻,针对亡妻生前对妇女保护、社会科学、儿童保护等问题的浓厚兴趣,成立劳拉·斯佩尔曼基金会,注资达到了 7400 万美元。[③] 在拉姆尔到来之前,劳拉·斯佩尔曼基金会主要针对妇女和儿童进行资助,从 1919 年到 1922 年,劳拉·斯佩尔曼基金会的主要资助行动并没有像普通教育委员会那样特色鲜明,相较于洛克菲勒家族的医学慈善、自然科学资助等,劳拉·斯佩尔曼基金会的资助显得可有可无。由表 3.3 可见,劳拉·斯佩尔曼基金会的早期资助项目是庞杂且无序的,其中用于社会福利、宗教和应急救援的捐赠占到了 83%,但总体而言是一个没有鲜明资助特征的基金会。

---

① Whitaker Breadley. The Foundations: An Anatomy of Philanthropic Bodies[M]. Harmondsworth: Penguin Publisher, 1979:192.

② Robert M. Hutchins. Address in Dedication[J]. The New Social Science, 1930:1.

③ The Rockefeller Archive Center. Laura Spelman Rockefeller Memorial Archives, 1918-1930 [EB/OL]. [2018-11-01]. http://rockarch. org/collections/rockorgs/lsrm. php.

表 3.3　劳拉·斯佩尔曼基金会资助明细(1919—1922)

单位:美元

	1919	1920	1921	1922	合计	占比
社会福利	312,000	1,704,000	802,000	481,000	3,299,000	35%
宗教组织	703,000	1,297,000	602,000	373,000	2,975,000	32%
应急救援	——	1,000,000	250,000	250,000	1,500,000	16%
公共健康	34,000	233,000	224,000	202,000	693,000	7%
教育	6,000	9,000	286,000	500,000	801,000	9%
科学研究与调查	——	——	13,000	38,000	51,000	1%
合计	1,055,000	4,243,000	2,177,000	1,844,000	9,319,000	

资料来源:根据洛克菲勒档案馆中劳拉·斯佩尔曼基金会的相关资料整理而成。

(二)比尔兹利·拉姆尔的出现

比尔兹利·拉姆尔能够成为劳拉·斯佩尔曼基金会的负责人,与其之前的经历紧密相关。1894 年出生的拉姆尔是一位心理学天才,1915 年他从达特茅斯学院获得学士学位后,1917 年仅仅时隔两年即获得芝加哥大学心理学博士学位,其导师为著名心理学家詹姆斯·安杰尔。在芝加哥大学,他的主要研究方向为精神和心理测试。[①] 在第一次世界大战期间,拉姆尔和斯科特(Water D. Scott)等人一起,为美国国防部服务,主要进行士兵的心理和人格测量及分类工作,开拓出了应用心理学的分支。1920 年,拉姆尔跟随自己的导师安杰尔到卡内基纽约基金会工作,拉姆尔开始真正地接触基金会的慈善事业。但是好景不长,1921 年安杰尔受聘为耶鲁大学校长,拉姆尔离开卡内基纽约基金会,在安杰尔的推荐下,拉姆尔来到了洛克菲勒基金会。

1921 年,小洛克菲勒急切地需要寻找一位和华莱士·巴特里克一样可以胜任诸如普通教育委员会那样的基金会领导人,福斯迪克热情的推荐了拉姆尔,他在写给小洛克菲勒的信函中对拉姆尔进行了高度的评价:"我利用每一次机会对他(指拉姆尔)进行考察,发现他是我所见过的最有才华和能力的年轻人。在安杰尔博士的热情推荐下,我发现拉姆尔虽然是一个不到三十岁的年轻人,但是他却是一个看起来像三十七八岁的成熟稳重的中

① Beardsley Ruml. The Reliability of Mental Tests in the Division of an Academic Group[D]. Chicago: The University of Chicago, 1917.

年人。他沉默寡言，但是却极有思想，能够抓住问题的要害。我相信，他可以胜任劳拉·斯佩尔曼基金会的各项工作，我强烈推荐他成为纪念基金会的负责人，我同样相信，他可以在很多方面为我们的慈善事业服务。"① 1921年 12 月，年仅 27 岁的拉姆尔被正式任命为劳拉·斯佩尔曼基金会的负责人。

彼时洛克菲勒家族的慈善事业如日中天，集聚了大批从大学而来的知名学者，同样地，他们的年龄和资历均高于拉姆尔。社会科学研究的资助成为洛克菲勒慈善事业的最后一块空白，拉姆尔的加入为洛克菲勒家族的慈善事业补齐了最后的短板。在这样一个具有学术背景的基金会管理群体面前，年轻而富有才华的拉姆尔同样熠熠生辉。例如，当时洛克菲勒基金会的负责人乔治·文森特曾经是芝加哥大学社会学教授；普通教育委员会的华莱士·巴特里克是美国知名的宗教人士，普通教育委员会后期的负责人罗斯则是哲学教授。拉姆尔上任后，认为劳拉·斯佩尔曼基金会不是一个资助的"机器"，而是一个资助的有机体，资助不能简单地通过发放金钱草草了事，而是应该建立在前期充分调查的基础上。1923 年他开始着手搭建自己的资助团队，在劳拉·斯佩尔曼基金会外部，阿瑟·伍兹(Arthur Woods)和福斯迪克是拉姆尔主要的工作对接对象——虽然小洛克菲勒是洛克菲勒基金会的董事长，但是他没有足够的时间处理基金会的大小事务，故而前面的两位成为拉姆尔在劳拉·斯佩尔曼基金会外部的主要工作对接对象。在内部，拉姆尔找来了之前的故友，劳伦斯·弗兰克(Lawrence K. Frank)和伦纳德·乌思怀特(Leonard Outhwaite)两位熟知经济领域的学者，以及富有行政经验的西德诺·沃克(Sydnor Walker)，这些人共同组成了拉姆尔的核心资助团队，他们共同开启了对美国大学社会科学研究的资助。

年轻的拉姆尔对 1919 年至 1922 年劳拉·斯佩尔曼基金会的资助工作表现出了些许失望，开始着手改革，寻求劳拉·斯佩尔曼基金会的定位，为的就是使劳拉·斯佩尔曼基金会在洛克菲勒的慈善事业中有立足之地。对此，时任洛克菲勒基金会秘书长的埃德温·恩布里(Edwin Embree)这样评价："拉姆尔正在改变的路上，一方面他年轻，富有改革的勇气和决心；另一方面，福斯迪克和伍兹以小洛克菲勒的代理人自居，对董事会内部的事务拥有决定权，拉姆尔迫切地想要证明自己。"② 不出所料，拉姆尔对于劳拉·斯

① Rockefeller Archive Center. Raymond B. Fosdick to John D. Rockefeller Jr. [Z]. 1921；Box 7.
② Edwin Embree. A Policy for the Advancement of Science[R]. Rockefeller Archive Center，1930.

佩尔曼基金会之前的资助和未来定位做出了如下的说明:"劳拉·斯佩尔曼基金会之前的资助有一些是为了促进人类福利而进行的,他们的资助兴趣应当是人文的,应当使人们对自然科学具有理解力,能够从科学的视角理解人类的生活和所处的环境。"①拉姆尔开始对劳拉·斯佩尔曼基金会之前杂乱无章的资助行为重新整理,转为重点资助美国的社会科学研究。

(三)劳拉·斯佩尔曼基金会的新资助领域

1922 年 10 月,拉姆尔经过与福斯迪克和文森特的充分沟通后,制定了劳拉·斯佩尔曼基金会未来的资助规划。当时劳拉·斯佩尔曼基金会年收入为 400 万美元,其中 100 万美元已经固定地用于资助宗教组织和应急救助,剩余的 300 万美元成为拉姆尔的重点分配资金。拉姆尔采用渐进的方式来实现自己对社会科学研究的资助目标,他依然将 100 万美元继续用于资助贫困的妇女和儿童,而每年剩余的可供拉姆尔分配的资金为 200 万美元。但拉姆尔制定的资助策略是未来 10 年的资助大纲,在拉姆尔看来,这是一笔超过 2000 万美元的社会科学研究资助款项。拉姆尔在提交给董事会的备忘录中写道:"劳拉·斯佩尔曼基金会的资助计划不是一个单一年份的资助规划,而是一项未来多年的规划,或许是未来十年。每年 200 万美元的资助,如果持续十年就是 2000 万美元,我无意于立刻将劳拉·斯佩尔曼基金会的资助转向,但是我们需要逐渐地将资助重点转向可以供我们长期耕耘的领域…… 我们新的资助策略不是目前劳拉·斯佩尔曼基金会的资助领域。在我看来,社会福利才是我们应该着重关注的领域,而这与劳拉·斯佩尔曼基金会的成立宗旨相符合。劳拉·斯佩尔曼基金会不应该注重于艺术、科学或者数学乃至地理等自然科学领域,研究人类和人类社会,及其相关的社会科学才是我们应该着重探讨的,因为社会科学对于增进人类福祉同样具有重要意义。所谓的社会科学主要包括社会学、人类学和心理学,以及经济、历史、政治等内容。"②

由此,拉姆尔开始重新界定劳拉·斯佩尔曼基金会的资助领域,这一资助领域的确定标志着洛克菲勒慈善事业开发出了全新的社会科学领域的资助。拉姆尔还对董事会解释说劳拉·斯佩尔曼基金会之前对妇女和儿童的资助已经出现了由于缺乏专业的社会科学知识而难以推进甚至浪费资金的

---

① Beardsley Ruml. General Memorandum by the Director[Z]. Rockefeller Archive Center,1922:
    Box 2,Folder 31.
② Beardsley Ruml. General Memorandum by the Director[Z]. Rockefeller Archive Center,1922:
    Box 2,Folder 31.

现象。要从根本上解决这一问题,就必须对社会科学研究进行资助,这就好比化学家做实验却不懂化学知识,医生做手术却没有学过解剖知识一样。大学作为社会科学研究的主要基地,理所当然地成为劳拉·斯佩尔曼基金会的主要资助目标。但是目前大学的社会科学研究现状却令人揪心,大学的社会科学研究者缺乏资金用以收集数据和进行田野调查,而教学占据了大学教师的大部分时间,其用于科学研究的时间少得可怜。"最终导致的结果是,大学的社会科学研究只能在'室内'完成,采用一些二手的资料,更多的是定性研究,这完全无益于我们解决人类福祉问题。"①

在拉姆尔看来,虽然面临着各种各样的困难,但是同样也是一种机遇。"自然科学的发展让我们认识到科学技术的力量,不过我们可以确定的是,科学知识的力量远未完全发掘。在社会快速发展的背景下,如何正确地认识当前的人类社会,如何理智地使用自然科学技术,需要社会科学的指导。只有人类掌握了社会科学知识,我们才能明辨是非,从根本上解决当前的社会问题。"②在拉姆尔看来,只有对人类社会进行科学的解构,才能增进人类福祉。自然科学的资助是必要的,第一次世界大战的爆发不仅使人们认识到自然科学的力量,而且也令基金会的领导者们开始反思,纯粹工具性地资助自然科学是否可以彻底解决人类社会问题,这使得人们开始意识到,社会科学对人类社会发展具有同样的重要性,拉姆尔的分析可谓道出了当时基金会领导人的心声。

拉姆尔的职业理念是学以致用,他在一战中从心理测量的角度出发,为美国的国防部进行士兵的人格分类,这有助于政府合理地分配人力资源。基于此,拉姆尔在劳拉·斯佩尔曼基金会的资助工作同样抱有实用性目的,他无意于发展社会理论和社会哲学等空洞无用的学说,反而以实用主义为导向,认为社会科学研究必须服务于现实社会。而当时美国的社会现状是,儿童、平民休闲、移民、老龄人口、贫困人口、社区关系、社会治安等问题较为突出。不同于洛克菲勒医学研究所这样的基金会自有组织,拉姆尔认为大学是最好的社会科学研究场所,基金会不需要另起炉灶,劳拉·斯佩尔曼基金会可以直接在大学内展开资助,为大学的科研人员配备仪器设备、书籍、数据收集等研究所需。拉姆尔开始将自己的母校芝加哥大学作为社会科学

---

① Beardsley Ruml. General Memorandum by the Director[Z]. Rockefeller Archive Center, 1922: Box 2, Folder 31.

② Beardsley Ruml. General Memorandum by the Director[Z]. Rockefeller Archive Center, 1922: Box 2, Folder 31.

资助的试验场,通过成立"本地社区研究委员会",直接将芝加哥城市作为研究对象,通过学科间的交叉研究,服务于芝加哥当时所面临的各项问题。① 同样,拉姆尔认为不应该忽视社会科学研究人才的培养工作,他认为如果将本科生和研究生的教育与社会科学研究相结合,教师和学生都能从中获得益处。另外,资助学术成果的出版是鼓励科学研究和传播研究成果的最佳途径。与罗斯"使高峰更高"的资助理念一致,拉姆尔认为社会科学的资助工作同样需要针对那些已经拥有较强科研实力的研究型大学,例如芝加哥大学、耶鲁大学、哈佛大学、哥伦比亚大学等。

拉姆尔和弗兰克等人合作完成的《美国社会科学研究现状》(The Status of Social Science in the United States)则强调社会科学研究的跨学科交叉研究,大学内部的各个学科以及大学与外部机构的合作,成为拉姆尔推动社会科学研究解决现实问题的主要途径之一。通过大学内部的多学科交叉研究,全面系统地看待社会问题;通过大学与外部机构的合作,及时地将大学社会科学的研究成果应用于实践,以便于实现其资助目的——解决社会实际问题。拉姆尔向董事会提交的资助计划,具有以解决实际问题为导向、倡导实地调查和数据分析、为决策和知识的实际应用提供依据、跨学科的交叉研究等特点,相较于拉塞尔·塞奇基金会的小规模资助调查,拉姆尔开启的是一个全新的尚未得到重视的领域。

拉姆尔对社会科学研究的资助,试图证明一点,社会科学可以和自然科学一样,用于解决人类社会所面临的问题,通过资助,社会科学的研究成果可以被应用于社会实践中。拉姆尔所处的时期刚好是进步主义运动发生的时期,社会的各项改革要求必然需要社会科学的指导,而原有陈旧的研究方法,诸如传统的文献研究、二手数据和资料等已经无法满足当时美国社会的现实需求,通过实地调查和一手资料以及数据的收集,可以使研究者和社会改革者对美国的社会现状有更深入的理解,这就要求对美国社会科学研究的方法进行变革。美国的社会科学研究开始注重实证调查和数据分析,以解决社会现实问题为导向,例如拉姆尔在应用心理学领域的实践经验,以及芝加哥大学政治学教授查尔斯·梅里亚姆(Charles Merriam)在芝加哥大学提倡的对现实的政治行为进行研究和解读。除此之外,哥伦比亚大学和哈佛大学同样在社会科学研究领域倡导了以实证研究

① 孙贵平,邹源椋.社会资源支持下的美国一流学科建设——以劳拉·斯皮尔曼基金会对芝加哥大学社会科学研究的支持为例[J].高教探索,2018(4):32—38.

方法和实际应用为导向的研究。① 拉姆尔的贡献不仅在于意识到社会科学研究的变革趋势,而且通过劳拉·斯佩尔曼基金会的资助,将社会科学研究变革予以落实。

(四)1923 年弗兰克调查:美国社会科学研究现状

作为拉姆尔的得力助手,弗兰克从 1923 年 3 月份开始,对全美的社会科学研究现状进行了广泛而系统的调查。拉姆尔将社会科学研究资助的范围设定为如下几个学科:经济学、社会学、政治学、心理学和人类学等。弗兰克调查的主要目的是确保劳拉·斯佩尔曼基金会在开展资助之前,充分了解美国当时的社会科学研究现状,这与普通教育委员会罗斯等人的资助理念高度一致。

弗兰克主要关注的是美国 15 所知名研究型大学,包括芝加哥大学、宾夕法尼亚大学、哈佛大学、哥伦比亚大学等,这些大学均具有社会科学研究方面的研究生教育,弗兰克对具有博士学位授予权的芝加哥大学、哥伦比亚大学、哈佛大学、宾夕法尼亚大学和威斯康星大学进行了重点调查。弗兰克惊讶地发现,代表美国社会科学研究最高水平的研究型大学在博士学位授予量、学位论文质量水平、学校重视程度等方面出现了令人难以置信的尴尬局面。在博士学位论文方面,极少数的学位论文使用实证调查的方法开展研究,绝大多数是采用二手资料的"室内"研究。如表 3.4 所示,当时美国最顶尖的研究型大学,其博士学位的授予量总体而言非常低,且主要以文献研究为研究方法。另外,弗兰克还惊讶地发现,在这些美国顶尖大学中,只有少数的一两所大学开设了社会科学实证研究课程,大多数大学均采用"室内"的方法开展社会科学教育和研究,同时,研究生教育没有受到应有的重视。在这样的研究环境下,可想而知,美国社会科学研究的产出成果毫无影响力。研究生教育的缺失、学术研究水平的低下,理所当然地使得美国社会科学研究在大学内部的地位变得极为低下,大部分大学将从事社会科学研究的系所进行合并,而不是单独设系,美国的社会科学研究地位堪忧。

---

① Dorothy Ross. The Organization of Knowledge in Modern America, 1860-1920[M]. Baltimore: Johns Hopkins University Press, 1923:107-138.

表 3.4　美国大学社会科学研究博士学位选题分类(1919—1922)

校名	博士学位授予量	文献研究占比	实证研究占比
加州大学	22	81%	19%
芝加哥大学	85	86%	14%
哥伦比亚大学	176	95%	5%
康奈尔大学	9	66%	34%
哈佛大学	72	94%	6%
约翰霍普金斯大学	15	73%	27%
伊利诺伊大学	5	60%	40%
密歇根大学	13	93%	7%
明尼苏达大学	12	59%	41%
宾夕法尼亚大学	57	85%	15%
普林斯顿大学	12	92%	8%
斯坦福大学	3	66%	34%
威斯康星大学	64	86%	14%
耶鲁大学	14	64%	36%

资料来源:孙贵平,邹源棕. 社会资源支持下的美国一流学科建设——以劳拉·斯皮尔曼基金会对芝加哥大学社会科学研究的支持为例[J]高教探索,2018(4):32-38. 转引自 Lawrence Frank. The Status of Social Science in the United States [R]. Laura Spelman Rockefeller Memorial,1923:5.

弗兰克除对当时美国研究型大学的社会科学研究状况进行调查外,还对大学之外的独立研究机构进行了广泛的考察。弗兰克发现,拉塞尔·塞奇基金会虽然倡导了一些实证调查研究,但是却没有优秀研究成果的产出;[1]国家经济研究所在卡内基纽约基金会 3 万美元的资助下,开展了一些研究,并且建立内部的委员会用以评议研究成果,但可惜的是国家经济研究所的成果产出同样不令人满意,且试图"抛弃"社会科学研究,转而进行一些培训工作。在弗兰克看来,要改变美国社会科学研究的这种糟糕状况,可能不是一两年的事情,而是一项长久的工作。弗兰克和拉姆尔的观点一致,他们都认为只有将研究生培养纳入资助,才能为社会科学研究培养出足够的

---

[1]　Lawrence Frank. The Status of Social Science in the United States [R]. Laura Spelman Rockefeller Memorial,1923:12.

人才，通过一些"伙伴计划"，资助研究生开展一些小规模的社会调查工作，有利于研究生的培养，弗兰克和拉姆尔鼓励研究生在经过教育和实践调查后，积极出版自己的学术研究成果。弗兰克认为："这项工作可能是长期的，但是我们需要谨记，这些年轻的研究生是未来社会科学研究的主力军和大学里的教授。通过我们的资助，我们可以在年轻一代身上改变美国未来的社会科学研究。"①

弗兰克对大学内外的社会科学研究进行了详尽的系统调查，使得劳拉·斯佩尔曼基金会在开展资助的时候，做到了心中有数。他和拉姆尔一起，将社会科学的具体研究范式确定下来，主要分为选题、确定数据搜集方法、实地调查和数据处理、结论与讨论这几大步骤。弗兰克同样认为，社会科学研究完全可以采用自然科学的研究方法，例如实验、提出假设和验证假设、控制变量等。② 之所以有这样的资助倾向，因为弗兰克认为当时美国社会科学研究定性研究过多，且在研究结论方面往往与研究者个人的价值观密切相关，同一主题的研究成果往往具有多种不同的结论，其争议性较大。通过自然科学的实验室研究方法，以数据分析为基础，能够较好地说明问题，相较于定性研究更加具有说服力。研究方法的改变对美国社会科学研究是一种根本性的变革，因为当实验、数据等研究方法被引入社会科学研究领域后，就意味着社会科学研究需要系统的设计，要求得出的研究结论是严谨且具有科学性的，而不是那种与研究者价值观念密切相关的争议性结论。由此，劳拉·斯佩尔曼基金会从根本上促进科学知识的进步，增进人类福祉的资助目的得以实现。

弗兰克通过调查研究还发现，大学里的教学与科研有时候互相冲突，很多教师无法兼顾。学校要求他们既要有科学研究的成果产出，又要做好研究生培养工作，这对于大学里的研究者而言是巨大的压力。为了将这些有潜力的科学研究者"解放"出来，弗兰克倡导在大学内部成立研究所，将研究者和研究生同时囊括进来，使他们专心学术，且在实践中训练研究生的科研能力。"解决这一问题(指大学教师教学与科研的矛盾)的最好办法是成立类似于'研究所'一样的机构，教师不从事大量的教学工作，转而培养少量的研究生，专心于实证调查工作。为此，每个大学都应当设立一个机构，这个

① Lawrence Frank. The Status of Social Science in the United States [R]. Laura Spelman Rockefeller Memorial, 1923:20-21.

② Lawrence Frank. The Status of Social Science in the United States [R]. Laura Spelman Rockefeller Memorial, 1923:23.

机构应该是多学科的,包括经济学、政治学、社会学、人类学、心理学等各个学术背景的人士可以集中到一起,开展各项交叉研究工作,使得我们可以更加全面地看待社会问题。"①

弗兰克关于《美国社会科学研究现状》的报告得到了基金会董事会的认可,拉姆尔和弗兰克共同提出了对社会科学研究的资助原则。拉姆尔和弗兰克在制定资助原则的时候,不得不小心翼翼,不同于自然科学的纯粹研究,社会科学研究往往与社会现实问题紧密相关,公众和政府对这些研究的争议一直存在。拉姆尔和弗兰克看到,1919年成立的国家经济研究所同样面临各种争议。在这一过程中,国家经济研究所成立了一个独立的机构,即经济基金会(The Economic Foundation),用以拨付款项支持经济委员会的相关研究。为避免争议,经济基金会的董事会成员涵盖面非常广泛,包括各个大学的知名研究学者,乃至当时美国社会的各种组织,例如美国银行家协会(American Bankers Association)、劳工委员会(Labor Bureau)等多个机构的代表,目的就是为了涵盖更多的话语权群体,做到公平公正。②

从1922年开始,劳拉·斯佩尔曼基金会就对国家经济研究所进行资助,但是当1924年国家经济研究所开始考虑在哈佛大学展开国际经济与政治关系研究的时候,人们对劳拉·斯佩尔曼基金会的介入持怀疑态度。不同于国家经济研究所涵盖广泛的董事会,劳拉·斯佩尔曼基金会的董事会基本上都是洛克菲勒家族的成员,董事会也不可能让自身的成员扩展到像经济基金会那样的规模。面对这样的两难问题,拉姆尔与文森特、福斯迪克、罗斯、弗莱克斯纳等人商议后,决定制定劳拉·斯佩尔曼基金会资助的原则(表3.5),这些原则至少可以确保劳拉·斯佩尔曼基金会资助的"安全性"。③

① Lawrence Frank. The Status of Social Science in the United States [R]. Laura Spelman Rockefeller Memorial,1923:29.

② Lawrence Frank. The Status of Social Science in the United States [R]. Laura Spelman Rockefeller Memorial,1923:13.

③ Beardsley Ruml. Memorandum: Conditions Affecting the Memorial's Participation in Projects in Social Science[Z]. Rockefeller Archive Center-LSRM,1924: Box 1, Folder 9.

表 3.5 劳拉·斯佩尔曼基金会资助原则

1	资助那些具有合法地位的知名组织，例如全国劳工委员会等。
2	资助基金会所倾向的实际社会问题，例如失业问题、市政服务问题等。
3	资助实证调查研究问题，例如女性在职教育问题、移民与经济关系等。
4	开放而非保守的资助，那些致力于增进社会福利的机构，例如国际移民服务所等。
5	研究结果要具有影响力，例如人力资源的开发与利用，暴力袭击问题等。
6	只针对特定的研究机构或者大学进行资助
7	资助研究机构的社会、经济和政府管理等方面的研究，而这些研究机构必须具备具有竞争力的研究人员和科学调查实力，例如芝加哥大学等。
8	资助那些具有影响力的社会科学研究机构，例如社会科学研究委员会（Social Science Research Council）、国家研究委员会等。
9	与具有科研潜力且在知名研究机构学习的研究生进行资助合作，确保他们按时高质量地完成学业。
10	资助高质量的、具有权威性的研究成果的出版和传播工作。
11	资助社会科学研究会议的举办和参会人员。
12	在权威的研究机构的指导下，对于研究成果予以推广应用，检测研究成果的实际效用，并且积极地向其他致力于社会服务的机构进行推广。

资料来源：Rockefeller Archive Center，Laura Spelman Rockefeller Memorial[Z]. Memorandum：Conditions Affecting the Memorial's Participation in Projects in Social Science，1923.

如表 3.5 所示，这些资助原则具有很大的可操作性，且基本上体现了拉姆尔和弗兰克对社会科学研究的资助理念。首先，劳拉·斯佩尔曼基金会要避免成为众矢之的，基金会的资助不能引起大众的质疑，故而采取的是较为温和的资助策略；其次，拉姆尔并不希望劳拉·斯佩尔曼基金会成为一个类似"洛克菲勒医学研究所"的研究机构，而是成为一个提供研究基金的机构；再次，在不影响研究结果和学术自由的情况下，拉姆尔希望通过基金会间接或直接的方式对研究机构进行资助，以实现增进社会福利的目标；最后，社会科学研究与研究人才的培养成为其资助的突出特征，根据前期弗兰克等人的调查结果，提出具有针对性的资助建议，例如研究生的培养、学术出版的资助和研究成果的实用性推广等。与罗斯在国家研究委员会的合作一致，拉姆尔也试图借助社会科学研究委员会的专业性力量来实现其资助目标，尤其是对不同项目的拨款，"我们的董事会和管理人员在选取资助项目的时候均面临一些专业性难题，而'社会科学研究委员会'恰好可以弥补这样的缺陷"①。

由此,劳拉·斯佩尔曼基金会在拉姆尔的带领下,开始了对美国社会科学研究的资助,他专注于美国社会科学的实证性研究,通过直接或者间接的手段开始对美国研究型大学的社会科学研究展开资助,着力打造一批社会科学研究中心,例如芝加哥大学、哈佛大学、哥伦比亚大学等。但是即便制定了如此清晰的资助原则,劳拉·斯佩尔曼基金会的管理者依然小心翼翼,因为公众对于私人基金会资助社会科学研究表现出了质疑,乃至政府部门也对于这样的研究变得异常敏感。劳拉·斯佩尔曼基金会的管理者甚至不希望各个大学的社会科学研究成果在发表的时候说明是受到他们的资助,例如拉姆尔牵头的对芝加哥大学本地社区委员会(The University of Chicago Local Community Research Committee)的资助是极为成功的案例,其社会学研究甚至形成了享誉世界的"芝加哥学派"。当芝加哥大学的社会学家们询问拉姆尔,是否应该在论著中对劳拉·斯佩尔曼基金会的资助表示感谢的时候,拉姆尔居然恳请他们不要提及劳拉·斯佩尔曼基金会。② 由此可见,当时基金会为"避嫌"已经甘心于做幕后英雄。

1923 年是拉姆尔上任劳拉·斯佩尔曼基金会负责人的第一年,也是劳拉·斯佩尔曼基金会逐步转向支持社会科学研究的一年。在 1923 年,劳拉·斯佩尔曼基金会共收入 403 万美元,其中 147 万美元依然延续了之前的资助策略,主要用于欧洲和亚洲的灾难急救等,拉姆尔只安排了 17.8 万美元用于资助社会科学研究。这种小心翼翼的试探,并没有激起民众的反感和政府的质疑。拉姆尔松了一口气,他在给董事会的报告中这样说道:"我们通过资助大学(1923 年主要资助芝加哥大学),相较于我们自己直接开展研究或者通过一些第三方组织开展研究而言,资助大学被证明是有效且安全的。之前所担心的关于社会调查的问题,在以大学作为主体开展后,我们并没有受到很大的阻碍……大学的研究者开展的各项调查研究工作开始逐步迈入正轨,他们的研究基础是坚实的,研究结果是具有实践价值的……我们应该继续予以支持。"③

1924 年 2 月,相较于 1923 年小心翼翼的试探,拉姆尔准备在 1924 年开

---

① Beardsley Ruml. Verbatim Notes of the Princeton Conference of Trustees and Offices[Z]. Rockefeller Archive Center-LSRM, 1930：Box 22，Folder 167.

② Beardsley Ruml. Memorandum[Z]. Rockefeller Archive Center-LSRM, Box 69，Folder 74.

③ Beardsley Ruml. Memorandum from Director to Trustees[Z]. Rockefeller Archive Center-LSRM, 1923：Box 1，Folder 5.

启一轮全新的对社会科学研究的资助。拉姆尔的社会科学研究资助主要集中在以下三个方面：重点培育社会科学研究中心、现有资助工作与社会科学研究的关联以及年轻学者的伙伴资助计划。对于重点培育的社会科学研究中心而言，拉姆尔通过之前对芝加哥大学的资助，将芝加哥大学的社会学、政治学、经济学等学科融会贯通，在鼓励跨学科交叉研究后，芝加哥大学的社会科学研究取得了不俗的成绩。芝加哥大学的本地社区研究委员会已经开展了多项实地调查工作，得益于芝加哥城市的多样性和复杂性，系统性的社会学研究已经使拉姆尔看到了社会科学研究的希望。与此同时，拉姆尔认为，除芝加哥大学外，还应该在耶鲁大学建立人类行为中心（Human Behavior Center），在哈佛大学建立国际关系研究中心（International Affairs Center）。

在现有资助工作与社会科学研究的关联方面，劳拉·斯佩尔曼基金会与梅里亚姆的社会科学研究委员会合作，采用同行评议的形式进行专业化资助。无论是政治学、经济学还是社会学、心理学等学科，拉姆尔都试图大规模地资助那些具有研究潜力的年轻科研人员或者研究生，"通过资助这些年轻的研究者，在政治、经济、社会等方面具有发言权，具有国际视野和国际化的研究水平"[1]。由此可见，拉姆尔的资助策略至效于使美国的社会科学研究具有国际一流水平。从 1924 到 1928 年，拉姆尔开启了劳拉·斯佩尔曼基金会对社会科学研究的大规模资助，超过 2000 万美元的资金流向各大学的社会科学领域。仅仅在 1924 年，芝加哥大学就获得了 24.1 万美元的资助，哈佛大学获得了 25 万美元的资助。[2]

经过 1923 年小心翼翼的试探性资助后，拉姆尔决定从 1924 年开始借助劳拉·斯佩尔曼基金会的平台，对社会科学研究进行大规模资助。从 1923 到 1928 年的 6 年时间里，劳拉·斯佩尔曼基金会除对传统的妇女儿童保护进行资助外，逐步提高了社会科学研究的资助经费，拉姆尔在这 6 年共计拨出大约 4500 万美元的资助基金，而社会科学研究的拨款接近 2100 万

---

① Beardsley Ruml. Memorandum from Director to Trustees[Z]. Rockefeller Archive Center-LSRM, 1924；Box 1, Folder 5.

② The Rockefeller Archive Center. LSRM's Accomplishments[EB/OL]. [2018-11-02]. http://dimes. rockarch. org/xtf/view? docId = ead/FA318/FA318. xml；query = laura％ 20spelman；chunk. id＝headerlink；brand＝default.

美元。① 这一金额在当时的美国社会科学研究体系中,占据绝对的主体地位,美国的社会科学研究也借助大量研究经费的支持而实现了长足的发展,达到了世界先进水平。例如芝加哥大学的社会学研究,基金会在提供支持资金的时候,就明确说明资助目的是社会科学各个学科的交叉研究,以实地调查和数据分析为主要研究方法,研究目的在于解决社会实际问题。劳拉·斯佩尔曼基金会的资助从根本上改变了美国社会科学的研究面貌,提升了研究水准,形成了诸如社会学的"芝加哥学派"等知名社科研究学派,涌现出了诸多的优秀著作(表 3.6),享誉世界。

表 3.6　芝加哥大学社会学研究主要代表著作

作者	著作	相关评价
Robert Park	*The City：Suggestions for the Investigation of Human Behavior in the City Environment*	芝加哥社会学城市研究的奠基石
Ernest Burgess	*Growth of the City：Introduction to a Research Project*	
Louis Wirth	*Urbanism as a Way of Life*	芝加哥城市研究的巅峰之作
William I. Thomas	*The Polish Peasant in Europe and America*	标志着芝加哥大学的社会学系取得了国际性的领导地位
Wood J. Boyd	*The Negro in Chicago*	社会学实证研究的代表著作
Robert Park & Ernest Burgess	*Introduction to the Science of Sociology*	社会学全国通用教材,被誉为社会学研究的"圣经"
Harvey W. Zorbaugh	*The Gold Coast and the Slum*	社会学经典著作
Frederic M. Thrasher	*The Gang*	社会学经典著作

资料来源:孙贵平,邹源椋. 社会资源支持下的美国一流学科建设——以劳拉·斯皮尔曼基金会对芝加哥大学社会科学研究的支持为例[J]高教探索,2018(4):32-38. 根据 The University of Chicago. Seeing Chicago sociologists a new through the Archives[EB/OL]. [2017-08-05]. http://news. lib. uchicago. edu/blog/2015/08/06/seeing-chicago-sociologists-anew-through-the-archives/ 和 The University of Chicago. Mapping the Young Metropolis[EB/OL]. [2017-08-05]. https://www. lib. uchicago. edu/e/webexhibits/mappingtheyoungmetropolis2/ 等资料整理而成。

---

① The Rockefeller Archive Center. LSRM's Accomplishments[EB/OL]. [2018-11-03]. http://dimes. rockarch. org/xtf/view? docId = ead/FA318/FA318. xml;query = laura%20spelman;chunk. id=headerlink;brand=default.

表 3.7　劳拉·斯佩尔曼基金会拨款明细(1923—1928)

单位:万美元

年份	1923	1924	1925	1926	1927	1928	合计
社会科学研究	17.8	274.2	198.6	236.3	842.5	493.9	2063.3
拨款总金额	403.2	658.1	782.3	687.9	1031.4	965.5	4528.4
社科研究拨款占比	4%	42%	25%	34%	82%	51%	46%

资料来源:Rockefeller Archive Center-LSRM. 1923-1928 Annual Reports of the Laura Spelman Rockefeller Memorial[R]. Box 22，Folder 168.

　　由表 3.7 可见,1923 年拉姆尔试探性地对社会科学研究进行资助,其社会科学研究的拨款仅占拨款总额的 4%,但从 1924 年开始社会科学研究的拨款经费出现较大幅度的增长,在 1927 年一度达到基金会年度拨款总额的 82%,与罗斯的普通教育委员会和国际教育委员会相似,拉姆尔同样通过对美国社会科学研究的大手笔资助来整体性提升美国的科研水平。

　　值得注意的是,在社会科学研究经费的具体拨付流向方面,罗斯和拉姆尔似乎心有灵犀,他们将大部分的经费全部拨付给了知名的研究型大学,例如拉姆尔将超过 50% 的款项拨付给了芝加哥大学、哥伦比亚大学、布鲁克林研究所、伦敦经济研究院(The London School of Economics)和哈佛大学。[①] 与此同时,拉姆尔和弗兰克还借助社会科学研究委员会的力量,通过他们的同行评议,分拨了一部分研究经费用于资助个人研究和欧洲学者的访美计划,例如 1926 年,劳拉·斯佩尔曼基金会就向社会科学研究委员会拨款 21.95 万美元,1927 年向其拨款 183.45 万美元用于资助"伙伴计划",主要邀请那些欧洲的知名学者来美国进行访学交流,进而形成欧洲与美国社会科学研究的国际科研网络,美国的学者也在互相交流中拓宽了自身的国际化视野。[②]

[①]　Rockefeller Archive Center-LSRM. 1923-1928 Annual Reports of the Laura Spelman Rockefeller Memorial[R]. Box 22，Folder 168

[②]　Donald Fisher. American Philanthropy and the Social Science in Britain，1919-1939[J]. The Sociological Review，1980，5:277-315.

表 3.8　劳拉·斯佩尔曼基金会社会科学研究拨款明细(1923—1928)

单位:万美元

机构/年份	1923	1924	1925	1926	1927	1928	合计
社会科学研究委员会	——	44.5	5.5	21.9	183.5	16.5	271.9
访问学者计划	——	8.6	15.5	21.8	50	45	140.9
芝加哥大学	3.6	24.2	6.1	82.5	222.5	1	339.9
布鲁克林研究所	——	49				228.1	277.1
哥伦比亚大学	1.7	26.5	30.6	10.3	15	57.5	141.6
伦敦经济研究所	——	11.5	15.5	——	87.5	10	124.5
哈佛大学	——	25		14	29	51.5	119.5
明尼苏达大学	——	——	25		——	71.5	96.5
范德堡大学	——	——	12.5	75	0.6	——	88.1
艾奥瓦州立大学	——	——	2.3	2.3		83.4	87.9
耶鲁大学	0.2	20.75	0.2	12.5	5	10.5	49.15
北卡罗来纳大学	——	12.75	1.55	5	24	2	45.3
加州大学	——	——			29.5		29.5
斯坦福大学	——	——	1.2		25		26.2
得克萨斯大学	——	——			25		25
国家经济研究所	1.3	1.2	2	3.5	2.5	12.5	23
菲斯克大学	——	——			18.4	1	19.4
康奈尔大学	——	——	6.2	3.7	1.7	3.5	15.1
宾夕法尼亚大学	——	——			15		15
剑桥大学	——	——		15			15
燕京大学	——	——				14	14
弗吉尼亚大学	——	——		13.7			13.7
东北大学	——	2	1	9.5			12.5
日内瓦国际研究所	——	——		10			10

资料来源:Rockefeller Archive Center-LSRM. 1923-1928 Annual Reports of the Laura Spelman Rockefeller Memorial[R]. Box 22,Folder 168.

由表 3.8 可见,拉姆尔的拨款所涵盖的地域范围非常广泛,主要以美国本土优秀研究型大学为主,同时还对欧洲的各个研究机构乃至对中国的燕京大学进行了研究拨款。其中,又以社会科学研究委员会、芝加哥大学、哥伦比亚大学、哈佛大学等获得的拨款尤其多。

第三节 基金会资助下的一流学科建设

成就一流研究型大学的基础是建设一流的学科,哈佛大学在洛克菲勒基金会、普通教育委员会和劳拉·斯佩尔曼基金会等的资助下,其医学、自然科学、社会科学、人文学科研究逐步迈入世界一流水平。洛克菲勒基金会通过其下属的洛克菲勒研究所与哈佛大学公共卫生学院开展了交叉式的资助与相互扶持,两者相伴相生,堪称基金会与研究型大学共同进步的典范。普通教育委员会对哈佛大学物理学、化学、人文学科的资助,成就了哈佛在自然科学及人文科学领域的世界领先地位。劳拉·斯佩尔曼基金会创新性地建立起校内第三方科研资助平台国际关系研究所,统筹研究型大学内部的跨学科交叉研究,以国际关系研究为突出特色,整体上带动了哈佛大学社会科学的发展。

一、建立伙伴关系:洛克菲勒基金会与哈佛大学公共卫生学院

(一)1920 年洛克菲勒基金会协同哈佛大学一道创建公共卫生学院

洛克菲勒基金会初期的资助兴趣一直在医学领域,在普通教育委员会防治世界范围内钩虫病的过程中,基金会认识到公共卫生的重要性。其后,洛克菲勒基金会开始成立洛克菲勒研究所,专职于各项医学事业研究。1910 年,《弗莱克斯纳报告》(Flexner Report)出台,该报告对美国和加拿大医疗卫生领域表现出极大的担忧,报告无情地揭露了美国当时落后低下的医疗健康水平。洛克菲勒基金会决定大举资助医学教育事业,例如对约翰·霍普金斯大学的资助、筹建北京协和医学院等。洛克菲勒基金会对公共卫生领域抱有越来越浓厚的资助兴趣,基金会对哈佛大学医学研究和医学教育一直保持密切关注。

哈佛大学公共卫生学院的前身是哈佛大学和麻省理工学院于 1913 年共同合办的公共卫生官员学院(The School for Public Health Officers),当时的《波士顿晚报》(Boston Evening Transcript)认为:"两所学校经过长达

一年的商讨后,所合办的学校(指公共卫生官员学院)将是全美在公共卫生领域独一无二的学院,……这所学院将会隶属于哈佛大学医学院,并由医学院颁发学位,其学位能够得到麻省理工学院和哈佛大学的官方认可。"①事实上,早在 1912 年,哈佛大学卫生工程学教授乔治·惠普尔(George C. Whipple)在一次与校长洛厄尔的会面中就已谈及在哈佛成立一所公共卫生学院的计划,洛厄尔建议与麻省理工学院合作。② 惠普尔开始与麻省理工学院的知名生物学家威廉·塞奇威克(William Sedgwick)进行接触,双方均意识到:在 20 世纪早期,进步主义运动席卷美国,而公共卫生领域一直是大众所关注的焦点,例如环境卫生、食品安全、医学防疫等。两所学校经过长达一年半的协商后,决定顺应时代发展的潮流,共同合办公共卫生官员学院,主要由哈佛大学医学院负责具体的教学和学位授予工作,惠普尔教授、塞奇威克教授和哈佛大学医学院预防医学系主任米尔顿·罗西瑙(Milton Rosenau)教授共同担任这所新学院的管理委员会成员。③ 后来,在第一次世界大战期间,公众不仅开始认识到现代科学技术的力量,而且对医学和公共卫生的认识同样提升到了非常高的水平。

1915 年 5 月,约翰·霍普金斯大学公共健康与卫生学院的威廉·韦尔奇(William H. Welch)与威克利夫·罗斯合著《韦尔奇—罗斯向洛克菲勒基金会普通教育委员会的报告》(*Being a Report by Dr. William H. Welch and Wickliffe Rose to the General Education Board*, *Rockefeller Foundation*,简称《韦尔奇—罗斯报告》),并提交给了洛克菲勒基金会,该报告成为洛克菲勒基金会在全美发展公共卫生学院的蓝皮书。《韦尔奇—罗斯报告》被视为美国公共卫生领域的奠基之作,其将公共卫生从传统医学中分立开来,建议成立专门的学院和独立的工种来进行相关的公共卫生教育及社会工作。当时美国社会的现状是进步主义运动逐步发展壮大,官方在公共卫生领域职能缺失,私有财富开始资助高等教育,而公共卫生领域涉及社会稳定、国家竞争力和社会福利,罗斯和韦尔奇均认为,通过公共卫生领域的努力,公众可以享受到现代科学知识的益处,有利于建设一个更加稳定

① David Cazneau. The "History-Making" School of Public Health Soon[N]. Boston Evening Transcript, 1913.
② Harvard University Archives. Papers of Abbott Lawrence Lowell, 1861-1945[Z]. UAI 15, Folder 896.
③ Harvard T. H. Chan School of Public Health. The Founders[EB/OL]. [2018-11-06]. https://www.hsph.harvard.edu/news/centennial-the-founders/.

有序的社会。[①] 可以说,哈佛大学和麻省理工学院共同成立的公共卫生官员学院是回应时代要求的顺势而为,甚至比约翰·霍普金斯大学的公共卫生学院成立时间还早。《韦尔奇—罗斯报告》引起了洛克菲勒基金会的重视,进而以"增进人类福祉"为最高宗旨,对医学领域进行大规模的资助行动。

到1921年,公共卫生官员学院不断发展壮大,洛厄尔校长主张将学院改组,这得到了洛克菲勒基金会的支持。洛厄尔认为,与麻省理工学院共同办学,存在多头管理的弊病,这会影响到公共卫生官员学院后续的发展,并且哈佛现有的医学院看起来并不与公共卫生专业重复。洛克菲勒基金会则认为,哈佛大学医学院内部的工业卫生学、热带疾病等专业均与公共卫生专业重合,故而建议洛厄尔将这些专业统一整合,在医学院之外新成立公共卫生学院。[②] 洛克菲勒基金会决定对这所新成立的公共卫生学院(The School of Public Health)资助200万美元,同时要求哈佛大学配套拨付办学经费100万美元,对于这样的匹配型捐赠,哈佛校长洛厄尔乐见其成。事实上,洛克菲勒基金会对哈佛大学公共卫生学院的资助远远超过原计划的200万美元。

(二)洛克菲勒家族与公共卫生事业

追溯历史,美国公共卫生领域的起源最早可以追溯到殖民地时期,波士顿的保罗·里维尔(Paul Revere)被任命为波士顿市政厅的健康委员会负责人,波士顿的健康委员会可被视作政府公共卫生机构的雏形。但美国的公共健康领域真正为人所熟知是在20世纪初期,洛克菲勒家族于1918年在约翰·霍普金斯大学建立起公共卫生专业。事实上,哈佛大学和麻省理工学院共同建立的公共卫生官员学院可被视作公共卫生教育的鼻祖。早期的洛克菲勒基金会从老洛克菲勒家族及其所属的美国标准石油公司获得3500万美元的基础资金,1919年又获得1400万美元的注资。洛克菲勒基金会凭借其强大的财政力量,在约翰·霍普金斯大学、哈佛大学等研究型大学中开展公共卫生教育的资助工作。

在洛克菲勒家族的慈善事业中,起到至关重要作用的人物是弗德里

① William H. Welch, Wickliffe Rose. Being a Report by Dr. William H. Welch and Wickliffe Rose to the General Education Board, Rockefeller Foundation[R]. 1915.
② Harvard University. Reports of the President and the Treasurer of Harvard College, 1920-1921 [R]. Harvard Library Archives,1921:16.

克·盖茨,①盖茨认为:"疾病是导致人类社会积贫积弱的原因,如果教育和科学是人类社会的大脑,那么健康则是人类社会的心脏。文明需要从大脑和心脏两个方面入手。"②1909 年普通教育委员会下属的洛克菲勒卫生委员会(Rockefeller Sanitary Commission)在威克利夫·罗斯的带领下,发起了对美国南方各州钩虫病防治的资助,在具体的资助行动中,罗斯同样认识到公共卫生领域专业人才的匮乏。哈佛大学时任校长洛厄尔敏锐地认识到公共卫生领域的发展前景,但是地处南方的约翰·霍普金斯大学依然凭借其地理区位优势获得了洛克菲勒基金会的大手笔资助。

作为哈佛校长的洛厄尔为解决学校的办学经费,锲而不舍地向洛克菲勒基金会募款。通过与当时洛克菲勒基金会负责人文森特的多次沟通,洛克菲勒基金会决定向哈佛大学初期捐赠 116 万美元用于公共卫生教育的发展,后期则每年向哈佛大学公共卫生学院资助 25,000 美元用于日常的教学维护,在接下来的 30 年时间里,洛克菲勒基金会向哈佛大学公共卫生学院捐赠了将近 400 万美元(表 3.2)。洛克菲勒基金会的资助主要被用于学院的硬件建设和维护以及实验设备配备和相关的教学科研活动。在具体的软件资助方面,包括哈罗德·科·斯图尔特的纵向增长研究(Harold Coe Stuart's Longitudinal Growth Study),成立营养系(Department of Nutrition)、射线健康研究中心(Center to Study the Health Effects of Radiation)、哈佛人口研究中心(Harvard Center for Population Studies)等,洛克菲勒基金会对于哈佛大学公共卫生学院的师资、学生、科学研究等均具有重大影响力。由表 3.9 可见,按照洛厄尔校长的年度报告,哈佛大学在 1921—1922 年度共获得社会捐赠资金 3,612,471.55 美元,其中洛克菲勒基金会为支持公共卫生学院而捐赠了 1,160,078.34 美元。加上普通教育委员会为支持教育学院和精神病学与神经学系所捐赠的 276,250 美元,两者相加共计 1,436,328.34 美元,占哈佛大学年度捐赠收入总额的 39.76%。尽管哈佛大学拥有诸多的社会私人捐赠,但是洛克菲勒基金会及其下属的普通教育委员会对于哈佛的捐赠及相应的后续支持,使得学校的一些特定专业和学院呈现出良好的发展势头。

---

① Rockefeller Foundation. Our History [EB/OL]. [2018-11-07]. https://www. rockefellerfoundation. org/about-us/our-history/.
② Frederick T. Gates. Letter from Frederick T. Gates to John D. Rockefeller Jr[Z]. Rockefeller Archive Center,1909:Box 52, Folder 544.

表 3.9 1921—1922 年度哈佛大学大额捐赠(>25,000)

单位:美元

项目	金额
Anonymous Fund No. 5	50,000.00
Anonymous Fund No. 5	28,574.28
Joseph R. Delamar, Estate of ; for the Medical School, second payment	794,987.49
Mary Anna Palmer Draper,	97,250.00
Caroline S. Freeman	278,073.92
General Education Board (education school, Psychiatry&·Neurology department)	250,000 & 26,250
The Rockefeller Foundation (School of Public Health)	1,160,078.34
Samuel Crocker Lawrence	50,000.00
Julia Lyman	57,649.71
Jacob H. Schiff	25,000.00
The Class of 1897	100,000.00

资料来源:Lawrence A. Lowell. Report of the president and the Treasurer of Harvard College, 1921-1922[R]. 1922:33.

(三)洛克菲勒基金会与哈佛大学公共卫生学院合作伙伴关系的建立

洛克菲勒基金会与哈佛大学公共卫生学院的合作不仅是简单的办学经费资助,而是从师资教学、科学研究、学生培养等各个方面展开。当洛克菲勒研究所在疟疾、黄热病、斑疹伤寒、流行性感冒、结核病等各种传播性疾病方面开展多项研究后,其与哈佛大学公共卫生学院的交集变得越来越多。例如知名医学专家弗雷德里克·拉塞尔(Frederick F. Russell)从 1923 年至 1935 年供职于洛克菲勒研究所,他开发出了三重伤寒疫苗(triple typhoid vaccine),在世界公共卫生领域具有广泛影响。拉塞尔在洛克菲勒研究所供职后,在基金会的要求下加入了哈佛大学公共卫生学院,成为学院预防医学和流行病学的教授。约翰·斯奈德(John C. Snyder)教授在斑疹伤寒病方面具有极高造诣,应洛克菲勒基金会的要求,从哈佛公共学院调离,担任基金会所资助的美国伤寒委员会(U. S. Typhus Commission)驻墨西哥、意大利、西班牙、埃及、伊朗、德国等国的代表,后又返回哈佛大学公共卫生学院,历任微生物学系主任和院长等职。另外,1922 年,雨果·明奇(Hugo Muench)和休·莱维尔(Hugh Leavell)两位知名教授同样从洛克菲勒研究所加盟哈佛大学公共卫生学院,分别担任生物统计学系和公共卫生学系的系主任。哈佛大学公共卫生学院的弗雷德里克·斯塔勒(Frederick J. Stare)在基金会的资助下,访学欧洲各国,并在基金会的赞助下成立了哈佛大学公共卫生学院营养系。国际知名的病理学教授勒内·迪博(Rene Dubos)同样从洛克菲勒研究所抽调到公共卫生学院,担任热带疾病和比较病理学的教授。[①] 由此可见,洛克菲勒基金会对哈佛大学公共卫生学院的支持,不仅是简单的办学经费资助,更加是一种经费、教学与科研人员的交流与支持活动。

到 1938 年,哈佛大学公共卫生学院的师资队伍和科研能力已经变得越来越强大,学院同样开始反向支持洛克菲勒研究所的科学研究。例如,马克斯·泰勒(Max Theiler)教授加盟洛克菲勒研究所,继续他关于黄热病疫苗的研究,基于其在 1922 年至 1937 年间在哈佛大学公共卫生学院所打下的坚实研究基础,他后来获得了诺贝尔医学奖。在哈佛大学公共卫生学院成立早期的 20 世纪 20 年代,洛克菲勒基金会不仅在科学研究和师资方面给予巨大的支持,对于学院的人才培养同样给予了极大的帮助。例如,通过赞助学生出访欧洲各国,开展与德国、英国等国家的公共卫生学院的交流活动,资助哈佛大学公共卫生学院开展博士学位教育,使得哈佛大学公共卫生学院成为具有国际声誉的公共卫生研究中心。在这些受到赞助的学生中,同样涌现出了一大批具有国际影响力的知名学者,例如对热带疾病和骨髓灰质炎研究具有国际声誉的托马斯·韦勒(Thomas Weller)和马克·博伊德(Mark F. Boyd)等。[②] 由表 3.10 可见,1921 年至 1929 年,洛克菲勒基金会累计向哈佛大学公共卫生学院捐赠了接近 400 万美元的研究与教育资金,除 1921 年至 1922 年度,在哈佛大学公卫学院成立当年一次性捐赠 116 万美元外,洛克菲勒基金会还对该学院进行了长期的持续性资助,这对于学院的长远发展具有重要意义。

---

① Harvard T. H. Chan School of Public Health. Centenial[EB/OL]. [2018-11-08]. https://www.hsph.harvard.edu/centennial/timeline/.

② Marcella J. Bernard. A Partner, Not a Patron: The Rockefeller Foundation[J]. Harvard Public Health Review, 1989:31-35.

表 3.10 洛克菲勒基金会对哈佛大学公共卫生学院捐赠明细(1921—1929)

单位:美元

时间	捐赠对象	金额
1921—1922	哈佛大学公共卫生学院	1,160,078.34
1922—1923	哈佛大学公共卫生学院	525,000.00
1923—1924	哈佛大学公共卫生学院	525,000.00
1924—1925	哈佛大学公共卫生学院	525,000.00
1925—1926	哈佛大学公共卫生学院	50,000.00
1926—1927	哈佛大学公共卫生学院	137,250.00
1927—1928	哈佛大学公共卫生学院	34,825.00
1928—1929	哈佛大学公共卫生学院	990,000.00
合计		3,947,153.34

资料来源: Harvard University. Reports of the President and the Treasurer of Harvard College,1921-1929[R]. Harvard Library Archives.

(四)哈佛大学公共卫生学院与洛克菲勒基金会共同铸就的科学高峰

从哈佛大学公共卫生学院走出了两位卓越的诺贝尔奖获得者,一位是马克斯·泰勒,另外一位是托马斯·韦勒。泰勒 1899 年出生于南非,其大部分教育经历主要在欧洲完成,当 1922 年哈佛大学公共卫生学院成立后,在洛克菲勒基金会的牵线下,泰勒加盟哈佛大学公共卫生学院。在哈佛期间,泰勒主要从事阿米巴痢疾、鼠热病和黄热病的研究。就职哈佛仅仅 5 年之后,泰勒借助实验室的先进仪器理解了黄热病的发病机理,并开始使用白鼠代替猴子作为实验动物——这大幅度地降低了实验室的运营成本。1930 年,泰勒离开哈佛,加盟洛克菲勒医学研究所。在加盟洛克菲勒研究所的时候,黄热病开始肆虐世界,泰勒基于其在哈佛大学公共卫生学院的研究基础,着手开发黄热病疫苗,并在 1937 年成功开发出黄热病疫苗,为在世界范围内消灭这一可怕疾病做出突出贡献。1951 年,瑞典皇家诺贝尔奖委员会将诺贝尔医学奖授予泰勒,在颁奖词中,诺贝尔奖委员会认为:"马克斯·泰勒发现了黄热病的发病机理,且开发出有效的防御疫苗,在世界范围内具有重大意义。"[①]泰勒在获奖致辞中这样说

---

① NobelPrize. org. Max Theiler-Facts[EB/OL]. [2018-11-10]. https://www. nobelprize. org/prizes/medicine/1951/theiler/facts/.

道:"伴随着灭蚊手段的不断改进和预防疫苗的注射,公共卫生的官员们已经不必担心这曾经引起巨大恐慌的疾病。"①

托马斯·韦勒和同样供职于哈佛大学公共卫生学院的约翰·恩德斯(John F. Enders)以及凯斯西储大学(Case Western Reserve University)的弗雷德里克·罗宾斯(Frederick C. Robbins)于1954年共同获得了诺贝尔医学奖。韦勒于1936年进入哈佛大学医学院学习,进行病理学和热带医学的研究工作,他与导师恩德斯共同开展了关于病毒学的研究,并探索组织培养技术作为探究传染病原因的方法研究。1940年,韦勒获得博士学位后,留校任教,在哈佛大学公共卫生学院的病理学和热带医学研究中心工作。诺贝尔奖委员会在颁奖词中对韦勒、恩德斯和罗宾斯的研究评价是:"他们发现了脊髓灰质炎病毒在各种组织培养中生长的机理。"②作为一名热爱公共卫生事业的获奖人,韦勒不仅在预防医学方面具有卓越的贡献,而且在参与实际的疾病预防中积累了宝贵的经验,他同时也认识到如果没有诸如洛克菲勒基金会这样的大型全国性乃至国际性组织的存在,公共卫生领域的研究和成果推广将面临巨大问题。他在获奖致辞中这样说道:"随着时间的流逝,全国性和国际性的健康组织起到了非常重要的作用,例如世界卫生组织(World Health Organization)、泛美洲健康组织(Pan American Health Organization)以及洛克菲勒基金会的国际健康委员会等。"③哈佛大学公共卫生学院与洛克菲勒基金会通过资助和互助不仅孕育了诸如韦勒、泰勒这样的诺贝尔奖获奖者,而且培养出一大批优秀的科研人员和毕业生,为美国的公共卫生事业做出卓越的贡献,同时也令哈佛大学公共卫生学院成为全美乃至全世界公共卫生领域的研究圣地之一。

二、全方位、多学科:普通教育委员会与哈佛大学

普通教育委员会成立于1902年,起初是为恢复美国南方各州的教育系统而成立,但后续发展成为综合性的大型基金会。普通教育委员会的资金主要来自洛克菲勒家族,据统计自1902年成立至1964年(1928年洛克菲勒家族的慈善事业进行过调整,普通教育委员会被并入洛克菲勒基

---

① NobelPrize. org. Max Theiler-Nobel Lecture [EB/OL]. [2018-11-10]. https://www. nobelprize. org/prizes/medicine/1951/theiler/lecture/.

② NobelPrize. org. Thomas H. Weller-Facts[EB/OL]. [2019-11-10]. https://www. nobelprize. org/prizes/medicine/1954/weller/facts/.

③ NobelPrize. org. Thomas H. Weller-Biographical [EB/OL]. [2018-11-10]. https://www. nobelprize. org/prizes/medicine/1954/weller/biographical/.

金会,但是其主要资助依然在有序进行),普通教育委员会对外进行了高达 3.246 亿美元的资助,这些经费在美国乃至世界高等教育的发展历史上留下了浓墨重彩的一笔。[1] 普通教育委员会的成立初衷是为促进全美国的教育事业发展,并且不区分受助人的种族、性别和宗教信仰。普通教育委员会对于美国的中小学教育、黑人教育、乡村教育、医学教育、高等教育等均进行了大量的资助,其资助项目多样,成为促进美国高等教育发展的重要推动力量。

事实上,在罗斯到来之前,普通教育委员会是洛克菲勒家族对美国南方各州的黑人教育和乡村教育进行资助的机构。1902 年 3 月 1 日,小洛克菲勒在代表其父亲宣布对普通教育委员会第一期注资 100 万美元的时候,已经言明:"普通教育委员会目前最为紧迫的任务就是对美国南方各州的教育进行资助,这是目前我们最应该做的事情。"[2]1923 年,当罗斯从国际教育委员会来到普通教育委员会之后,他认为,现在是时候提升美国高等教育的质量了。

罗斯认为科学技术是当今世界最为重要的领域,资助科学研究可以起到引领国家和民族进步的作用,普通教育委员会可以通过资助大学里的科学研究来打开未来世界的大门。罗斯曾经在笔记本上这样记录着自己的想法:"这是一个科学的时代,这个世界上目前所有的重要活动,小到蜜蜂的繁殖大到国家的管理,都需要对现代科学技术有深刻的理解。如果一个国家不能够掌握先进的科学技术,那么它就没有立身之本,到头来,只能被其他拥有先进科学技术的国家统治。"[3]由此可见,罗斯已经将发展科学技术上升到民族生存、国家兴亡的高度。同样,在罗斯看来,美国高等教育的骨架已经搭建起来,而提升教育质量则是当时的重要任务。按照老洛克菲勒等人的观点,美国所谓的大学数量虽然很多,但是其教育质量却非常低下,通过资助扶持一批知名的研究型大学,使那些缺少办学经费的高等教育机构自然消亡成为基金会资助高等教育的另外一个目标。罗斯开始将资源集中到少数的几所研究型大学,"使高峰更高"的资助原则开始被确立下来;同时罗斯也认为,建立几个高等教育研究中心,可以使这种高标准的办学在全国

① General Education Board. General Education Board: Review and Final Report, 1902-1964[R]. New York, 1964: Foreword.
② General Education Board. The General Education Board: An Account of Its Activities, 1902-1912[R]. New York, 1915: 216.
③ Rockefeller Archive Center. Rose's notebooks[Z]. G. E. B. files, 1923.

范围内推广。

罗斯在 1924—1925 年的年度报告中对美国高等教育的资助原则进行了阐述,他认为:从 1900 年到 1923 年,美国高等教育的入学总人数增长了 5 倍,虽然扩大了美国人接受高等教育的机会,但是扩招带来了学生培养质量的下降和学校办学经费的紧张等负面影响。例如,截至 1923 年 6 月,美国 500 所大学和学院拥有办学基金 5.5 亿美元,但是却有超过 50 万美国学生在 1923 年进入大学学习,80% 的学生进入了公立大学,但是他们的生均办学经费不超过 1000 美元,而剩余 20% 的学生进入私立大学,其生均办学经费则达到了 1000—3000 美元——这就意味着私立高等教育机构在培养学生方面的经费较为充裕,一定程度上可以保障办学质量。罗斯继续分析,他认为 20% 的私立大学基本集中在马萨诸塞州、纽约市、伊利诺伊州和宾夕法尼亚州,"我们无法拯救美国全部的大学和学院,但是我们可以实现对优秀大学的资助,实现我们促进美国高等教育发展并提升科学研究水平的目标"①。事实上,罗斯同样坚定不移地执行了这样的资助方针,1924 年至 1929 年,罗斯领导的普通教育委员会仅仅针对诸如芝加哥大学、哈佛大学、耶鲁大学、加州理工学院、哥伦比亚大学等著名研究型大学展开资助。

(一)普通教育委员会与哈佛大学教育学院

哈佛大学教育学院正式成立于 1919 年,普通教育委员会认为培养师资对于教育发展具有重要意义(从普通教育委员会成立后即致力于对美国南方各州的师范学校的资助便可窥探一二)。1921 年,普通教育委员会同意对新成立的哈佛大学教育学院注资 50 万美元,作为学院的初始资金。为了使各项工作尽快步入正轨,拿到资助后的哈佛大学教育学院开始搭建自身的办学"骨架",例如成立录取委员会,确定录取标准;成立图书馆委员会,确保办学资源;成立出版委员会,鼓励学术研究与出版;成立博士学位委员会,开展高层次教育。② 以上委员会的成立,充分证明了哈佛大学教育学院的高标准办学与鼓励科学研究的办学思路,确保了哈佛大学教育学院在未来可以实现其在美国乃至世界领先的教育学地位。一方面,教育学院回应当时美国中小学校对教师水平提升的诉求,开办了暑期教师进修学校,为美国

---

① General Education Board. Annual Report of the General Education Board[R]. New York,1924-1925:5-6.
② Harvard University. Reports of the President and the Treasurer of Harvard College[R]. Harvard Library Archives,1921-1922:135.

的中小学教育培育了大批人才,其服务社会的理念始终贯穿在实际的办学过程中;另一方面,积极引入优秀师资、建立研究实验室,例如教育学院在成立的第二年就引入四位知名教授,包括以商业教育闻名的弗雷德里克·尼科尔斯(Frederick G. Nichols)、以数学教育闻名的拉尔夫·比特利(Ralph Beatley)等人。

按照普通教育委员会的要求,教育学院不仅应该面向基层中小学开展师资培训,而且还应该在科学研究方面有所建树。由此,学院在 1921 年便成立了心理学－教育学实验室(Psycho-Educational Clinic),进行交叉学科研究。在教育学院成立的第三年,由于其办学经费较为充裕,学院坚持高标准办学和招揽优秀师资,招收了 64 名教育学的研究生,其中 9 人为博士研究生,学院的科学研究开始慢慢起步。相较于当时教育学的研究重镇哥伦比亚大学的 10 名研究生,哈佛大学教育学院的教育学研究生人数已经冠绝全美。[1]

从学院 1922 年至 1929 年的招生人数以及生源地来看,哈佛大学教育学院已经开始成为在全美具有广泛影响力的学院。从近几年的博士学位授予数量及学生选题来看,哈佛大学教育学院的教育学研究视野越来越广,涉及教育学的方方面面,这也侧面反映出哈佛大学教育学院科学研究的繁荣发展。由表 3.12 可见,哈佛大学教育学院的博士学位研究涉及教育管理、教育史、高等教育、教育心理学、职业教育、中等教育、体育教育、教育社会学、教育财政等各个方向。从哈佛大学教育学院的博士论文主题来看,哈佛大学的教育学已经具有交叉学科研究的特性,既有密切联系社会现实需求的中等教育、教育心理、职业教育、教育管理等研究方向,也有教育哲学、教育史、高等教育等学术性的研究方向,多学科交叉发展的局面已经形成,且学科前瞻性较强。从表 3.11 可见,从 1922 年开始,哈佛大学教育学院的招生虽然以新英格兰地区为主,但开始面向全国乃至全世界招生,生源多样化,哈佛的教育学院正在成为全国性的乃至世界性的教育学研究中心之一。

---

[1] Harvard University. Reports of the President and the Treasurer of Harvard College[R]. Harvard Library Archives,1923-1923:166.

3.11   哈佛大学教育学院生源分布(1922—1929)

时间/地域	新英格兰地区	密西西比河流域北部各州	密西西比河流域南部各州	密西西比河流域西部各州	加拿大	其他外国留学生	合计
1922—1923	223	62	11	14	7	23	340
1923—1924	256	51	12	36	6	16	377
1924—1925	256	62	16	31	4	19	388
1925—1926	286	83	10	22	8	23	432
1926—1927	375	72	14	27	18	23	529
1927—1928	314	57	13	26	16	13	439
1928—1929	278	52	17	20	9	24	400

资料来源:Harvard University. Reports of the President and the Treasurer of Harvard College[R]. Harvard Library Archives,1922-1929.

表3.12   哈佛大学教育学院博士学位论文研究主题(1923—1929)

年份	作者	研究主题	所属领域
1923	Bancroft Beatley	中等教育标准化测试研究	中等教育
	Sarah H. Baidge	家庭教育研究	中等教育
	Henry L. Gerry	高中化学测试研究	中等教育
	Charlie B. Hershey	美国教会高等教育研究	教育史
	Charlie F. Lancaster	加拿大宗教教育研究	教育史
	Mansuetus W. Murphy	普通法中的中等教育专题研究	中等教育
	Frank A. Payne	联邦职业教育法规下的工业教育管理	职业教育
	Alfred D. Prescott	儿童精神发展与结构学关系	教育心理
	Refs R. Price	州立大学的教育财政	教育财政

续 表

年份	作者	研究主题	所属领域
1924	Eliot T. Benner	马萨诸塞州高等教育研究	高等教育
	Laurence M. Fick	南非双语教学的可行性分析	教育心理
	DRay E. Mosher	州立师范学院的兴起与组织形式	高等教育
	Avery E. Churchill	论教育价值	教育哲学
	Sherman F. Gove	公立学校中的宗教教育	中等教育
	Andrews E. Lincoln	美国学校中儿童性别教育研究	教育心理
	Stephens C. Marcus	小学教育中"问题解决"的案例研究	教育心理
	Malvina M. Wentworth	小学教育中智力差异研究	教育心理
1925	Babcock M. Blake	女性接受高等教育研究	高等教育
	Lee F. Wright	美国中等教育教师准入制度研究	中等教育
	Elmer Berry	运动员道德能力研究	体育教育
	John H. Doeemann	大学新生适应性研究	教育心理
	Farrar A. Elwell	夏令营——教育新形式	中等教育
	Touroff E. Glueck	社区学校:全国性的调查研究	高等教育
	Thomas W. Hodges	弗吉尼亚州六所大学的学生学费研究	教育社会
	Oren F. Kreager	非正式学校教育	职业教育
	Franklin H. Latshaw	儿童身体与精神发展研究	教育心理
	George F. Liyixgood	18世纪宾夕法尼亚州的宗教教育	教育史
	Adam L. Maverick	大学生职业指导研究	职业教育
	Arthur G. Rice	教育局教育教学管理理论建构	教育管理
	Alan G. Works	得克萨斯州教育经费配置研究	教育财政

续　表

年份	作者	研究主题	所属领域
	Lyman R. Jacobs	工业合作在职教育研究	职业教育
	Dockery W. Armentrout	州立师范学院学生教育研究	高等教育
	Marie F. Burlingame	美国中等教育教师知识储备研究	中等教育
	Ying S. Chu	古代中国思想家教育与生活研究	教育哲学
	Pratt G. Davis	公立学校特殊教育计划	教育哲学
	Godfrey Dewey	生活教育系统设计	教育哲学
	Arthur I. Flinner	高中学生智力测量设计	教育评价
1926	Samuel F. Freeman	智力测量与教育获得	教育评价
	Ford B. Fronabarger	得克萨斯州中等教育教师职业指导	职业教育
	Bartlett S. Hall	不同时间段学习的对比研究	中等教育
	Elene Michell	美国历史上教育评价提升研究	教育评价
	Elmar C. Partch	郊区学校教育与职业指导应用	职业教育
	Trow F. Spaulding	小型高中:未来与局限	中等教育
	Stuart Stroke	职业群体与儿童发展	教育心理
	Wilbur R. Walter	基于能力的分组教育	教育心理
	Gray D. Davis	新斯科舍省中等教育改组	中等教育
	Psyche Cattell	智齿发育与个体成熟	教育心理
	Lafayette M. Combs	弗吉尼亚州高中规模与效率研究	中等教育
	Leland L. Dudley	城市学校分布研究	教育管理
1927	Spilman H. Galt	中国汉代教育理论发展	教育史
	Ferden O. Mathiasen	美国教育研究院分布研究	教育管理
	Wilson C. Smith	精神发展的解剖学论证	教育心理
	Wift S. Stephens	个人英语作文指导	英语教育
	California B. Weill	同一家庭儿童的不同行为研究	教育心理

续 表

年份	作者	研究主题	所属领域
	Alexander R. Davis	得克萨斯州孤儿智力发展状况	教育心理
	Dalton H. Bragdon	文理学院女生职业发展困境与出路	职业教育
1928	Caleb J. Page	遗传与环境:双胞胎研究	教育心理
	Webster C. John	智力与教育获得之关系	教育心理
	Rose C. Spencer	大学生阅读能力评定	教育心理
	Rosin L. Wheeler	残疾儿童心理与生理发展	教育心理
	Ippolito G. Giardini	罪犯智力研究	教育心理
	Francois G. Hugo	南非中等教育探析	中等教育
	Colfax F. Smith	工业教育中的课程设计	职业教育
	Milton Wittler	写作中的解剖学、智力、精神因素研究	教育心理
1929	Huge R. Ervin	教育心理学中的行为主义	教育心理
	Graham H. Espy	文理学院课程设计	高等教育
	Wilson D. Miller	长老会资助的高等教育机构研究	高等教育
	Alden C. Selzer	残疾人听说读写训练	教育心理
	Gertrude E. Wiseman	速记员课程训练与社会理解度	商业教育

资料来源:Harvard University. Reports of the President and the Treasurer of Harvard College[R]. Harvard Library Archives,1922-1929.

(二)普通教育委员会对哈佛大学化学系的支持

经过前期卡内基华盛顿研究所的资助,哈佛大学化学系在教学与科学研究方面拥有了较为强劲的实力。作为一个专业较为单一的系所,化学系前期确定的理查兹和巴克斯特研究团队在 1924—1925 年度获得普通教育委员会 50 万美元的资助。这些研究经费开始塑造哈佛大学化学系"学术领头人+研究团队"的良好研究生态。除了理查兹团队、巴克斯特团队外,哈佛大学化学系利用普通教育委员会的资助,进一步确定了科勒(Kohler)研究团队、福布斯(Forbes)团队、琼斯(Jones)团队等一系列具有研究特色的交叉学科研究团队。其中,理查兹团队侧重于热化学的研究,古克(F. T. Gucker)在有机酸的中和作用研究方面取得了突破性进展,为下一步在石油工业的应用进行了实验室验证工作;布里奇曼(O. C. Bridgeman)就热化学领域有机物的慢反应进行了研究;霍尔(L. P. Hall)教授就放射性化学元素开展研究;怀特(J. D. White)教授专注于铊元素的研究;塔科特(C. F. Tector)教授则对可以广泛应用于工业领域的镉汞合金进行深度研究等。

这些以学科带头人形成的"雁形"团队研究机制,对哈佛大学化学系形成自身的研究特色和争取基金会等社会资源的支持具有重要作用。科勒团队中,古德温(R. C. Goodwin)教授、金尼(C. R. Kinney)教授、里克特迈耶(N. K. Richtmyer)教授专注于碘恶唑啉氧化剂的研究;金博尔(R. H. Kimball)教授、戴维斯(A. R. Davis)教授侧重于氮化合物的研究;布拉特(A. H. Blatt)和朱利安(P. L. Julian)两位教授就异恶唑啉进行了研究;里德(G. H. Reid)和巴特勒(R. F. Butler)两人就谷氨基酸展开重点研究。除此之外,巴克斯特继续带领四位教授就化学原子质量测量进行研究;福布斯教授团队侧重于氧化剂的各方面研究;琼斯教授则带领着其研究生团队开展了不同方向的研究,主要侧重于研究生学生的具体培养事宜。[1]

以团队的形式开展化学研究,有利于哈佛大学化学系作为一个人数较小的系所形成自身的研究特色,在诸多方面实现突破,同时也有利于争取社会资源的支持。除了普通教育委员会对化学系 50 万美元的整体性资助外,一些小型的基金会和小金额的针对研究团队的捐赠,使得化学系的研究经费较为充足。例如,卡内基华盛顿研究所一直对化学系的理查兹团队和巴克斯特团队进行资助;福布斯教授一直得到塞勒斯·沃伦基金会的资助等。可以说,哈佛大学化学系的办学和研究经费资助情况是整个哈佛大学的缩影,由于其在美国高等教育系统中的超然地位,一家独大的基金会资助并没有在哈佛大学出现,其办学经费得到诸多富裕人士、中小型基金会等的资助。哈佛大学办学经费来源多样化格局已经逐步形成,其悠久的捐赠历史和出众的科学研究能力能够吸引大量的社会资源进入学校。诸如普通教育委员会等大型基金会则在其中起着自身资助偏好与大学内在发展相结合的作用。由表 3.13 可见,作为规模较小的院系,哈佛大学化学系却得到了亚力克西斯·杜邦基金会、普通教育委员会、塞勒斯·沃伦基金会等多个基金会的资助,使得化学系的各项科学研究和人才培养工作得以顺利进行,并取得了优异的成绩。

---

[1] Harvard University. Reports of the President and the Treasurer of Harvard College[R]. Harvard University Archives,1926:224-225.

表 3.13　哈佛大学化学系研究团队获得的其他资助情况(1924—1929)

团队名称	资助人
理查德和巴克斯特团队	华盛顿卡内基研究所；沃尔科特·吉布斯与贝奇基金会(Wolcott Gibbs and Bache Fund)
福布斯团队	塞勒斯·沃伦基金会；拉姆福德基金会
琼斯团队	伊丽莎白·汤普森科学基金会；米尔顿基金会
整体性资助	普通教育委员会；亚力克西斯·杜邦基金会

资料来源：Official Register of Harvard University. Reports of the President and the Treasurer of Harvard College[R]. Harvard University Archives，1924-1929.

(三)普通教育委员会与哈佛大学物理学发展

哈佛大学物理系的成立及发展历经漫长时间，物理学真正出现在哈佛大学是 1642 年，作为哲学课程的一部分。1726 年，英国商人托马斯·霍利斯向哈佛大学捐赠有关"数学和实验哲学"的教授讲座席位，物理学教授约翰·温思罗普(John Winthrop)获得席位，成为哈佛大学物理学发展的肇始。当 1869 年哈佛历史上最为伟大的校长查尔斯·埃利奥特开启哈佛大学教育课程选修制改革的时候，物理学等自然科学以及现代语言学等内容被加入选修教育课程中。后期学校对于物理学课程的需求以及当时社会倡导实验科学的风气，使哈佛大学的物理学试图成立单独的系所(物理学成立单独系所之前一直隶属于 1847 年成立的劳伦斯科学学院)。1870 年，物理学家约翰·特罗布里奇(John Trowbridge)加盟哈佛大学，他面见埃利奥特校长，阐述自己对物理学发展的设想，认为物理学不仅仅是书本上的内容，而应当是实验室中开展教学与研究的学科。[①] 最终埃利奥特校长同意了特罗布里奇的观点，决定新建物理系。1884 年，在哈佛大学 1850 届校友托马斯·杰斐逊(Thomas Jefferson)的捐赠下，杰斐逊物理学实验室(Jefferson Physical Laboratory)正式成立。[②] 该物理实验室成立后，涌现出诸如约翰·特罗布里奇、本杰明·皮尔斯(Benjamin O. Peirce)、华莱士·萨拜因(Wallace C. Sabine)等著名物理学者。到 20 世纪初期，杰斐逊物理学实验室成为全美乃至全球拥有最先进设备的实验室。

---

① John Townsend. John T. Trowbridge Papers，1855-1939[Z]. Harvard Houghton Library，MS Am，2019.

② Harvard University Department of Physics. Early History of the Department[EB/OL]. [2018-11-20]. https://www.physics.harvard.edu/about/history.

普通教育委员会"使高峰更高"的资助原则,以及罗斯本人对于自然科学的浓厚兴趣,使得资助哈佛大学物理系成为可能。从 1924 年开始,哈佛大学物理系的教学和相关研究办公空间已经变得极为拥挤,时任实验室主任西奥多·莱曼(Theodore Lyman)已经屡次呼吁学校就物理实验室的改扩建提供相应政策和资金支持。莱曼提出了共计 110 万美元的募款目标,其中新建物理学实验室建筑用款 50 万美元,实验设备购买 10 万美元,发展基金 40 万美元,原有实验室改造 10 万美元。他在给普通教育委员会的募款信中这样说道:"众所周知的是,当今时代是实验科学的时代,哈佛大学杰斐逊物理学实验室拥有辉煌的历史,如果普通教育委员会可以为我们提供相应的资金,我相信杰斐逊物理学实验室将会成为国际一流的实验室,并能够生产出国际一流的研究成果。"[1]

哈佛大学物理系的求助信当然得到了罗斯的回应,华盛顿卡内基研究所以及普通教育委员会对哈佛大学化学系的资助已经展现出了令人满意的成果,物理科学同样是基金会感兴趣的资助领域。最终,普通教育委员会决定资助哈佛大学杰斐逊物理学实验室 40 万美元,他们的资助条件是只有当剩余的 70 万美元被哈佛大学所筹集后,普通教育委员会的 40 万美元资助才会兑现。这种要求对方首先筹集一定款项的资助规定已经屡次出现在基金会对大学的资助过程中,一方面,大学需要证明自身的办学经费不完全仰赖于大型基金会的资助;另一方面,基金会同样需要确认自己的经费资助是有价值的,能够得到其他资助者的认可。哈佛大学办学经费来源多样化的特点由来已久,基金会的资助可以很大程度上实现哈佛大学冲击科学研究高峰的目标,但是其日常办学中的经费则更多来自中小型基金会、个人和校友的捐赠。即使洛克菲勒基金会最为青睐的芝加哥大学,其成立初期的起始资金和后续的各项资助,均要求芝加哥大学自行"匹配"一定的募款金额。[2]

哈佛大学杰斐逊物理学实验室秉承的是精英化的教育宗旨、国际化的教师团队和一流的研究实验条件。就精英化的教育宗旨而言,杰斐逊实验室的师生比例傲视整个哈佛大学,例如 1924 年,实验室仅仅招收了 12 名研究生,9 名教师则对他们开展导师制的教育模式,学生可以根据自身的兴趣

[1] Rockefeller Archive Center. Theodore Lyman to Wickliffe Rose[Z]. 1926;GEB Series, Box 2, Folder 15.

[2] 孙贵平. 社会资源与大学财政:芝加哥大学社会筹资研究[J]. 中国人民大学教育学刊,2017(4):153—165.

选择合适的导师,并在导师的带领下开展各项研究工作。① 在国际化的研究团队方面,除了杰斐逊实验室自身的师资力量外,哈佛大学内部的化学系教授福布斯同样开展物理学和化学学科的交叉研究工作,且杰斐逊物理学实验室邀请欧洲知名物理学者到实验室开展讲学和合作研究,例如 1924 年邀请苏黎世大学的德拜(P. Debye)等人开展 X-射线的研究工作、②1925年邀请哥廷根大学的玻恩(Max Born)、杜克大学的爱德华兹(C. E. Edwards)、③1926 年邀请列宁格勒科学院的约费(A. F. Joffe)等人到实验室讲学。④ 通过邀请国外优秀学者到校讲学,哈佛杰斐逊物理学实验室开始成为国际性的研究中心。就实验室设备而言,正如前文所述,在 20 世纪初期,哈佛大学杰斐逊物理学实验室已经是世界上实验设备最好的实验室之一,到 20 世纪 20 年代,杰斐逊实验室又开始建设恒温实验室(Constant Temperature Room)。在普通教育委员会的资助下,从 1927 年开始,杰斐逊实验室开始了大规模的更新换代工作,新的建筑和实验设备已经全部更新完毕,继续保持其在美国乃至世界物理学界的引领者地位。

珀西·布里奇曼(Percy W. Bridgman)于 1946 年获得诺贝尔物理学奖,标志着哈佛大学物理系的研究获得世界范围内地认可。从 20 世纪初开始,布里奇曼就已经开始专注于高压物理及相关仪器的开发研究工作。他在 1908 年获得哈佛大学杰斐逊物理学实验室物理学博士学位后,一直供职于自己的母校,并在 1926 年荣升"霍利斯数学与自然哲学"讲席教授荣誉(Hollis Professor of Mathematics and Natural Philosophy)。借助杰斐逊物理学实验室的优良研究条件和良好学术氛围,布里奇曼成为一名学术成果高产的教授,他于 1922 年发表《量纲分析》(Dimensional Analysis),1927 年发表《现代物理学的逻辑》(The Logic of Modern Physics),1931 年发表《高压物理学》(The Physics of High Pressure),1934 年发表《金属电现象的热力学》(The Thermodynamics of Electrical Phenomena in Metals),1936 年发表《物理理论的本质》(The Nature of Physics Theory),1938 年发表《社

①　Harvard University. Reports of the President and the Treasurer of Harvard College[R]. Harvard University Archives, 1926:226.

②　Harvard University. Reports of the President and the Treasurer of Harvard College[R]. Harvard University Archives, 1924:225.

③　Harvard University. Reports of the President and the Treasurer of Harvard College[R]. Harvard University Archives, 1925:236.

④　Harvard University. Reports of the President and the Treasurer of Harvard College[R]. Harvard University Archives, 1926:240.

会与智慧个体》(*The Intelligent Individual and Society*),1941 年发表《热力学的本质》(*The Nature of Thermodynamics*)等论著,这些论著对现代物理学的发展具有极为重要的意义。[①] 自布里奇曼之后,哈佛大学物理系陆续还有 9 位物理学家获得了诺贝尔奖,这充分证明哈佛大学物理系在长久的学科积淀和充裕办学经费支持下的优秀学术声誉。

(四)普通教育委员会与哈佛大学法学院

1924 年 10 月,普通教育委员会开始严肃地考虑资助法律教育问题,当时的哈佛大学法学院成为他们资助的首选目标。成立于 1817 年的哈佛法学院是美国最古老的法学院,悠久的历史和美国法学教育的开山鼻祖地位使得哈佛大学法学院备受推崇。例如,该院 1845 届毕业生拉瑟福德·伯查德·海斯(Rutherford Birchard Hayes)后来成了美国第 19 任总统,其院长克里斯托弗·兰德尔(Christopher C. Langdell)在 19 世纪 70 年代确立了美国法学教育的各项原则,1887 年创办的《哈佛法学评论》(*Harvard Law Review*)成为美国法学领域的权威学术期刊。[②] 哈佛大学法学院的辉煌历史引起了普通教育委员会的注意,委员会认为,法律教育一方面为美国乃至世界的法律界培育实用性的法律人才;另一方面,大学的法学院还应该开展法学研究、法律适用性和社会法规发展等高深问题。[③]

20 世纪 20 年代美国社会正经历着巨变,例如工业的迅速发展、城市化的快速推进、移民数量的急剧增长、社区关系的紧张等,要建立起有秩序的社会必然要将法治作为社会治理的切入点。当普通教育委员会开始关注法学在社会治理中重要作用的时候,哈佛大学法学院在兰德尔的带领下成为美国法学教育的领军机构。当时评选的美国知名法学教师中,哈佛法学院有 108 位,密歇根大学有 32 位,芝加哥大学有 28 位,哥伦比亚大学有 22 位,[④]由此可见当时的哈佛大学法学院在美国法律教育中的超群地位。

普通教育委员会主要从以下几个方面对哈佛大学法学院进行资助:法学研究的资助,包括法律史、法律比较、犯罪法学、管理理论等;法学院师资

---

① NobelPrize. org. Percy W. Bridgman-Biographical[EB/OL]. [2018-11-20]. https://www. nobelprize. org/prizes/physics/1946/bridgman/biographical/.

② Harvard Law School. A Brief Timeline of our First Two Centuries[EB/OL]. [2018-11-21]. https://hls. harvard. edu/about/history/.

③ General Education Board. Annual Report of the General Education Board[R]. New York, 1925-1926:24.

④ General Education Board. Annual Report of the General Education Board[R]. New York, 1925-1926:25.

的国际教育与交流,例如邀请欧洲知名法学专家约瑟夫·雷德利克(Josef Redlich)等到校讲学并开展合作研究。① 基于之前哈佛大学法学院的辉煌历史,法学院在获得普通教育委员会的资助后,开始进一步思考美国法学教育和法学研究的走向,与普通教育委员会出奇地一致,法学院认为:"在经历殖民地时期和独立战争后,法学教育与研究必须与时俱进,现在的美国是城市化的时代,19世纪的法典必须进行重新检视和修正,以便于适应美国社会的发展。另外,法律面临的新问题、法律与社会管理、法律本身的管理等问题亟待研究。"②

法学院的发展具有明确的思路和具体的实施办法,他们从学生培养、教师培训、教学设施改进、科学研究等几个方面展开具体的工作。首先,在学生培养方面,为培养未来的职业律师做准备。除了传统的"普通法"(common law)教授外,一些地方法规、法律素材被纳入到教学计划中,保证学生未来所从事的职业与实际应用紧密相关。其次,学院本身师资力量的加强,1924—1925年,学院聘请了弗朗西斯·波伦(Francis H. Bohlen)、托马斯·鲍威尔(Thomas R. Powell)和埃德蒙·摩根(Edmund M. Morgan)三位新教授;1925—1926年,塞尔·麦克尼尔(Sayre Macneil)、西奥多·普拉克内特(Theodore Plucknett)和詹姆斯·麦考利(James McCauley)加盟哈佛大学法学院;1926—1927年,沃伦·阿布纳(Warren Abner)、罗杰·福斯特(Roger Foster)和内森·马戈尔德(Nathan Margold)进入哈佛大学法学院;1927—1928年,埃德温·多德(Edwin Dodd)、乔治·加德纳(George Gardner)和约翰·伯恩斯(John Burns)三人成为哈佛大学法学院教授;1928—1929年,爱德华·瑟斯顿(Edward Thurston)、山姆·华纳(Sam Warner)、谢尔登·格卢克(Sheldon Glueck)和大卫·卡弗斯(David Cavers)被聘请为哈佛大学法学院教授。③ 由此可见,哈佛大学法学院借助充裕的办学经费,大规模地引进优良师资,确保自身在美国法律教育中的超然地位。再次,法学院在图书馆资源等教学设施改进和科学研究方面,同样不遗余力。由表3.14可见,学院藏书由1924年的10,109册,增长到1929年的293,294册,足足增长了29倍之多,其法律文本收藏同样由1924年的

① General Education Board. Annual Report of the General Education Board[R]. New York, 1925-1926:26-27.

② Harvard University. Reports of the President and the Treasurer of Harvard College[R]. Harvard University Archives, 1924-1925:181.

③ Harvard University. Reports of the President and the Treasurer of Harvard College[R]. Harvard University Archives, 1924-1925,1925-1926,1926-1927,1927-1928,1928-1929.

2505 册增长至 1929 年的 60,289 册,增长了 24 倍之多,可见哈佛大学法学院教学资源的巨大改进。

表 3.14　哈佛大学法学院图书馆藏书量(1924—1929)

年份	1924	1925	1926	1927	1928	1929
藏书量(册)	10,109	229,079	242,610	255,025	268,501	293,294
法律文本(册)	2,505	43,335	46,199	48,871	55,329	60,289

资料来源:Harvard University. Reports of the President and the Treasurer of Harvard College[R]. Harvard University Archives,1924-1925,1925-1926,1926-1927,1927-1928,1928-1929.

在具体的科学研究方面,除《哈佛法学评论》继续刊载优秀研究成果,广泛为法律界引用外,哈佛大学法学院还不断地增强自身的科研实力,不仅对既有的研究生进行科学研究训练,而且对现有的教师进行在职培训,尤其是在研究方法、研究理论等方面。1927 年成立法律博物馆(Legal Museum)、1929 年成立犯罪法学研究所(Institute of Criminal Law)等,目的在于促进法学研究。这一时期的哈佛大学法学院出版了多项权威研究成果,例如埃德温·帕特森(Edwin W. Patterson)的《美国保险专员》(*The Insurance Commissioner in the United States*)和约翰·迪金森(John Dickinson)的《美国的法律至上与行政法学》(*Administrative Justice and the Supremacy of Law in the United States*)等著作具有广泛的社会影响力。1929 年由法学教育权威组织美国法学院协会(The Association of American Law School)评选的《优秀法学教师目录》(*Directory of Law Teachers*)共评选了 605 名知名法学教授,其中,哈佛大学法学院有 143 人上榜,占据总名单的 23.6%,继续保持着在美国法学教育和法学研究的领先地位。[①]

(五)普通教育委员会与哈佛大学医学教育

《弗莱克斯纳报告》在当时的美国产生了巨大的影响,《报告》的作者弗莱克斯纳本人同样也为普通教育委员会工作。故而,委员会初期的各项工作以资助医学教育、南方各州的教育为突出特征。1919 年,普通教育委员会将哈佛大学医学院纳入资助范围,在此之前,普通教育委员会在医学教育方面资助的大学主要是范德堡大学、华盛顿大学、约翰·霍普金斯大学、罗

---

① The Association of American Law School. Directory of Law Teachers[EB/OL]. [2018-11-22]. https://www.aals.org/publications/dlt/.

切斯特大学、耶鲁大学等。哈佛大学医学院成立于 1782 年，经过缓慢发展后，在 1906 年拥有自己独立的教学科研场所及附属医院，包括婴幼儿医院（Infants Hospital）、儿童医院（Children's Hospital）等，同时与麻省总医院（Massachusetts General Hospital）以及波士顿市立医院（Boston City Hospital）拥有紧密的合作关系。普通教育委员会认为哈佛大学医学院已经拥有良好的医疗设施和研究团队，如果资助能够在一些特定的学科取得突破将会是锦上添花，于是委员会决定资助哈佛大学医学院的精神病学和产科学。[①]

　　普通教育委员会认为，美国的医学事业在过去一段时间取得了巨大的进步，尤其是内科、外科、儿科等主要的医疗分支，但是在精神病学方面却是严重滞后的，且精神病学的发展并没有引起足够的重视。作为具有"开疆拓土"特性的基金会，必然对资助新兴学科具有浓厚的兴趣。当时美国国家医学委员会（National Committee for Medical Hygiene）的萨蒙（T. C. Salmon）说："这个国家三分之二的精神病患者都居住在医疗孤岛上，他们没有从任何科学进步中受益。"[②]

　　普通教育委员会在资助哈佛大学医学院的精神病学研究之前，进行了详尽的调查研究。委员会发现，在德国等欧洲国家，精神病学研究已经日趋成熟，而美国由于精神病学的落后，政府每年为此开支达到了 5000 万美元，效果却不尽如人意。例如纽约市每 22 个死亡的成年人中，就有一人是由于精神疾病的原因去世。与此相应的尴尬现实是，当时美国最好的 50 所医学院校中，仅仅只有 9 所设立了精神病学专业。[③] 哈佛大学医学院在神经病理学教授埃尔默·索瑟德（Elmer E. Southard）的带领下，筹建了拥有 100 张病床的麻省精神病医院（The State Psychopathic Hospital）——这在当时是规模较大的精神病学专科医院，其实验设备和医疗、教育等研究人员的配备需要普通教育委员会的支持，故而，1919 年，委员会同意拨款 75 万美元用于哈佛大学医学院精神病学的发展。

　　与精神病学类似，美国的产科学在当时的发展并不尽如人意，相较于德国为产科学配备了专业的实验室、人员、附属医院等研究条件，美国的产科

①　General Education Board. Annual Report of the General Education Board[R]. New York, 1919-1920:46.

②　General Education Board. Annual Report of the General Education Board[R]. New York, 1919-1920:47.

③　General Education Board. Annual Report of the General Education Board[R]. New York, 1919-1920:47.

学在当时一直为人所诟病,例如约翰·霍普金斯大学产科学教授惠特里奇·威廉姆斯(Whitridge J. Williams)认为:美国现有的 346 所配备产科的医院中,仅仅只有 27 所是"合格的"。[①] 由于约翰·霍普金斯大学在医学界的特殊地位,威廉姆斯教授的批判可被视作为产科学的发展吹响号角。很快,普通教育委员会为约翰·霍普金斯大学的产科学拨款 40 万美元,主要用于建设产科学研究的实验室、配置相关设备和人员。在当时波士顿产科医院(Boston Lying-In Hospital)与哈佛大学医学院建立了良好的合作关系,当产科学的发展逐步迈入正轨的时候,哈佛大学医学院与波士顿产科医院的合并问题提上了议事日程。为促进波士顿乃至整个美国东北部的产科学发展,普通教育委员会向哈佛大学医学院资助 30 万美元,用于建设哈佛大学医学院附属产科医院。

洛克菲勒家族对美国医学事业的发展兴趣极为浓厚,除了早期的《弗莱克斯纳报告》外,1921 年,洛克菲勒基金会和普通教育委员会还特意组织了一次关于美国医学教育和医学事业发展的研讨会,从与会嘉宾的名单及所属单位来看,普通教育委员会和洛克菲勒基金会将发展美国医学事业的重任交付到知名的研究型大学身上,包括约翰·霍普金斯大学、哈佛大学、哥伦比亚大学等(见表 3.15)。会议制定了美国医学事业发展的具体目标,对于推动美国医学研究、医学教育等方面的发展具有重要意义——这标志着以洛克菲勒基金会和普通教育委员会为代表的私人基金会开始进一步承担起公共福利的责任。此次会议决定继续扩大资助金额,培训更多的医学相关人才开展教育与医疗研究等工作,从整体上推动美国医疗事业的发展。[②]就哈佛大学而言,除 1919 年对哈佛大学医学院的精神病学和产科学分别拨付 70 万美元和 30 万美元外,1924—1925 年,普通教育委员会又资助哈佛大学医学院的马萨诸塞州眼科耳科医院(Massachusetts Eye and Ear Infirmary)17.5 万美元,用于提升该院的教学与研究水平。[③]

---

① General Education Board. Annual Report of the General Education Board[R]. New York, 1919-1920:49.

② General Education Board. Annual Report of the General Education Board[R]. New York, 1921-1922:19-20.

③ General Education Board. Annual Report of the General Education Board[R]. New York, 1924-1925:14.

表 3.15　1921 年美国医学教育和医学事业发展研讨会参会名单

代表名单	代表所属单位
W. B. Cannon	哈佛大学医学院
Rufus Cole	洛克菲勒研究所
David L. Edsall	哈佛大学医学院
Simon Flexner	洛克菲勒研究所
Evarts A. Graham	华盛顿大学
Walter W. Palmer	哥伦比亚大学
Charles R. Stockard	康奈尔大学医学院
Han Zinsser	哥伦比亚大学
W. G. MacCallum	约翰·霍普金斯大学

　　资料来源：General Education Board. Annual Report of the General Education Board [R]. New York，1921-1922:18-19.

(六)普通教育委员会与哈佛大学人文教育

　　普通教育委员会对自然科学的资助使得美国大学的自然科学研究取得了长足的发展,但第一次世界大战的经验教训不仅使基金会的领导人认识到自然科学的巨大力量,而且使得他们认识到人文学科和社会科学的重要性,人类社会不仅需要自然科学和医学解决现实困难,而且需要社会科学和人文学科调适社会矛盾。普通教育委员会开始对自然科学、人文学科和法律研究抱有浓厚兴趣。面对当时美国社会的巨变,委员会意识到,人文学科的发展形势相较于自然科学落于下风,它被人们严重地忽视了。在人文学科中,考古学最具有"科学性",该学科可以综合运用化学、生物等多学科知识对考古成果进行分析,揭露人类社会发展历程,并可以对不同阶段的人类艺术、建筑、文学和社会治理等进行深入研究,为当代社会提供有价值的参考信息。[1] 但在美国大学中,由于物理、化学、生物等自然学科的飞速发展,曾经作为大学核心课程的人文学科越来越不受重视,相反一些带有功利主义色彩的专业教育受到异常欢迎。教育学家、大学管理者和基金会的领导人几乎同时意识到这一问题,对于大学教育意义的深层次思考,使得众多人士开始重视人文学科的作用。很快,普通教育委员会将芝加哥大学的东方

---

[1] General Education Board. Annual Report of the General Education Board[R]. New York，1925-1926:10-11.

研究所(Oriental Institute)作为资助研究型大学人文学科的试点资助单位，1925—1926年，普通教育委员会向芝加哥大学的东方研究所资助了48万美元用于埃及尼罗河流域的考古研究。① 芝加哥大学的东方研究所不仅顺利完成尼罗河流域的考古任务，而且拓展到诸多研究领域，包括比较哲学、希腊文化、拉丁语、中世纪英语、文艺复兴等。

此后，普通教育委员会开始推广芝加哥大学东方研究所的资助经验，将资助扩展到美国国会图书馆(The Library of Congress)、哥伦比亚大学、哈佛大学、密歇根大学等。具体到哈佛大学，普通教育委员会主要针对哈佛大学福格艺术博物馆和古代与现代语言系(Divisions of Ancient and Modern Language)进行资助。1928—1929年，普通教育委员会对福格艺术博物馆和古代与现代语言系分别拨款50万美元。② 这些资助经费主要用于化学染色展览、物理学X—射线研究展览、绘画保存的技术研究、外国专家访美讲座、免费艺术公共讲座、艺术出版物资助、学术研究成果出版资助、中国和希腊以及中东艺术研究、人文语言和艺术研究等。

三、校内第三方科研平台:劳拉·斯佩尔曼基金会与哈佛大学国际关系研究所

劳拉·斯佩尔曼基金会的拉姆尔奉行和罗斯相同的资助原则，即"使高峰更高"。拉姆尔选取了芝加哥大学、哈佛大学、耶鲁大学等几所著名的研究型大学开展重点资助工作，例如对芝加哥大学社会学研究的资助使得芝加哥大学的社会学研究具有了世界声誉，并形成了社会学领域的"芝加哥学派"。拉姆尔对哈佛大学的资助主要集中于国际关系研究。由于国际关系的复杂性和多样性，哈佛大学通过与劳拉·斯佩尔曼基金会对接，成立了哈佛大学国际关系研究所(Harvard Bureau of International Research)，负责统筹在哈佛大学的国际关系研究工作。

哈佛大学国际关系研究所与芝加哥大学相似:芝加哥大学为改革自身的社会科学研究现状，在学校内部成立了本地社区研究委员会与劳拉·斯佩尔曼基金会进行对接。芝加哥大学的本地社区研究委员会主要开展社会

---

① General Education Board. Annual Report of the General Education Board[R]. New York, 1925-1926:12.

② General Education Board. Annual Report of the General Education Board[R]. New York, 1925-1926:55-56.

学、政治学、经济学、人类学等多学科的交叉研究。① 而哈佛大学国际关系研究所一方面负责对接劳拉·斯佩尔曼基金会的各项资助款项,承接外部的社会资源;另一方面,按照拉姆尔等人的资助意愿,通过对学校各项研究的筛选和资助,实现基金会的资助目的,同时也提升学校自身的科学研究水平。哈佛大学国际关系研究所对学校有关国际关系研究的资助非常广泛,得益于哈佛大学全面的学科设置和强大的综合实力,各系所积极争取研究资助。其中,皮博迪考古与人类学博物馆(The Peabody Museum of Archaeology and Ethnology)、哈佛大学法学院的国际法研究、商学院的商业管理研究取得了较为突出的成果。这些研究不仅有力促进了学院学科的发展,而且对哈佛大学国际性学术声誉的建立做出了突出的贡献。

总体而言,劳拉·斯佩尔曼基金会对哈佛大学的资助是较为顺畅的。在哈佛大学内部,承接此项资助的是拉德克利夫学院(Radcliffe College)。拉德克利夫学院成立于 1879 年,其成立宗旨是"为女生进入大学提供高等教育机会"。1879 年至 1943 年,担任该学院教学任务的均是哈佛大学的教师,1963 年学院正式颁发哈佛大学毕业证书,1999 年拉德克利夫学院正式并入哈佛大学,成为哈佛大学下属的一所独立学院。② 从拉德克利夫学院的发展历史来看,该学院与哈佛大学有着千丝万缕的联系,历史上两者虽在名义上互相独立,实际上拉德克利夫学院基本依靠哈佛大学而生存。当劳拉·斯佩尔曼基金会准备资助社会科学领域国际关系研究的时候,基于拉姆尔在芝加哥大学社会科学领域资助的成功经验,劳拉·斯佩尔曼基金会倾向于以校内第三方的形式推动国际关系方面的研究。拉德克利夫学院在资助到来前的数次会议记录证明,拉姆尔对学院承接有关国际关系方面的研究总体持肯定态度,但是拉姆尔数次提出希望这些研究是由哈佛大学承担,拉德克利夫学院只是担任科研经费发放者和管理者的角色。③

经过哈佛大学与拉德克利夫学院数次商讨后,学校方面决定成立一个专门对接劳拉·斯佩尔曼基金会的机构,即国际关系研究所。学校方面认为,美国国际关系的建立与发展必须立足于建设性的政策,而这些建设性的政策必须建立在充分研究的基础上。"对于我们而言,基金会的资助可能是

---

① 孙贵平,邹源椋. 社会资源支持下的美国一流学科建设——以劳拉·斯皮尔曼基金会对芝加哥大学社会科学研究的支持为例[J]. 高教探索,2018(4):32—38.

② Harvard College. Radcliffe, Mission, Vision and History[EB/OL]. [2018-11-27]. https://college.harvard.edu/about/mission-and-vision/radcliffe.

③ Harvard Schlesinger. Committee on the Bureau for International Research 1924[Z]. Library. Bureau of International Research of Harvard University and Radcliffe College RG XIXB, Folder 1.

接近这种理性国际关系政策研究的最大可能,我们可以开展各个方面的有关国际关系的研究。"①另外,哈佛大学拥有的人文社科资源同样是劳拉·斯佩尔曼基金会对其进行资助的重要原因,一方面,成立专门的对接机构进行研究经费分配,可以复制芝加哥大学社会学研究的成功经验,用理性的眼光看待社会问题;另一方面,哈佛大学作为一所综合性的研究型大学,拥有法律、教育、经济、历史、政治、艺术等多种学科,确保劳拉·斯佩尔曼基金会所资助的国际关系研究可以全面、交叉地开展。

(一)以国际关系研究所为平台的多学科研究

劳拉·斯佩尔曼基金会对哈佛大学国际关系研究所的资助可分为两个阶段:第一阶段从 1924 年至 1928 年,年度拨款金额是 5 万美元,拉姆尔的资助目的较为笼统:"在社会科学领域资助具有国际特征的研究";第二阶段从 1929 年至 1938 年,每年的资助金额同样为 5 万美元,其资助目的转变为:"促进哈佛大学和拉德克利夫学院的有关国际关系领域的研究"。② 哈佛大学和拉德克利夫学院成立了七人委员会用以具体负责国际研究所的科研项目和经费。由表 3.16 可见,从代表委员的学科出身来看,哈佛大学在国际关系研究方面选择了法学、经济学和人类学作为重点研究领域。1924年至 1928 年的五年时间内,哈佛大学利用劳拉·斯佩尔曼基金会的资助,共开展了 44 项相关研究,利用统一的校内第三方科研平台开展国际事务的主题研究在哈佛大学尚属首次,其涉及的社会科学专业范围较广,对于学校的社会科学发展具有重要意义。另外,学校还借助资助开展一些教学与研究生培养工作,为社会科学研究人才的培养做出了重要贡献。例如,学校开设的国际关系课程(Courses in International Relations)主要面向研究生阶段的学生,探讨"国际法律和社会发展之关系"。③

---

① Harvard Schlesinger Library. Wilson to Ruml[Z]. Bureau of International Research of Harvard University and Radcliffe College RG XIXB, Folder 2.

② Harvard Schlesinger Library. Bureau of International Research, Harvard University and Radcliffe College Researches[Z]. Bureau of International Research of Harvard University and Radcliffe College RG XIXB, Folder 3.

③ Harvard Schlesinger Library. Foundation for Instruction in International Affairs Courses of Instruction[Z]. Bureau of International Research of Harvard University and Radcliffe College RG XIXB, Folder 3.

表 3.16　国际关系研究所执行委员会委员名单

姓名	职务	所属单位
George G. Wilson	主席	哈佛法学院国际法学教授
Bernice V. Brown	委员	拉德克利夫学院教务长
Ada L. Comstock	委员	拉德克利夫学院院长
Manley O. Hudson	委员	哈佛法学院国际法学教授
Frank W. Taussig	委员	哈佛经济学教授
Alfred M. Tozzer	委员	哈佛人类学教授
Stephen P. Ladas	秘书	——

资料来源：Harvard Schlesinger Library. Bureau of International Research, Harvard University and Radcliffe College Researches[Z]. Bureau of International Research of Harvard University and Radcliffe College RG XIXB, Folder 3.

　　哈佛大学国际关系研究所的资助利用了哈佛大学齐备的学科优势和多样化的研究团队，其研究的范围几乎涵盖世界各个区域，通过资助研究者开展实地调研、配备研究助理、学术人员交流、文献整理、研究成果出版等措施，哈佛大学的社会科学研究取得了长足的进步。时至今日，哈佛大学在商业与管理研究、历史学、法律学、科学与管理学、社会学、神学与宗教研究等社会科学研究领域依然保持世界领先地位。① 劳拉·斯佩尔曼基金会的资助对哈佛大学社会科学的发展具有重大作用。经济学教授克拉伦斯·哈林(Clarence H. Haring)开展了有关拉丁美洲地区的研究(South America Looks at the United States)；管理学教授雷蒙德·比尔(Raymond L. Buell)开展了有关非洲地区的研究(The Native Problem in Africa)；法学教授埃莉诺·艾伦(Eleanor W. Allen)对国际法庭与不同国家法律的相关性展开研究(Position of Foreign States before National Courts)；经济学教授西奥多·克雷普斯(Theodore J. Kreps)对国际贸易与美国国内市场进行了研究(American Prices in Relation to International Trade)；商学院教授乔治·诺巴克(George E. Roorbach)对远东地区的国际贸易和贸易关系进行

---

① 2018 年世界知名的 Q.S. World University Rankings 排行榜中，哈佛大学的会计金融、生物科学、商业与管理研究、经济与计量经济学、历史学、法律学、生命科学与医学、医学、现代语言学、药学药理学、政治与国际关系学、心理学、社会政策与管理、科学与管理学、社会学、神学与宗教研究等 14 个专业排名世界第一。Q.S. World University Rankings[EB/OL]. [2018-11-27]. https://www.topuniversities.com/university-rankings/world-university-rankings/2018.

考察研究(International Trade and Trade Relations in the Far East);历史系教授斯坦利·霍恩贝克(Stanley K. Hornbeck)对中国交通税的国际关系影响进行了研究(The Likin Tax and Its Effects upon the International Relations in China)等。① 这些研究涵盖历史、地理、政治、法律等多个学科,以美国国家利益为中心,重点探讨美国与世界各国的关系问题。

1929年至1938年,国际关系研究所总共开展多达76项的研究,其涵盖面更加广阔,资助原则等同样越来越清晰明了。一方面,国际关系研究所倾向于以点带面,重点资助个人牵头的研究,且要求申请研究项目的负责人需要具备一定的研究基础;另一方面,要求受资助人必须建立自身的研究团队,实行研究的团队负责制度。② 国际关系研究所对研究方向进行了具体的规定,例如管理与治理(Administration and Government)、人类学、国际关系资料研究(Bibliography of International Relations)、殖民地治理与竞争(Colonial Government and Rivalries)、民主历史与实践(Diplomatic History and Practice)、对外政策、历史、国际债务与银行问题(International Debts, Banking, and Monetary Problems)、国际法、国际贸易、国际社会标准与价值观等研究领域。③

劳拉·斯佩尔曼基金会通过国际关系研究所对哈佛大学社会科学研究的资助,极大地增加了哈佛大学社会科学研究成果的产出,新观点和新思想不断出现。得益于充裕的研究经费,一些著名的学者造访学校,开展交流与学术合作。例如,克拉克大学、耶鲁大学、西储凯斯大学、维也纳大学、奥地利大学等机构的诸多知名学者将研究工作乃至雇佣关系迁移至哈佛大学,使得哈佛大学的研究力量得到进一步提升。由于拉姆尔的资助要求是仅仅针对哈佛大学的研究学者进行资助,许多缺乏研究经费但才华横溢的学者开始向哈佛大学靠拢。据统计,从1929年至1938年,共计有34位国际知名社会科学研究学者跳槽至哈佛大学开展相关研究,国际关系研究所为此

① Harvard Schlesinger Library. Bureau of International Research, Harvard University and Radcliffe College Researches[Z]. Bureau of International Research of Harvard University and Radcliffe College RG XIXB, Folder 3.
② Harvard Schlesinger Library. Bureau of International Research, Harvard University and Radcliffe College Researches[Z]. Bureau of International Research of Harvard University and Radcliffe College RG XIXB, Folder 4.
③ Harvard Schlesinger Library. Bureau of International Research, Harvard University and Radcliffe College Researches[Z]. Bureau of International Research of Harvard University and Radcliffe College RG XIXB, Folder 4.

花费了 105,800 美元用于支持新加入的研究人员。① 国际关系研究所对哈佛大学共计 96 位研究者提供了研究资金的支持,资助金额超过 86.77 万美元(见表 3.17)。国际关系研究所的资助使得哈佛大学在社会科学领域拥有较强的研究实力,其一流科研人员的配备、研究条件的改善、实地调查的开展等,产出了诸多优秀的研究成果,这些研究成果以学术出版物的形式呈现在世人面前,很多著作具有广泛的国际影响力。由此,哈佛大学的社会科学研究逐步迈入世界一流水平。

表 3.17　国际关系研究所资助金额(1924—1938)

单位:美元

时间	资助金额
1924—1928	238,289.09
1929—1938	629,399.59
合计	867,699.68

资料来源:Harvard Schlesinger Library. Bureau of International Research, Harvard University and Radcliffe College Researches[Z]. Bureau of International Research of Harvard University and Radcliffe College RG XIXB, Folder 4.

由表 3.18 可见,哈佛大学国际关系研究所的研究涉及的领域和地理范围均非常宽广,从研究的地理范围来讲,涉及南美洲、欧洲、亚洲、非洲等诸多国家和地区;从研究主题来看,涉及政治、经济、历史、文化等多样主题;就研究目的而言,诸多研究是为一战后美国的国家利益服务,为美国的国家战略提供切实可行的政策咨询。在劳拉·斯佩尔曼基金会的资助下,哈佛大学通过国际关系研究所这一平台,在校内大力发展社会科学研究,从 20 世纪 20 年代开始逐步奠定其在社会科学研究领域的权威地位。

① Harvard Schlesinger Library. Bureau of International Research, Harvard University and Radcliffe College Researches[Z]. Bureau of International Research of Harvard University and Radcliffe College RG XIXB, Folder 4.

表 3.18 国际关系研究所资助的学术成果产出(1924—1938)

作者	著作名称	相关评论
Abbott, W. C.	《关于直布罗陀国际地位的导言,1707—1734》 (Introduction to the Documents relating to the International Status of Gibraltar, 1707-1734)	英国殖民地时期最为详尽的介绍性著作
Allen E. W.	《外国的国家法院地位:欧洲大陆》 (The Position of Foreign States before National Courts: Chiefly in Continental Europe)	比较法学经典著作
Batsell W. R.	《俄国的苏维埃统治》 (Soviet Rule in Russia)	布尔什维克在俄国的权威性调查
Baxter J. P.	《装甲战舰》 (The Introduction of the Ironclad Warship)	首开大国崛起的海洋力量研究
Birkhoff G. D.	《美学标准》 (Aesthetic Measure)	制定希腊、中国等艺术品的鉴赏标准
Black J. D.	《瑞士:农业,人口和粮食供应官方统计的指南》 (Switzerland: A Guide to Official Statics on Agriculture, Population and Food Supply)	统计学的微观视角
Buchanan D. H.	《印度资本主义企业的发展》 (The Development of Capitalist Enterprise in India)	大国印度的工业化进程中的文化审视
Buell R. L.	《非洲本土的问题》 (The Native Problem in Africa)	研究非洲殖民地统治的权威著作

续　表

作者	著作名称	相关评论
Coolidge H. J.	《北苏门答腊岛野生动物状况调查》(A Survey of Wild Life Conditions in Atjeh, North Sumatra, with special reference to the Orang-Utan)	美国野生动物保护走出国门的引路人
Coon C. S.	《里夫部落》(Tribes of the Riff)	摩洛哥北部民族资料的全面性收集、整理与研究
Day C. B.	《美国的黑白十字架》(Negro-White Crosses in the United States)	多学科交叉研究美国黑人与白人混合家庭的现状
Dulles E. L.	《法国法郎》(The French Franc)	法国宏观经济分析经典著作
Elliott W. Y.	《英格兰新帝国》(The New British Empire)	英国全球霸权的权威分析著作
Emeny B.	《原料研究：美国在和平与战争中的研究》(The Study of Raw Materials: A Study of America in Peace and War)	美国工业化原材料来源与管理的战略性著作
Emerson R.	《马来西亚：规则与潜规则》(Malaysia: A Study of Direct and Indirect Rule)	英国与荷兰在马来西亚的殖民地统治研究
Feilchenfeld E. H.	《公共债务与国家继承》(Public Debts and State Succession)	公共债务研究领域的领导性著作
Feller A. H.	《墨西哥索赔委员会》(The Mexican Claims Commissions, 1923-1934)	国际法视野下的墨西哥国际索赔历程

续 表

作者	著作名称	相关评论
Friedrich C. J.	《形塑对外政策》 (Foreign Policy in the Making)	"权力制衡"理论的提出
Glueck S.	《犯罪与公正》 (Crime and Justice)	欧美司法公正治理对比研究
Craton L. C.	《兰德金矿热》 (Hydrothermal Origin of the Rand Gold Deposits)	对世界最大金矿的调查和未来生产预测
Habicht M.	《战后国际和平条约》 (Post War Treaties for the Pacific Settlement of International Disputes)	一战后国际和平条约的调查、调节、仲裁与强制执行
Haring C. H.	《南美国家看美国》 (South America Looks at the United States)	美国海外形象的首次调查
Harris S. E.	《大英帝国的财政问题》 (Monetary Problems of the British Empire)	对大英帝国在世界范围内的财政问题进行了深度分析研究
	《战争求和平:和平时期暴力手段在国际关系中的应用》 (Force in Peace, Force Short of War in International Relations)	现代和平时期非和平手段应用研究
Hindmarsh A. E.	《日本外交政策的基础》 (The Basis of Japanese Foreign Policy)	日本扩张政策的原因及预测
Hocking W. E.	《世界政治的本质》 (The Spirit of World Politics)	对殖民地与宗主国的关系研究
Holcombe A. N.	《中国的革命》 (The Chinese Revolution)	中国辛亥革命研究,美国此领域研究的奠基作品

续 表

作者	著作名称	相关评论
Hudson M. P.	《国际立法:具有普遍意义的多方国际文书的文件汇编》 (International Legislation: A Collection of the Texts of Multipartite International Instruments of General Interest)	世界性的法律书籍
Ireland G.	《南美国家的边界与财产冲突》 (Boundaries, Possessions, and Conflicts in South America)	对南美国家历史冲突的系统性研究
Kennelly A. R.	《欧洲公制制度变革》 (Vestiges of Pre-Metric Weights and Measures Persisting in Metric-System Europe, 1926—1927)	欧洲国家由公制制度而引发变革研究
Kreps T. J	《硫磺工业的经济学》 (The Economics of the Sulfuric Acid Industry)	硫磺工业在工业升级、经济发展中的系统性考察
Kulsrud C. J.	《海上中立:1780 年以来的中立与战争》 (Maritime Neutrality to 1780. A history of the Main Principles Governing Neutrality and Belligerency to 1780)	美国海洋权益研究的权威著作
Ladas S. P.	《美国的商标保护》 (The International Protection of Trade Marks by the American Republics)	美国国内商标保护及打击非公平竞争的研究
	《国际工业产权保护》 (The International Protection of Industrial Property)	国际贸易公平的权威著作

续 表

作者	著作名称	相关评论
Langer W. L.	《欧洲的结盟与联盟，1871—1890》(European Alliance and Alignments，1871-1890)	欧洲国际关系的历史演变及分析
Langer W. L.	《帝国主义外交》(The Diplomacy of Imperialism，1890-1902)	欧洲帝国主义殖民扩张的权威性著作
Lovell R. L.	《南非的反叛：帝国主义经济战争，1875-1899》(The Struggle for South Africa，1875-1899：A Study in Economic Imperialism)	对英国，德国，葡萄牙三个帝国主义国家争夺南非经济控制权的战争的全面分析与解读
Mason E. S.	《巴黎公社：社会主义运动历史上的一个插曲》(The Paris Commune：An Episode in the History of the Socialist Movement)	美国研究社会主义运动的经典著作
Masterson W. E.	《边界海域管辖：走私》(Jurisdiction in Marginal Seas with Special Reference to Smuggling)	国际海洋法领域的权威著作
Morrissey A. M.	《美国对中立权利的捍卫，1914-1917》(The American Defense of Neutral Rights，1914-1917)	一战期间美国对外政策研究
Normano J. F.	《巴西经济研究》(Brazil：A Study of Economic Types)	结合经济学，政治学和社会运动史的文义研究
Prescott D. A.	《教育与国际关系：决定教育影响的社会力量》(Education and International Relations：A Study of Social Forces that Determine the Influence of Education)	欧洲主要国家的公立学校教育对其国家对外政策的影响研究
Ratzlaff C. J.	《斯堪的纳维亚失业救济计划》(The Scandinavian Unemployment Relief Program)	失业救助计划的社会运行研究

续　表

作者	著作名称	相关评论
Reischauer R. K.	《在日外国人权利保障》(Alien Land Tenure in Japan)	日本土地所有权的对外开放研究
Roorbach G. B.	《印度贸易的国际竞争》(International Competition in the Trade of India)	印度贸易研究的权威著作
Seltzer C. C.	《叙利亚人和亚美尼亚人的种族特征》(The Racial Characteristics of Syrians and Armenians)	种族测量与认知的权威著作
Stone J.	《少数民族权利的区域保障：西里西亚少数民族研究》(Regional Guarantees of Minority Rights: A Study of Minorities Procedure in Upper Silesia)	日内瓦协议生效后执行情况的调查与分析
Taracouzio T. A.	《苏联与国际法：苏维埃共和国的对外条约缔结与履行》(The Soviet Union and International Law: A Study based on the Legislation, Treaties and Foreign Relations of the Union of Socialist Soviet Republics)	社会主义国家国际责任与义务的权威研究
	《共产主义对国际法的影响》(The Effect of Applied Communism on the Principle of International Law)	对共产主义国家科学，政治，经济，法律等的全方位解读
Wambaugh S.	《一战后的公民权益》(Plebiscites since the World War)	国际关系视角下的世界范围内的公民权益调查研究
White H. D.	《法国的国际收支，1880—1913》(The French International Accounts, 1880-1913)	法国对外贸易的策略与运行机制研究

续 表

作者	著作名称	相关评论
Williams G. D.	《尤卡坦半岛的玛雅-西班牙十字架》(Maya-Spanish Crosses in Yucatan)	玛雅印第安人与其征服者的种族融合问题
Wulsin F. R.	《沙里盆地的考古勘察》(An Archaeological Reconnaissance of the Shari Basin)	首次对苏丹中部进行考古勘察

资料来源：The Bureau of International Research. Report of the Bureau of International Research of Harvard University and Radcliffe College [R]. Harvard Schlesinger Library，1938:17-26.

(二)劳拉·斯佩尔曼基金会和皮博迪考古与人类学博物馆的研究

1924 年至 1932 年,劳拉·斯佩尔曼基金会对哈佛大学的国际关系研究累计投入了超过 119.5 万美元。[①] 劳拉·斯佩尔曼基金会在 1928 年整体性并入洛克菲勒基金会后,洛克菲勒基金会继续对哈佛大学皮博迪考古与人类学博物馆进行资助。哈佛大学的社会科学研究成果开始出现井喷局面,尤其是皮博迪考古与人类学博物馆在获得研究资金后,其人类学与考古学的研究开始走出美国国门,在非洲、中欧等地开展了多次田野调查工作,取得了较为丰硕的成果。事实上,哈佛国际关系研究所之所以选择皮博迪考古学与人类学博物馆作为资助的首选对象,在于该博物馆在资助之前已经具有较好的研究基础,甚至可以说,美国大学中人类学和考古学学科的建立均得益于哈佛大学皮博迪考古与人类学博物馆,通过资助可以实现拉姆尔"使高峰更高"的资助目标。

哈佛大学皮博迪考古与人类学博物馆成立于 1866 年,由当时劳伦斯科学学院的杰弗里斯·怀曼(Jeffries Wyman)教授担任首任馆长。怀曼由于其自身的解剖学专业背景,崇尚将考古学和人类学视为"自然科学"研究。由于彼时的美国考古学和人类学研究处于起步阶段,他积极地向欧洲各国学习。为充实博物馆馆藏和教学资源,他在上任后的两年内即从欧洲购买了 3624 件藏品。[②] 1875 年,美国历史上最为著名的考古学和人类学学者弗雷德里克·帕特南(Frederic W. P Putnam)成为博物馆馆长。与前任怀曼一样,帕特南非常注重搜集藏品用于研究,在帕特南上任仅仅三年后的 1878 年,皮博迪博物馆的藏品已经超过了 30,000 件,这为日后的教学和科学研究打下了坚实的基础。

帕特南对美国人类学研究的贡献是不可磨灭的,其担任哈佛大学皮博迪考古与人类学博物馆馆长期间,开展了多项工作:丰富藏品,帕特南从世界各地通过购买、捐赠等手段获取了海量的藏品;研究生培养,1890 年,哈佛大学通过帕特曼的提议,开始在皮博迪考古与人类学博物馆开展研究生培养工作,学校同意该博物馆的研究生在经过三年的学习后颁发哲学博士学位,帕特曼采取的是精英化的教育方式,其培养出的研究生对于美国其他大学的人类学发展具有深远影响,包括哥伦比亚大学、芝加哥大学、加州大

---

① 罗杰·L.盖格. 增进知识——美国研究型大学的发展,(1900—1940)[M]. 王海芳,魏书亮,译,周钧,校. 保定:河北大学出版社,2008:260.

② Roland B. Dixon. In the Development of Harvard University since the Inauguration of President Eliot[M]. Cambridge: Harvard University Press,1930:202-215.

学伯克利分校等;创新研究方法,倡导学生在做中学,鼓励田野调查的研究方法,学生通过实地调研获得第一手资料,进而进行分析处理;积极成立全国性的科学组织和专业期刊,例如美国考古学研究协会(The Archaeological Institute of America)、美国人类学协会(American Anthropological Association)、《美国人类学家》(American Anthropologist)、《美国博物学者》(American Naturalist),还对《自然》(Nature)期刊的发展具有重要贡献。① 知名人类学家艾尔弗雷德·托泽(Alfred M. Tozzer)对帕特曼的评价是:"他对于美国人类学和考古学发展具有至关重要的作用,他的研究方法及研究成果使得美国在这一方面具有了世界性声誉。"②正是由于帕特曼对哈佛大学皮博迪考古与人类学博物馆的重要贡献,劳拉·斯佩尔曼基金会在开展国际关系研究的资助方面极为青睐皮博迪考古与人类学博物馆。

后来,在劳拉·斯佩尔曼基金会的资助下,帕特南教授对比利时进行了人种学的考察。与此同时,卡尔顿·库恩(Carleton S. Coon)和弗雷德里克·伍尔辛(Frederick R. Wulsin)同样对非洲摩洛哥的瑞孚(Riffian)部落进行田野调查,他们的研究成果直接形成了哈佛大学皮博迪博物馆关于非洲考古与人类学研究的突出特色。沃尔特·克莱因(Walter Cline)在利比亚沙漠的西瓦(Siwa)和加拉(Gara)地区对当地的人种进行了考察,并为博物馆搜集到当地的编织物、木碗以及其他的样本。这些工作一方面充实了博物馆的馆藏,另一方面也确保博物馆的教学和科学研究继续按照其研究特色走下去。

按照劳拉·斯佩尔曼基金会解决社会实际问题的资助理念,博物馆还进行了美国人口的调查工作,以及种族与犯罪率的相关性研究。该项研究包含了大约 18,000 名个体的抽样调查,对他们进行人体生理特征测量和社会背景调查,并制作成数据库存放于图书馆的实验室。博物馆对 18,000 名成年人的调查涉及美国十个州的数据,并对人种与犯罪进行了相关性分析。在此项分析中,有一些新的重要发现,尤其是人种的生理学特征与先天攻击性的相关性研究以及不同种族的犯罪率的研究等。但由于政治敏感性,研

---

① David L. Browman. The Peabody Museum, Frederic W. Putman, and the rise of U. S. Anthropology, 1866-1903[J]. American Anthropologist, 2002, 104(2): 508-519.

② Alfred M. Tozzer. The Putnam Anniversary[J]. American Anthropologist, 1909, 11(2):285-288.

究成果并没有及时公布。① 皮博迪考古学与人类学博物馆还建立起了诸多的数据中心。例如，圣海伦娜岛的黑人儿童学校数据库（Negro School Children from St. Helena Island）、尤卡坦儿童数据库（Yucatecan Children）、马萨诸塞州卡普·安社会问题数据库（Reduction of Sociological Data from Cape Ann）等。② 弗雷德里克·赫尔斯（Frederick S. Hulse）对西班牙裔的人种学研究以及对古巴黑人与西班牙裔混血的研究取得了重大进展，他的研究采集了诸多人体生理样本数据，并通过实验室数据分析得出重要的研究结论。威廉·莫尔斯（William R. Morse）则在中国西南的四川华西医学院开展研究工作，对中国的汉族、藏族和西部的非东亚人种展开数据搜集工作，并出版多部对人类学研究具有重大意义的著作。科罗丽娜·达伊（Cyrolina B. Day）同样对美国当时的 350 个黑白混血家庭进行实地调查研究。以上研究充分表明，在劳拉·斯佩尔曼基金会强有力的研究经费支持下，皮博迪考古与人类学博物馆的研究在立足于本土社会的同时开始走向世界，通过采集世界各地不同人种的生理数据，进行对比研究，填补了世界范围内人类学研究的空白。

表 3.19 皮博迪考古与人类学博物馆在劳拉·斯佩尔曼基金会资助下的部分研究成果(1924—1932)

作者	成果名称
Ruth S.	*Azilian Skeletal Remains from Montardit France*
Edward R.	*The Evolution of the Human Pelvis*
George D. W.	*Maya-Spanish Crosses in Yucatan*
Claflin H. Wm.	*Stalling's Island，Columbia County，Georgia*
Guernsey J. S.	*Explorations in Northeastern Arizona*
Morss N.	*Notes on the Archaeology of the Kaibito and Rainbow Plateaus in Arizona* *The Ancient Culture of the Fremont River in Utah*

---

① Harvard University. Report of the President of Harvard College and Reports of departments，1929-1930[EB/OL]. [2018-11-11]. https://iiif. lib. harvard. edu/manifests/view/drs:427018265 $ 288i.

② Harvard University. Issue containing the report of the President of Harvard College of Harvard College and Reports of Departments for 1933-1934[EB/OL]. [2018-11-11]. https://iiif. lib. harvard. edu/manifests/view/drs:427018295 $ 316i.

续　表

作者	成果名称
Robert H.	*Peripheral Culture of the Southwest，with Special Reference to the Archaeology of Utah*
Cosgrove C. B.	*The Culture of the Mimbres Valley，New Mexico*

资料来源：Harvard University. Issue containing the report of the President of Harvard College and reports of the departments[R]. 1923-1932.

(三)劳拉·斯佩尔曼基金会与哈佛大学法学院国际法学研究

劳拉·斯佩尔曼基金会对哈佛大学国际法学研究的资助一定程度上成就了哈佛大学在法律领域首屈一指的地位。法学院教授曼利·赫德森(Manley O. Hudson)多年来致力于研究国际法的多元性和法律特征,在国际关系研究所的资助下,出版了四卷本的《国际法规》(*International Legislation*),书中收集了1919—1929年十年间的500多个法律文本,每一个文本都被翻译成英语或者法语,其注释及相关说明同样收录其中。这项研究成果被视为美国法律研究领域中第一次试图囊括"世界现有的成文法规"(world's statute law)的里程碑式著作。

由于之前法学院出版的国际法学文本专辑已经引起广泛的重视,1927年哈佛法学院代表美国参加在瑞士日内瓦举行的国际法学大会,会后,哈佛大学法学院认为在美国需要建立起一个统一的国际法学研究机构并开展相应的协同研究。国际法学研究(Research in International Law)由哈佛大学法学院发起,共召集50多位美国国际法的研究专家,哈佛法学院教授乔治·威克沙姆(George W. Wickersham)、查尔斯·伯林厄姆(Charles C. Burlingham)、曼利·赫德森等人一直作为领头人的角色活跃在国际法学研究领域。

国际关系研究所的资助形式同样以目标为导向,研究所以研究津贴的形式向研究者提供一定补助,研究者需要每月提交一次研究进展报告,研究所根据研究进展报告来确定是否继续下一阶段的资助。哈佛大学法学院利用资助,首先通过之前的研究和调查增强了自身的研究实力;其次开始成立全国性的国际法学研究中心,吸引全美的优秀国际法学学者到哈佛开展交流和研究工作;最后,其编辑和出版的研究成果,成为美国法律制度发展过程中重要的参照资料,哈佛大学的国际法学研究无论在司法体系建设,还是大学法律人才培养等方面都具有重要作用。① 由表 3.20 可见,哈佛大学法学院搭建的国际法学研究平台业已吸引全美国最为优秀的法律学者开展合作研究,研究主题具有重大的现实意义,能够较好地满足当时美国国家对外政策中的法律咨询问题。

表 3.20　哈佛大学法学院国际法学研究主题(1927—1939)

时间段	研究主题	负责人
1927—1929	联邦法律及相关责任	Richards W. Flournoy,哈佛大学法学院
	州法律及相关责任	Edwin M Borchard,耶鲁大学法学院
	领海研究	George G. Wilson,哈佛大学法学院
1930—1932	外交特权与豁免	Jesse S. Reeves,密歇根大学
	领事的地位与职责	Quincy Wright,芝加哥大学
	司法管辖权	Philip C. Jessup,哥伦比亚大学法学院
	盗版、剽窃研究	Joseph W. Bingham,斯坦福大学
1933—1935	引渡法	Charles K. Burdick,康奈尔大学法学院
	罪犯司法管辖权	Edwin D. Dickinson,加州大学
	合同法	James W. Garner,伊利诺伊大学
1936—1939	司法援助	James G. Rogers,耶鲁大学法学院
	中立国权利与义务	Philip C. Jessup,哥伦比亚大学法学院
	民族识别	Lawrence Preuss,密歇根大学

资料来源：Harvard University. Issue containing the report of the President of Harvard College and reports of the departments[R]. Harvard Law School,1938-1939：236-237.

小结　基金会外力推拉助力一流学科建设

进步主义运动时期是美国社会整体大发展、大变革的时期,美国高等教育同样呈现出井喷式的发展。伴随美国高等教育大扩张而来的是高等教育培养质量的低下和教学、科研水平的参差不齐,彼时的美国联邦政府和州政

---

① Harvard University. Issue containing the report of the President of Harvard College and reports of the departments, 1928-1929：236-237. [EB/OL]. [2018-11-11]. https://iiif. lib. harvard. edu/manifests/view/drs：427018385 $ 238i.

府均在高等教育发展与管理方面角色缺失,而高等教育内部体系无法实现自身改革。以私人资本为主的慈善基金会开始扮演起高等教育改革者的角色,以卡内基教学促进委员会、洛克菲勒基金会及其下属的普通教育委员会和劳拉·斯佩尔曼基金会为代表的大型慈善基金会,开始以外力推拉的形式试图"标准化"美国的高等教育。卡内基教学促进委员会为大学教师退休金计划的高校设立门槛标准,确保了美国高等教育机构办学的最低标准。普通教育委员会和劳拉·斯佩尔曼基金会则大规模地对研究型大学的自然科学和社会科学研究展开资助,秉承使高峰更高、使强者更强的资助原则,着重对少数研究型大学进行资助,促使美国大学的科学研究迈入世界一流水平。

这一时期基金会本身的资助同样出现令人可喜的变化,如果说以卡内基华盛顿研究所为慈善基金会资助科学研究的肇始,那么在其后二十多年的时间内,基金会本身的资助越来越专业化,资助规模越来越大,对科学慈善的定义和基金会自身的发展也越来越明确和具体。当伍德沃德、格林、文森特等人还在苦苦思考基金会在美国社会的定位和慈善事业的整体发展时,以罗斯和拉姆尔为代表的第二代基金会领导人,开始将慈善基金会的资助重点转向高等教育领域。普通教育委员会和劳拉·斯佩尔曼基金会史无前例地将大规模资金投入到重点研究型大学中,直接促成了美国研究型大学的大发展,客观上也拉大了美国研究型大学与其他高等教育机构的差距,实现了基金会分级美国高等教育的目标。基金会对哈佛大学、芝加哥大学、耶鲁大学、约翰·霍普金斯大学等的资助,进一步巩固了这些大学的优势地位,而对宾夕法尼亚大学、密歇根大学、加州理工学院等的资助,促使了这些地方高校的崛起。由此来看,基金会借助财政的力量一定程度上重新塑造了美国的高等教育体系。

第四章 积渐所至:基金会资助由量转质与研究型大学发展(1929—1940)

20世纪20年代是基金会大规模资助研究型大学的时期,但伴随着洛克菲勒基金会改组,20世纪30年代的基金会资助行动开始表现出侧重探索前沿科学的显著特征。美国研究型大学崛起的原因复杂多样,但基金会的资助是其中最为关键的原因之一。洛克菲勒慈善事业的重新架构,令原先锋芒毕露的普通教育委员会、劳拉·斯佩尔曼基金会等整体性并入洛克菲勒基金会。基金会对研究型大学的资助开始收缩,以韦弗为代表的第三代基金会领导人更加侧重学科交叉研究和前沿科技探索。这种资助策略是建立在美国研究型大学已经具备比肩欧洲大学实力的基础上的,基金会的前沿学科资助,倒更像是为美国研究型大学更进一步引领世界高等教育和科研潮流所做的锦上添花之举。

就研究型大学而言,1933年上任的哈佛校长詹姆斯·科南特(James B. Conant)与洛克菲勒等基金会一直保持着良好的关系,通过在教师聘任、科研、学生奖学金资助等方面的深度沟通,基金会将自身的资助理念传达给研究型大学。名目繁多、各式各样的捐赠虽令人眼花缭乱,但是基金会却通过与哈佛大学当权者的深度沟通,实现了自身的资助目的,对研究型大学办学依然具有重大的影响力。总体而言,基金会资助与研究型大学的发展节拍出奇一致,基金会的慈善事业与研究型大学共同成长起来。

第一节 科南特改革与基金会资助理念的重合

美国研究型大学从成立伊始就与基金会等社会资源发生着千丝万缕的联系,无论是老牌的哈佛大学、耶鲁大学等还是新兴的约翰·霍普金斯大学、芝加哥大学、康奈尔大学等,都是在社会捐赠的基础上得以成立和发展。20世纪30年代,在之前基金会支持的基础上,美国的研究型大学在科学研究和研究生培养方面取得了不俗的成就。但随之而来的负面效应是研究型大学运行的低效率和行政上的相互隔阂,研究型大学的改革开始迈入深水区。基金会的资助思路与科南特等人对哈佛大学的改革目的相重合,两者互相协调,基金会系统性的资助成为研究型大学进行持续性科学研究和研究生精英化教育的重要保障。基金会资助虽不是美国研究型大学崛起的唯一因素,却是最为关键的因素之一。

一、研究型大学的"滞胀"瓶颈

当美国高等教育经历 20 世纪前 30 年的大扩张后,大学教授开始成为一所大学的中坚力量,为获取外部更多的研究经费、吸引更多优秀的学者和学生,各研究型大学之间展开了竞争。与此同时,在经历了 20 世纪前 30 年的科研大爆发之后,研究型大学开始进入"滞胀"状态,研究型大学的教师不仅可以筹建新的系所、独立自主地开展各项研究工作,还在招收学生方面有非常大的自主权——这对于各研究型大学的校级管理者而言并不是一个好消息。[1] 哈佛大学的新任校长科南特对此进行了深入的思考,他认为:"侧重于科学研究并没有错,但是我们将大学的含义狭隘化了,并且使大学过度专业化了。"[2]这就意味着,进一步调整大学的办学架构和办学力量,将成为科南特改革的切入点。科南特认为:"专业化的教育本身并没有错,专业化的科学研究成为促进科学进步的一种手段,但是哈佛现在走到了一个十字路口,专业教育和专业研究的瓶颈开始显现,只有更全面地学习科学知识,并且综合各科知识进行研究,新的创造性思想才会出现。"[3]

美国高等教育大扩张后,如何有效地提升研究型大学的研究效率及研究生的培养质量成为基金会关注的重点。"强调效率"成为 1929—1940 年间基金会资助的关注点。由于美国现代慈善基金会的创办者是成功的大企业家,基金会的经费源于企业家的个人资产或者企业,基金会的领导人对美国高等教育大众化表现出极大的担忧。在 20 世纪 20 年代的大规模资助基础上,美国的研究型大学虽取得了长足发展,但是其运行体制和基金会领导人所期望的那种高效率的大公司运作依然相差甚远。洛克菲勒基金会甚至开始和美国教育委员会(American Council on Education)合作,收集美国各

---

① Roger L. Geiger. The History of American Higher Education: Learning and Culture from the Founding to World War Ⅱ [M]. Princeton: Princeton University Press, 2014:491.

② Harvard University Archive Center. Record of the President of Harvard University, James Bryant Conant, 1933-1955[Z]. President Office, Archives Stacks, UAI 5.168.

③ Harvard University Archive Center. Record of the President of Harvard University, James Bryant Conant, 1933-1955[Z]. President Office, Archives Stacks, UAI 5.168.

个高等教育机构的信息，进行数据分析整理，提交报告给美国教育部。① 与此同时，卡内基教学促进委员会不仅通过发放养老金的方式"标准化"美国的高等教育，而且与洛克菲勒基金会类似，他们开始展开独立调查，对美国的高等教育进行分级。洛克菲勒基金会和卡内基基金会两大具有统治地位的基金会均开始强调大学的办学效率，期望美国研究型大学的运作能够高效且富有成果。在这两大基金会的倡导下，首先发生变化的是研究型大学的董事会结构，例如，在 1880 年，哈佛大学的董事会成员主要是神职人员，但到了 1930 年，董事会的人员结构发生了巨大变化，那些社会上的成功人士纷纷进入董事会，包括公司高管、律师、银行家等，占据了董事会成员人数的 73%——这也从侧面说明美国高等教育市场化的推进进程之快。② 大学董事会成员结构的调整，必然意味着学校在教育教学、科研管理等方面发生变化，这些来自以高效率、高质量著称的公司的董事成员，必然将公司化特征带入大学中。

与此同时，美国研究型大学排名开始出现，全国范围内对研究型大学的办学测评结果开始成为各大学关注的重点之一。事实上，早在 1924 年雷蒙德·休斯(Raymond M. Hughes)就已经在洛克菲勒基金会的赞助下，发布了《研究生教育指南报告》(*Report of the Committee on Graduate Instruction*)，该报告从大学研究生教育规模、新一年研究生入学人数、科研成果产出和大学图书馆规模四个维度对全美的研究型大学进行评估。③ 其后，休斯继续对美国的研究型大学教育进行评价排名，1924 年的排名结果显示，芝加哥大学、哈佛大学、哥伦比亚大学、耶鲁大学和威斯康星大学麦迪逊分校分别排名一到五位，到 1934 年，"休斯排名"又出现了较大的变动，哈佛大学与加州大学伯克利分校并列第一，哥伦比亚大学、威斯康星大学麦迪逊分校和芝加哥大学分列三到五名。④ 对此，哈佛校长科南特却保持了清醒的认识，科南特认为："哈佛的教师队伍里，大约有一半以上的人员对促进

---

① Clyde W. Barrow. University and the Capitalist State: Corporate Liberalism and the Reconstruction of American Higher Education, 1894-1928 [M]. Madison: University of Wisconsin Press, 1990:50-53.

② John R. Thelin. A History of American Higher Education[M]. Baltimore: The John Hopkins University Press, 2011:238.

③ Raymond M. Hughes. Report of the Committee on Graduate Instruction [R]. Educational Record, 1934, 15(2):192-234.

④ David S. Webster. America's Highest Ranked Graduate Schools, 1925-1982[J]. Change: The Magazine of Higher Learning, 1983, 15(4):14-24.

知识进步毫无兴趣。"①科南特的"精英大学"理念要求哈佛大学即使已经成为全美顶尖大学,也需要进一步进行内部变革,涉及学生入学标准与培养质量、教师聘任制度改革、鼓励科学研究等方面。

1935 年 6 月,洛克菲勒基金会的埃德温·恩布里在汇总美国教育委员会全国教育数据的基础上,对各个研究型大学进行排名评价。恩布里认为,欧洲的研究型大学是研究高深学问的场所,美国的大学涵盖范围更加多样化,包括那些提供高一级教育的文理学院和那些从事高深学问研究的大学。恩布里代表洛克菲勒基金会概括出美国研究型大学的主要特征:优秀的研究生、优秀的师资力量和顶尖的研究成果,以学生、教师和研究成果作为评判研究型大学的主要标准。结合美国教育委员会的数据,恩布里对美国 11 所主要的研究型大学进行了评价(表 4.1)。恩布里认为,哈佛大学、芝加哥大学、哥伦比亚大学、加州大学伯克利分校是美国最为顶尖的四所大学,并对这些学校的不同学科进行评价。②

① Roger L. Geiger. The History of American Higher Education: Learning and Culture from the Founding to World War Ⅱ[M]. Princeton: Princeton University Press, 2014:497.
② Edwin R. Embree. In Order of Their Eminence: An Appraisal of American Universities[M]. Harvard University Archives, Archives Stacks, HUA 935.24.

表 4.1 恩布里评评美国研究型大学顶尖学科

学科/学校	哈佛大学	芝加哥大学	哥伦比亚大学	加州大学伯克利分校	耶鲁大学	密歇根大学	康奈尔大学	普林斯顿大学	约翰·霍普金斯	威斯康星大学麦迪逊分校	明尼苏达大学
人类学	★	★	★	★	★						
天文学	★	★		★				★			
细菌学	★	★		★	★	★	★		★	★	
生物化学	★	★	★		★	★	★		★	★	
植物学	★	★	★	★	★	★	★	★	★	★	
化学	★	★	★	★	★	★	★	★	★	★	★
人文经典	★	★	★	★		★					
经济学	★	★	★	★		★		★		★	★
教育学	★	★	★								★
工程学							★				
英语言文学	★	★	★	★		★		★	★		
地理学	★	★	★	★	★			★	★	★	★
德语	★	★	★	★	★				★	★	
历史学	★	★	★		★	★	★	★			
数学	★	★	★								
病理学	★	★				★			★		

续表

学科/学校	哈佛大学	芝加哥大学	哥伦比亚大学	加州大学伯克利分校	耶鲁大学	密歇根大学	康奈尔大学	普林斯顿大学	约翰·霍普金斯	威斯康星大学麦迪逊分校	明尼苏达大学
哲学	★		★	★	★	★	★	★			
物理学	★	★	★	★	★	★	★	★	★	★	
生理学	★	★		★	★			★	★		
政治学	★	★	★	★	★	★	★	★		★	★
心理学	★	★	★	★	★		★	★	★		★
罗马语语言	★	★	★	★	★			★			
社会学	★	★	★	★	★	★	★	★		★	★
动物学	★	★	★						★	★	
得分合计	22	21	19	19	18	14	13	13	11	11	7

资料来源:Edwin R. Embree. In Order of Their Eminence: An Appraisal of American Universities[M]. Harvard University Archives, Archives Stacks, HUA 935. 24.

由表 4.1 可见，哈佛大学、芝加哥大学、哥伦比亚大学和加州大学伯克利分校在 20 世纪 30 年代成为最优秀的研究型大学，但总体而言，哈佛大学的优势相较于其他学校并不显著，如何保持领先优势成为科南特重点思考的问题。20 世纪 20 年代，以罗斯和拉姆尔为代表的基金会领导人通过基金会大规模资助"培养"出具有世界声誉的美国科学家，基金会开始成为研究型大学发展的辅佐者，但他们对大学科学研究的狭隘理解，成为美国研究型大学发展的一大障碍。1928 年开始，洛克菲勒基金会开始大改组，拉姆尔的劳拉·斯佩尔曼基金会所开展的社会科学研究资助、罗斯的普通教育委员会所开展的自然科学和人文学科资助被整体并入洛克菲勒基金会。马克斯·梅森和沃伦·韦弗开始倡导"以问题为导向"的交叉研究，基金会资助研究型大学开始迈入全新阶段。综合而言，基金会的关注点转向研究型大学的运行效率、师资配备、学生质量和科研成果产出，而这同样也是科南特改革哈佛大学的重点领域。

二、科南特改革与基金会资助

科南特于 1933 年成为哈佛大学的新任校长，其前任洛厄尔大力推行"导师制"以及埃利奥特对哈佛大学组织架构大刀阔斧的改革，使得哈佛大学取得了不菲的发展成就，但摆在科南特面前的哈佛大学依然不那么令人满意。埃利奥特的改革使得哈佛大学由一所传统的英式学院制大学转变成一所侧重科学研究和研究生教育的现代化大学，埃利奥特在哈佛大学创设选课制度，引进优秀师资开展教育教学和科学研究，以及设立哈佛教务长职位，统筹协调各个学院的教育和教学，初步搭建起了哈佛的现代大学框架。洛厄尔则更进一步，大力推行"导师制"和"集中与分配"的课程培养制度，不仅修正了埃利奥特时期显得较为混乱的学生培养制度，而且新施行的课程"集中与分配"方案，一方面突出了学生所学专业的特征，另一方面也给予学生学习的自由，将学校的专业培养要求与教师和学生的学术自由完美结合。但是当 1933 年科南特接手哈佛大学的时候，由于其前任洛厄尔大力推行的导师制，哈佛大学的教职工数量巨大，以哈佛艺术与科学学院为例，作为哈佛大学主要的教学与科研机构，该学院在科南特上任之初，其正式的教职员工有 298 名，但是却有 700 多名高级教师(Junior Faculty)，[①]庞大的教职工

---

① Harvard University Archive Center. Record of the Faculty of Arts and Sciences[Z]. Harvard University, Faculty of Arts and Sciences, Archives Stacks, 13986.

队伍和以门第与经济地位为入学标准的学生群体,令哈佛大学这艘大船显得臃肿而活力不足。

科南特首先对哈佛大学的招生标准提出了质疑,他认为:"对我而言,我们的招生不以学生的考试成绩为主要标准,令我非常地不舒服,而放眼美国的其他大学,纷纷开始致力于以考试成绩作为录取的主要标准,我想哈佛是时候采取一些措施了……哈佛大学过去的成果,要感谢我的前任们对学校发展所做出的努力,尤其是在聘任优秀的师资和招揽优秀的生源方面,但是我们也不得不看到,现在各个大学之间的竞争越来越大,如果我们能够获得具有全国性乃至世界性声誉的科学家,如果我们能够招收到 700 名以上的全美最优秀的研究生,那么我们还有什么理由担忧我们的大学呢?"①

科南特首先对哈佛大学的招生进行改革。虽然在埃利奥特时期已经创设了入学考试,但是以往哈佛大学的学生入学仍以学生的家庭出身和经济地位作为主要的录取标准,学生的学业水平反而并不是最为重要的。有感于当时美国各个研究型大学在争夺优秀生源方面的激烈局面,科南特决定不再坐以待毙,而是以丰厚的奖学金作为招生旗帜,彻底跳出以美国东北部各州作为招生重点区域的圈子,面向全美招揽优秀生源。于是,以"能力"为主要录取标准的哈佛大学入学考试开始实行。本质上,科南特所推行的哈佛大学学生入学考试是为获取最优秀生源而采取的措施之一,优秀生源的获取和后续培养质量的把控成为科南特改革的重点。科南特任命课程改革委员会对全校的课程进行了重新编排设计,突出学生专业学习的同时,开展通识教育。在研究生入学方面,科南特以艺术与科学学院为主要改革对象,通过研究生入学考试、研究生学习动态管理、毕业前考试等手段全程把控研究生的培养质量。

科南特的教师聘任制度在美国研究型大学发展历史上具有开先河的伟大意义,他所推行的"非升即走"(up or out)制度彻底打破了哈佛大学教师聘任的终身制,采用淘汰的方式激发教师的科学研究和教育教学热情。

克拉克·埃利奥特(Clark A. Elliot)和玛格丽特·罗西特(Margaret W. Rossiter)认为:"慈善捐赠,尤其是现代慈善基金会的捐赠导致了哈佛的去中心化局面。在哈佛最重要的艺术与科学学院,同样是由诸多独立的系所组成,这些系所的教授和领导者建立起自己的独立王国,只要能够得到

---

① Official Register of Harvard University. Issue Containing the Report of the President of Harvard College and Reports of Departments for 1932-1933[R]. Harvard Archives Center, 1934:7-12.

外部经费的支持,他们甚至可以统领内部的教学与科学研究。"①基金会对哈佛的捐赠,一定程度上铸就了其去中心化的趋势,当基金会大手笔地对某一系所进行赞助的时候,人为地以财政的影响力将那些获得赞助的系所与大学内部的其他部分剥离。大学中获得赞助的群体开始"自成一派",借助外部社会资源的支持,相对独立的内部小团体开始形成,无论是物理上还是团队心理上,受到赞助的系所开始独立,在大学中显得与众不同。这种"去中心化"的大学现状,于科南特而言,不利于校长施政;于基金会的梅森和韦弗而言,不利于资助交叉学科的研究。

基金会的资助领域理所当然地成为哈佛大学优先发展的领域,例如,当梅森和韦弗决定以生物学为基础,进行相关交叉学科研究资助的时候,一项将近 200 万美元的拨款进入哈佛,当时的校长洛厄尔随即取消了伯西研究所的扩建计划,转而将学校自有的办学经费用来支持生物学综合大楼的建设。继任者科南特更是针对洛克菲勒基金会对医学和生物学的钟爱而投其所好,成立了全校范围内的医学、生物化学和药学研究委员会(University-wide Committee on Medicine, Biochemistry and Pharmacotherapy)。科南特对教师聘任制度的改革,一定程度上受到了基金会的资助影响,只有将教师的灵活聘任制度贯彻执行,哈佛内部的"去中心化"趋势才能被打破,将教师的人事制度集中于校长手中,一方面可以激发哈佛教师的教学和科研活力,另一方面也可以为后续基金会的"问题导向研究资助"奠定组织基础。

科南特首先对聘任的教授设置为期八年的预聘期,这期间,新聘任的助理教授可以在完成学校要求的科研任务和教学计划后进行续聘或者升职,如果助理教授无法完成学校的要求和任务,那么将会被解聘。这种"非升即走"的助理教授聘任制度首先在哈佛的艺术与科学学院实施,最终的结果是:哈佛只会聘任那些最优秀和最有潜力的教师,哈佛的师资队伍变得越来越优秀,且其教师聘任改革结果与欧洲研究型大学相比毫不逊色。由表4.2 可见,就助理教授的聘任情况而言,在 1937 年至 1939 年的三年时间里,助理教授的解聘率逐年提高,表明哈佛对教师聘任制度的改革逐步迈入深水区,续聘的教师则是全美最为优秀的科研人才。横向对比来看(表 4.3),哈佛艺术与科学学院的教师聘任总体处于较为稳定的状态,大约有 5%—10%的教师群体处于非升即走的境地。与此相对应的是,柏林大学和维也

---

① Clark A. Elliot, Margaret W. Rossiter. Science at Harvard: Historical Perspectives[M]. Bethlehem: Lehigh University Press, 1992:17.

纳大学的教师稳定性并不令人满意,在一些特殊年份教师的续聘率只有77%左右。由此可见,哈佛的教师聘任制度改革处于相对稳定的状态,在激发教师群体内部活力的同时,学校的总体运行仍保持顺畅。

表4.2 哈佛大学艺术与科学学院助理教授聘任情况(1937—1939)

年份	原先人数	解聘人数	解聘率	续聘人数	续聘率
1937	78	17	21.8%	61	78.2%
1938	78	34	43.6%	44	56.4%
1939	52	28	53.8%	24	46.2%

资料来源:E. Y. Hartshorne. Growth and Metabolism in the Harvard Faculty of Arts and Sciences,1920-1940[J]. Harvard Educational Review,1942,12(1):143-164.

表4.3 哈佛大学艺术与科学学院、柏林大学、维也纳大学教师稳定指标

年份	柏林大学	哈佛大学艺术与科学学院	维也纳大学
1937	98.0%	90.6%	94.5%
1938	77.9%	89.6%	93.0%
1939	94.1%	95.8%	77.0%

资料来源:E. Y. Hartshorne. Growth and Metabolism in the Harvard Faculty of Arts and Sciences,1920-1940[J]. Harvard Educational Review,1942,12(1):143-164.

第二节 "第三代基金会":自我调整与前沿探索

20世纪20—30年代,罗斯和拉姆尔带领普通教育委员会以及劳拉·斯佩尔曼基金会开启了全新的资助模式,这种资助模式和第一阶段的卡内基华盛顿研究所的个人资助形式不同。罗斯与拉姆尔不约而同开始自行调查各个研究型大学,将资助对象转变为大学的系所乃至整个大学。他们甚至将资助范围扩展到欧洲,形成了以普通教育委员会和劳拉·斯佩尔曼基金会为主体,以国际教育委员会为辅,以研究型大学为重点的资助局面。这一时期的基金会管理人员,例如特罗布里奇、索克尔森、弗兰克等人,他们并不是专业的科学研究人员,但是对于大学财政状况、实验室设计、项目规划等具有丰富经验。欧美的各个大学基于提升自身研究实力和教育改革的愿望,对普通教育委员会、劳拉·斯佩尔曼基金会的资助尤为珍视,这些资助有力地为研究型大学的改革提供了经费保障,也有力地提升了这些大学的

科学研究水平。正是在这一时期,美国的研究型大学开始与欧洲的大学展开频繁的交流与合作,美国的大学开始真正具备国际化视野,其综合实力逐渐迈向世界顶尖水平。可以说,基金会的资助是美国研究型大学攀上世界高等教育体系金字塔顶端的催化剂。

一、洛克菲勒旗下基金会的"诸侯割据"

1928年至1932年是洛克菲勒基金会大改组的时期,在福斯迪克等人的主张下,普通教育委员会、劳拉·斯佩尔曼基金会、中国医学委员会、国际教育委员会等开始了与洛克菲勒基金会的合并历程。之所以主要关注洛克菲勒家族旗下的多个不同基金会,是因为洛克菲勒的慈善事业在当时有超然的地位,其资助对大学的影响力超越了同时期的其他基金会,具有时代标杆意义。

当罗斯、拉姆尔等人将普通教育委员会和劳拉·斯佩尔曼基金会的资助工作开展得有声有色的时候,大额的资助开始令这两个基金会的经费提供者——洛克菲勒基金会开始反思,这样的大手笔资助有力地促进了科学研究和大学教育,美国乃至欧洲大学的办学水平得到了显著提升,但是基金会的存在意义和价值又是什么? 正如前文所言,文森特等人一直在思考基金会的慈善意义,卡内基纽约基金会普利切特的"慈善平台"观点、安杰尔的"大学建设者"思路等一直使得这些大型基金会在摸索中前行。当两大基金会在资助大学科研和教育方面取得巨大成功的时候,洛克菲勒的慈善事业同样出现了"摊大饼"的现象,除洛克菲勒基金会这一大主体机构外,还存在普通教育委员会、国际教育委员会、劳拉·斯佩尔曼基金会和洛克菲勒研究所、中国医学委员会等机构,以上基金会均隶属于洛克菲勒基金会。与此同时,还有与洛克菲勒基金会和卡内基纽约基金会密切合作的国家研究委员会在不断地索取资助。这些烦琐而凌乱的资助事业令洛克菲勒基金会这艘大船显得杂乱无章,应该如何架构和管理名目如此之多的下属基金会成为文森特等人亟需关注的问题。从1928年开始,洛克菲勒基金会开启了重组历程,而1929年的经济大萧条更是加速了洛克菲勒基金会自我整顿的进程。整顿之后,大金额的资助行动开始变得越来越少,当研究型大学在基金会等社会资源的支持下变得越来越枝繁叶茂的时候,如何将基金会的资助点缀其中,成为基金会领导人思考的新问题。

早在1925年,在拉姆尔和罗斯通过劳拉·斯佩尔曼基金会和普通教育委员会大肆进行社会科学和自然科学资助的同时,中国医学委员会为仿照约翰·霍普金斯大学建设北京协和医学院同样耗费了大量的财力。这三大主体机构的资助几乎全部超出了之前的预算,尤其是中国医学委员会,其独立资助建设的北京协和医学院及附属医院,一直是洛克菲勒基金会的骄傲,但预算屡次突破董事会的底线,在他们看来这几乎成了一个无底洞。① 由于洛克菲勒慈善事业内部资源的有限性,三大机构毫无休止的资金使用,必然挤压其他机构的生存空间。例如北京协和医学院的投资截至 1923 年累计达到了 1000 余万美元,再加上后期的维护运营费用,洛克菲勒基金会共计为北京协和医学院投入超过 4800 万美元,这是洛克菲勒基金会在海外的最大一笔投资。② 而在同一时期,罗斯所主导的国际教育委员会和普通教育委员会的资助金额共计突破 2700 万美元。这些基金会的"分支"机构实际上全部在独立运作,它们将洛克菲勒基金会当作"提款机",这在一定程度上削弱了董事会的权力。

洛克菲勒基金会慈善事业的"诸侯割据"状态,导致其改组的时候困难重重。罗斯认为,改组后的基金会应该符合"为促进全人类知识进步"的定位,他依然坚持基金会应该促进知识进步和教育发展;而弗莱克斯纳则认为罗斯的"使高峰更高"原则不利于美国科学事业的全面发展,"如果我们要在全球范围内整体性地发展物理、化学、生物、数学等学科,我们就不应该有'选择'地支持特定的机构"③。不同于罗斯和弗莱克斯纳,文森特认为,目前基金会慈善事业的最大问题在于没有统一的机构进行领导和协调,他认为应当将所有的分支机构纳入到洛克菲勒基金会麾下,进行统一的管理和运营。新的基金会将会分为四个主体部分,包括:自然科学和社会科学的研究生教育与科学研究;普通中等教育、大学教育和师资培训;医学、公共卫生、法律、工程、农业和商业等方面的专业教育;以及社会科学、经济学、政府行政、市政管理、犯罪等方面的应用性研究。文森特的想法是:"不是合并这些机构,至少应该在我们促进科学知识进步的时候将各个机构关联起来,以便于系统性地协调。"④

作为洛克菲勒基金会董事会主席,福斯迪克遇到了前所未有的挑战,一方面,罗斯和拉姆尔的科学研究与科学教育事业进展得异常顺利,取得了丰

---

① 马秋莎. 改变中国:洛克菲勒基金会在华百年[M]. 桂林:广西师范大学出版社,2016:320—322.
② 搜狐新闻. 北京协和医院发文,感恩洛克菲勒家族[EB/OL]. [2018-10-24]. http://www. sohu. com/a/223130409_482131.
③ Rockefeller Archive Center. Abraham Flexner Memorandum[Z]. 1927:Box 17,Folder 123.
④ George E. Vincent. Memorandum on Policy and Organization[R]. Rockefeller Archive Center,1927:6.

硕的成果;另一方面,文森特统一架构下的一分为四想法值得商榷,福斯迪克本质上并不同意这些意见。1927 年 5 月,福斯迪克并没有就此表态,使他陷入了各方斗争的漩涡中,文森特强烈要求"将普通教育委员会、社会科学资助以及基础科学资助纳入洛克菲勒的医学研究事业,由此,洛克菲勒基金会可以有更为清晰的定位和目标:即医学教育、公共健康、农业、高等教育等"①。福斯迪克在 1927 年 5 月至 10 月,一直不停地调停各方矛盾,试图找出解决方案,毕竟基金会的架构改组非一日之功,但是福斯迪克在这一时期并没有做出任何实质性的举动,各方的态度均非常强硬。罗斯和拉姆尔不同意将普通教育委员会、国际教育委员会以及劳拉·斯佩尔曼基金会合并进入大的洛克菲勒基金会系统,文森特则坚持合并——尽管他的态度是缓和的,但是合并的立场从未改变。小洛克菲勒认识到局面的复杂,他开始督促福斯迪克独立做出决定,以利于洛克菲勒基金会下一步的发展。

二、"以促进知识进步为宗旨"

1927 年 10 月,福斯迪克终于做出决策,确定洛克菲勒基金会将"以促进知识进步为宗旨"(A board for the advancement of knowledge),新的基金会对研究型大学资助分为四个部分:来自国际教育委员会和普通教育委员会的自然科学,来自劳拉·斯佩尔曼基金会的社会科学,来自普通教育委员会的人文学科和艺术学科。福斯迪克的这种划分,基本涵盖了洛克菲勒基金会及其附属机构的所有资助项目。福斯迪克决定将国际教育委员会和劳拉·斯佩尔曼基金会撤销,而普通教育委员会的任务将发生重大转变,专注于普通教育的资助,以回归其基本宗旨。②

在将自己的改革架构方案写信知会小洛克菲勒后,福斯迪克同时和拉姆尔、罗斯、弗莱克斯纳等人会面,将自己的想法与他们进行沟通。拉姆尔等人虽然总体上同意福斯迪克的架构方案,但认为他的划分并不十分准确。他们认为洛克菲勒基金会的"以促进知识进步为宗旨"的定位非常正确,但是就基金会内部的具体划分提出了自己的意见:同样是四个大的部门,自然科学、社会科学、人文学科和专业群体,其中,专业群体主要包括法律、农业和医学。实际上,在福斯迪克和小洛克菲勒准备对洛克菲勒基金会进行重

① George E. Vincent. Memorandum on Policy and Organization[R]. Rockefeller Archive Center, 1927:6.
② Rockefeller Archive Center. Raymond B. Fosdick to John D. Rockefeller, Jr. [Z]. 1927: Box 900, Folder 123.

新架构的同时,因为涉及基金会内部的经费资源和权利资源的重新分配,已经习惯于独立开展各项资助,且具有成熟运行框架的罗斯和拉姆尔并不甘心大权旁落。他们提出,除了重新架构洛克菲勒基金会,还应该再成立一个新的附属于基金会的组织,用于专门资助精神病学、社会福利研究等新兴学科。①

福斯迪克对此感到失望和愤怒,他认为罗斯和拉姆尔已经发疯了,完全不认可自己的观点,他在事后的备忘录中这样写道:"对于基金会的重新架构,罗斯和拉姆尔生怕失去已有的权力,我的决策仿佛要了他们的命一样。"②尽管进行了充分讨论,但是福斯迪克事后是极为愤怒的,他对自己的计划信心满满,毕竟小洛克菲勒非常支持他的计划,于是他没有根据之前的会面内容修改计划,反而将计划原封不动地给了文森特。他对文森特说:"虽然基金会的重新架构面临着各种困难,但是相信董事会可以克服这些困难。"③在福斯迪克看来,自己的重新架构设计实际上已经将之前凌乱的资助理出了头绪,如果再次成立独立的附属机构,那么实际上洛克菲勒基金会就等于没有进行重新架构,资助的混乱不堪局面将会持续下去。很快,福斯迪克就开始行动,他将之前资助医学的国际健康委员会和中国医学委员会进行剥离,国际健康委员会继续由洛克菲勒基金会进行资助,而对中国医学委员会,则打包1000万美元作为独立资金,不再继续提供新的注资。劳拉·斯佩尔曼基金会则放弃拉姆尔的资助领域,回归原先的妇女和儿童关怀领域。普通教育委员会通过结算后,剩余的3950万美元将并入洛克菲勒基金会,而国际教育委员会则被彻底废除。国际教育委员会剩余的1900万美元资金和劳拉·斯佩尔曼基金会剩余的6300万美元资金同样并入洛克菲勒基金会。④

尽管之前有种种不快,但是罗斯却看到,洛克菲勒基金会已经开始转变为一个"教育"基金会,它开始以促进知识进步为主要职责,这与他本人的资助理念相似。同时他的国际教育委员会虽然被取消,但普通教育委员会的

① Raymond B. Fosdick. Memorandum of a Meeting at the Century Club[Z]. Rockefeller Archive Center, 1927; Box 17, Folder 123.

② Raymond B. Fosdick. Memorandum of a Meeting at the Century Club[Z]. Rockefeller Archive Center, 1927; Box 17, Folder 123.

③ Rockefeller Archive Center. Raymond B. Fosdick to George E. Vincent[Z]. 1927; Box 17, Folder 123.

④ George E. Vincent. Reorganization of the Rockefeller Boards: An Outline for Discussion[R]. Rockefeller Archive Center, 1927; Box 19, Folder 138.

各项工作依然在洛克菲勒基金会的架构下继续运行,这令他十分高兴。罗斯在写给特罗布里奇的信件中这样说道:"基金会的重新架构,将会使科学和教育成为其中心资助任务,而其他的资助仅仅是陪衬。"①罗斯的言语中透露着对未来洛克菲勒基金会进一步资助高等教育的信心。弗莱克斯纳对于这次架构是非常不满意的,他所钟爱的医学事业被易手给他所不喜欢的理查德·皮尔斯(Richard M. Pearce),同时对福斯迪克关于洛克菲勒基金会促进人类知识进步的宗旨表现出极大的失望,他认为医学才是洛克菲勒基金会最大的特色,"医学作为洛克菲勒基金会资助的最突出标志,不应该被忽视,这种改革将会毁灭我们曾经所做的工作"②。

福斯迪克迅速果断的改革意见和措施令人始料未及,虽然受到小洛克菲勒全力支持,但是仍然受到很多的非议,尤其是弗莱克斯纳的尖锐批评。最终,福斯迪克做出妥协,他虽拒绝了罗斯等人关于新成立独立的分支机构的建议,但是却将原先洛克菲勒基金会的划分进行了调整,最终确立的结果是,新的洛克菲勒基金会将会由五个部分组成:国际健康部门(International Health Division, IHD)、医学科学、自然科学、社会科学和人文学科。③

1928年的洛克菲勒基金会大改组,不仅影响了罗斯等人的普通教育委员会和国际教育委员会,而且使拉姆尔的劳拉·斯佩尔曼基金会同样面临着被重组的命运。在洛克菲勒基金会董事会看来,拉姆尔和罗斯一样,独立性太强,其资助过于大手大脚,董事会感到很难对罗斯和拉姆尔两人进行有效的约束。福斯迪克认为:"劳拉·斯佩尔曼基金会在拉姆尔的带领下,饱受花钱过于大方的质疑。"④埃德温·恩布里同样认为:"拉姆尔的到来,使得劳拉·斯佩尔曼基金会的资助呈现出爆炸性增长的局面,他不花掉所有的钱是绝不会善罢甘休的。"⑤面对这样的批评,拉姆尔似乎已经预料到自己关于劳拉·斯佩尔曼基金会中社会科学的资助已经难以继续,他同时也预料到洛克菲勒基金会的慈善事业将面临较大的重组。他在一次会议上这样说道:"可能在现有劳拉·斯佩尔曼基金会的框架下开展我们的资助工作是困难的,基金会有可能会被整体性并入上一级的洛克菲勒基金会,最好的

① Rockefeller Archive Center. Wickliffe Rose to Augustus Trowbridge[Z]. 1927: Box 17, Folder 124.

② Abraham Flexner. Funds and Foundations[M]. New York: Harper Publisher, 1952:80.

③ Rockefeller Archive Center. Raymond B. Fosdick to Debevoise[Z]. 1927: Box 17, Folder 123.

④ Raymond B. Fosdick. The Story of Rockefeller Foundation[M]. New York: Routledge, 1988:199.

⑤ Robert E. Kohler. A Policy for the Advancement of Science: The Rockefeller Foundation, 1924-1929 [J]. Minerva, 1978, 4(16):480-515.

结果是我们争取保留下社会科学研究的资助。"①福斯迪克的重组行动很快到来,1928 年 5 月的报告中,福斯迪克建议劳拉·斯佩尔曼基金会的社会科学资助并入洛克菲勒基金会,作为基金会的一个部门,劳拉·斯佩尔曼基金会的原董事们可以进入洛克菲勒基金会的董事会。1929 年 1 月,劳拉·斯佩尔曼基金会整体并入了洛克菲勒基金会,拉姆尔并没有接管洛克菲勒基金会新成立的社会科学研究部门,而是继续待在了劳拉·斯佩尔曼基金会。洛克菲勒基金会新成立的社会科学研究部门的负责人变成了哈佛大学的经济学教授埃德蒙·达伊(Edmund E. Day),值得庆幸的是,达伊继承了拉姆尔的资助策略,继续开展对社会科学研究的资助,在洛克菲勒基金会整体性"转向"的大背景下,福斯迪克"促进知识进步"的最高宗旨得到了贯彻。

至此,以"促进知识进步"为宗旨的新的洛克菲勒基金会诞生了,促进知识进步并不是一个具体的项目,它代表基金会的管理者开始走出过去 20 多年的探索阶段。通过资助,基金会与社会和大学产生多种互动,基金会的管理者开始意识到现代科学才是真正能够改变世界的力量。当普通教育委员会和劳拉·斯佩尔曼基金会在自然科学和社会科学领域做出越来越多贡献的时候,如果继续将洛克菲勒基金会禁锢于它曾经引以为傲的医学事业中,反而显得格局太小。洛克菲勒基金会抓住了时代的脉搏,基金会的管理者均是美国社会的精英,他们在与世界上最聪明的人打交道的过程中,深刻地认识到科学知识的巨大能量和教育对人类发展的重大意义。正如罗杰·L.盖格在概括美国 1900 年至 1940 年大学发展特征的时候,使用了"增进知识"(to advance knowledge)一词,无独有偶,洛克菲勒基金会同样立足于增进知识。

洛克菲勒基金会大改组之后,随之而来的是人事调整,洛克菲勒基金会在这次架构和调整中迎来阵痛。福斯迪克的架构调整虽然解决了洛克菲勒基金会看似杂乱的资助机构和行动,但事实上却强化了基金会董事会的权力,从他强硬而迅速地收回普通教育委员会、劳拉·斯佩尔曼基金会的剩余资金就可以看出端倪。基金会面临的尴尬事实是,普通教育委员会和劳拉·斯佩尔曼基金会的资助行动是建立在优秀资助项目管理人的基础之上,如果没有罗斯和拉姆尔以及他们各自助手的专业化调研和资助管理,那么这些资助项目能够继续下去的可能性极小。当新的基金会诞生后,人事

---

① Rockefeller Archive Center. Record of Memorial Staff Meeting at Hanover Conference[Z]. 1927:3.

职位的变动随之而来,福斯迪克依然固执地认为,资助项目的管理人应当无条件地执行董事会的意图,而不是独立地资助执行人,抱有同样看法的还有文森特。文森特认为应当回归到对少数杰出科学家的个人资助,其他独立的具有野心的基金会项目管理人应当排除在决策圈之外。[1] 文森特甚至对董事会成员这样说道:"在过去相当长一段时间,他们(指罗斯、拉姆尔等人)享受着我们提供的资助经费,但是却完全自治,自行开展各项业务,这是我们董事会不允许发生的事情。"[2]

事实上,当福斯迪克将"促进知识进步"作为基金会的最高宗旨后,如何开展具体的项目成为问题。文森特并没有给出确切的指导,在这样尴尬的情况下,拉姆尔离开了劳拉·斯佩尔曼基金,特罗布里奇同样在 1928 年离开,转任普林斯顿大学研究生院的院长,索克尔森辞职后去了知名的科勒公司(Kohler Co.)寻求商业上的成功,这些人的离去直接导致基金会的资助项目出现停滞。只有在医学资助方面,理查德·皮尔斯在 1930 年去世后,其继任者艾伦·格雷格(Alan Gregg)可以较为顺畅地开展各项工作。在自然科学资助方面,1928 年 5 月,罗斯的继任者,前芝加哥大学校长马克斯·梅森本应可以做出一番成就,但遗憾的是,1928 年底,梅森即离开自然科学部门,接替文森特成为洛克菲勒基金会的新一任主席。洛克菲勒基金会的人事大调整,已经严重影响了基金会的对外资助,很多项目陷入停摆。

三、大规模资助的结束与前沿科学资助的开启

1929 年至 1933 年洛克菲勒基金会的资助行动,事实上在延续罗斯等人的资助思路。刚开始的时候,由于没有很好的资助纲领,诸多资助开始变得没有头绪。例如这四年当中,洛克菲勒基金会依然支出了 1200 万美元用于各个大学和科研院所的资助,主要是实验室建设、实验器材配备等。[3] 其中值得肯定的是,基金会并没有抛弃罗斯等人的资助思路。罗斯曾经委托国家研究委员会对海洋学进行调查研究,国家研究委员会又将这项任务交给哈佛大学的亨利·比奇洛(Henry Bigelow)教授,该项调查报告共花费 75,000 美元,详实地介绍了目前世界范围内海洋学的发展状况,为基金会

---

[1] George E. Vincent. Memorandum on the Reorganization of the Boards[R]. Rockefeller Archive Center, 1927:4-5. Box 9, Folder 138.

[2] Rockefeller Archive Center. George E. Vincent to Fosdick, Gunn, etc. [Z]. 1928: Box 17, Folder 125.

[3] Rockefeller Archive Center. Agender for Special Meeting[R]. 1933:36-37. Box 22, Folder 168.

系统性地资助海洋学奠定了基础。① 很快,基金会根据这份报告,开始在世界范围内对海洋学的系统性资助(见表 4.4)。洛克菲勒基金会虽然进行了架构调整,但是罗斯和拉姆尔的资助前首先进行调查的原则一直保留下来,对于基金会的理性资助而言,具有重大意义。

表 4.4　洛克菲勒基金会海洋学资助明细(1929—1933)

单位:美元

机构	1929	1930	1931	1932	1933
罗斯科夫地区	24,000				
百慕大地区	245,000		12,000		
普利科普斯研究所		40,000			
太平洋古鲁夫地区		20,000			
星期五港		250,000			
伍兹霍尔		2,500,000	10,000		
普利茅斯			23,000		
日内瓦			40,000		
冷泉港实验室			20,000	20,000	
厦门			3,000		3,000
迪哈尼			13,000		
那不勒斯				18,000	
合计	269,000	2,810,000	121,000	38,000	3,000

资料来源:根据洛克菲勒档案馆中的相关资料整理而成。

　　洛克菲勒基金会除了系统性地在 1929 年至 1933 年资助海洋学研究外,还零散地资助了一些性别研究、放射生物学研究等。梅森和他的资助团队一方面继承了之前洛克菲勒基金会各个分支机构的资助,另一方面,试图扭转之前普通教育委员会和劳拉·斯佩尔曼基金会"大手大脚"花钱的资助风格。梅森更加注重那些小金额的个人性资助,因为在梅森看来,大规模资助的时代已经过去,美国乃至欧洲大学的发展已经取得阶段性成果,而洛克菲勒基金会促进知识进步的宗旨需要在一些特定的方面取得突破。② 如表

① Harold L. Burstyn. Reviving American Oceanography: Frank Lillie, Wickliffe Rose, and the Founding of the Woods Hole Oceanographic Institution[J]. Oceanography: The Past, 1980:57-66.
② Rockefeller Archive Center. On the Grants-in-aid[Z]. 1930:Box 37, Folder 418.

4.5 所示,相较于之前普通教育委员会和劳拉·斯佩尔曼基金会的资助支出,洛克菲勒基金会的资助支出萎缩严重,与之前动辄上千万的资助形成了鲜明的对比。总体而言,洛克菲勒基金会在 1929 年至 1933 年这一时期内对自然科学研究的资助是零散而无序的,其资助对象主要在美国本土,在国际教育委员会被撤销后,欧洲部分的资助几乎可以忽略不计。

表 4.5 洛克菲勒基金会自然科学资助(1929—1933)(普通大学部分)

单位:美元

机构	1929	1930	1931	1932	1933
北卡罗来纳大学	15,000				
华盛顿大学		100,000			
宾夕法尼亚大学		40,000			
明尼苏达大学			150,000		
麻省理工学院			170,000		
艾奥瓦州立大学			30,000		
伙伴计划:NRC	197,000	245,000	321,000	292,000	275,000
伙伴计划:洛克菲勒基金会项目(美国)	23,000	89,000	160,000	149,000	132,000
资助计划(NRC)	25,000	75,000	75,000	75,000	50,000
资助计划(洛克菲基金会欧洲项目)	2,000	7,000	10,000	32,000	31,000
出版资助(NRC)	67,000	82,000	98,000	102,000	53,000
出版资助(其他)				2,000	8,000
NRC 研究委员会			17,000	75,000	70,000
不易分类项目				24,000	14,000
合计	329,000	638,000	1,031,000	751,000	633,000

资料来源:根据洛克菲勒档案馆相关资料整理而成。

与洛克菲勒基金会对自然科学"普通大学部分"的小金额资助不同,其指定研究学科的资助部分则延续了普通教育委员会的大手笔,且资助分配依然以少数的几所研究型大学为主。如表 4.6 所示,洛克菲勒基金会对于自然科学的资助主要集中于哈佛大学、芝加哥大学、加州理工学院等知名研究型大学,且 1929 年和 1930 年的资助金额较多。自 1928 年基金会改组后,洛克菲勒基金会主席梅森需要一个较为平稳的过渡期,1929 年和 1930 年实际上是在延续罗斯普通教育委员会进行的各项资助行动。

表 4.6　洛克菲勒基金会自然科学资助(1929—1933)(重点大学部分)

单位:美元

机构	学科	1929	1930	1931	1932	1933
哈佛大学	天体学	500,000				
芝加哥大学	生物学	150,000				
芝加哥大学	物理学	15,000				
普林斯顿大学	地质学	100,000				
明尼苏达大学	地质学	15,000				
阿拉斯加大学	地球物理学	10,000				
菲尔姆博物馆	植物学	15,000				
约翰·霍普金斯大学	化学	40,000				
约翰·霍普金斯大学	生物学		388,000			
加州理工学院	自然学科		500,000			50,000
哈佛大学	地球物理学			50,000		
麻省理工学院	地球物理学				6,000	8,000
俄亥俄大学	天体学				20,000	
普林斯顿大学	物理学				16,000	
加州理工学院	化学、物理学				40,000	10,000
哈佛大学	化学				45,000	
杰克逊实验室	基因学					11,000
合计		845,000	888,000	50,000	127,000	79,000

资料来源:根据洛克菲勒档案馆相关资料整理而成。

　　对于这一时期的洛克菲勒基金会而言,其资助虽然开始出现明显的萎缩,但是依然有很多可圈可点之处。例如,为建设哈佛大学观测站(Harvard Observatory),哈洛·沙普利请求基金会履行早在 1927 年就已经承诺的资助。[1] 值得一提的是,之前罗斯和索克尔森商议的"流动研究基金"(Fluid Research Funds)开始在一些州立大学开展,其主要目的在于鼓励各个州立大学就研究基金进行竞争,实行动态评估机制。研究基金并不长期固定于某一所大学,而是根据洛克菲勒基金会的评估结果进行流动,这有力地促进了美国州立大学之间的互相竞争和良性发展。梅森还将流动研究基金的资助对象扩展到私立大学,包括华盛顿大学和宾夕法尼亚大学等均获得过流

① Rockefeller Archive Center. Harlow Shapley to Max Mason[Z]. 1929:Box 20,Folder 139.

动研究基金的资助。[①]

四、韦弗的"问题导向"资助思路

1928 年洛克菲勒基金会在福斯迪克的带领下进行了彻底重组，第二年，经济危机爆发，这同样影响到洛克菲勒基金会的资助。无论是基金会对海洋学的资助，还是对其他自然科学的资助，从 1931 年开始都出现大幅度下滑（见表 4.2 与表 4.3）。福斯迪克新确立的"促进知识进步"的资助宗旨，代表了洛克菲勒基金会在资助选择上的转向，之前罗斯和拉姆尔等人的大规模资助时代已经宣告结束，取而代之的是福斯迪克和梅森在特定知识领域的资助。

应该说，不同时期的基金会对时代的诉求和回应有所不同，从卡内基华盛顿研究所开始，小金额的个人资助是基金会试图以私人的财力来实现公共目的的初次尝试，这样的尝试取得了一定的成功，代表了基金会新时代的开启。当洛克菲勒基金会和卡内基纽约基金会这样的大型基金会成立后，基金会的管理者们一直在思考自己的定位问题，毕竟财力巨大，且可供资助的领域非常多，如何更好地服务人类社会成为亟需思考的问题。第一次世界大战对基金会影响至深，战后重建和科学技术的力量开始显现，全人类都为科学技术所惊叹，基金会抓住了时代的脉搏，基于美国不能在战后落伍的爱国情怀，他们担负起发展科学研究和资助研究型大学的重任，罗斯和拉姆尔建立在专业调查研究基础上的大手笔资助，是对发展科学技术的时代回应。

当 1929 年经济危机爆发的时候，梅森得到小洛克菲勒的警示，洛克菲勒家族的股票在贬值，家族财富在缩水，而这个时候恰逢洛克菲勒基金会重新架构调整完毕，大破大立后，梅森开始了跨学科的小型资助。当 1929 年华盛顿大学动物学家卡斯韦尔·格雷夫（Caswell Grave）找到梅森请求资助的时候，梅森给格雷夫留下了极为深刻的印象，他认为"梅森希望的是跨学科研究，例如将数学、物理学、生物学、物理化学等学科结合在一起开展研究"[②]。格雷夫同时觉得，梅森对于资助那些主要的研究型大学更加感兴趣——实际上这是梅森无奈的收缩政策，在基金会经费开始短缺的情况下，小规模地重点资助那些最负盛名的大学，可能是最好的选择。

通过考察洛克菲勒基金会对科学研究的资助，我们可以看出，其中有三

---

①　Max Mason. Report to the Research Committee[R]. Rockefeller Archive Center, 1930.

②　Rockefeller Archive Center. Caswell Grave to George R. Throop[Z]. 1929.

个非常关键的因素决定其是否对某一项目发起资助:第一,信念,于基金会管理者而言,个人的信念和偏好对这些资助人对不同学科或者不同研究人员的选择起到了非常大的影响作用,例如罗斯和拉姆尔对自然科学和社会科学领域的资助,不是因为基金会上层领导的指示,而是因为他们本人对自然科学和社会科学的热爱;第二,资助项目管理人的管理能力,项目管理人对资助项目的了解程度和对某一专业领域的专注程度是这些资助项目顺利开展与否的重要保障,伍德沃德、特罗布里奇和索克尔森等人都是非常专业的项目管理人;第三,当资助人的信念加上专业的资助项目管理人后,唯一欠缺的就是基金会上层领导者的资助机制,能够从多方面统一协调,并且将这些项目完整地展现在面前,关系到整个资助机制的顶层设计。

福斯迪克作为洛克菲勒基金会改组的直接操刀者,虽然为董事会集权奠定了基础,但是他并没有彻底限制下属资助项目管理人,当梅森开始寻找合适的人选主管科学研究资助工作的时候,沃伦·韦弗进入了大家的视线。当韦弗在1932年2月空降到洛克菲勒基金会的时候,摆在他眼前的情景令人印象深刻,罗斯、拉姆尔的自然科学资助和社会科学资助开始大幅缩水,特罗布里奇和索克尔森纷纷离去,骨干力量的流失导致基金会内部出现了极大的不稳定,此时的洛克菲勒基金会依然在探索新阶段的资助路线。

韦弗所面临的最主要任务是学习如何开展资助,提出具体的资助项目,进而赢得董事会的信任。韦弗的到来同样威胁到了弗莱克斯纳的地位,弗莱克斯纳依然没有在洛克菲勒基金会内部担任任何职务,但仍是具有影响力的人士之一。他并不希望韦弗的项目影响到自己所钟爱的医学和生物学资助事业,但是韦弗的到来不可避免地挤压弗莱克斯纳的资助空间。韦弗开始树立具有自身特色的资助风格——韦弗自己称之为"至关重要的过程"(Vital Processes),在洛克菲勒基金会后期的资助过程中,韦弗的这种资助风格深深地烙在了基金会的资助项目上,使洛克菲勒基金会再次呈现出不一样的资助风格。

梅森上任之初,在弗莱克斯纳等人看来是在挤压他们的资助空间,董事会的一部分人同样受到影响,梅森亟需一位得力干将来实现自己的抱负。1931年秋天,梅森向他在威斯康星大学麦迪逊分校的学生兼好友韦弗打电话,希望他能够来纽约商谈慈善资助科学研究的事宜。韦弗出生于威斯康星州一个偏远农村的中产家庭,在来纽约之前,他从未离开过他挚爱的家乡。梅森和韦弗所建立的友谊也发生于威斯康星大学,当时他们亦师亦友,韦弗的刻苦努力深深打动梅森,两人共同探讨学术问题,试图将纯粹的数学研究应用于实际生活,乃至与其他学科开展交叉研究。韦弗钻研学术提出具体研究计划,梅森思路灵活地对其进行指点,使得两人的关系异常亲密。韦弗对两人科研成果的评价是:"我只做了基础性的工作,而其中90%的交叉研究都是由梅森完成的,而99%以上的创造性想法均来自梅森。"[1]事实上,韦弗同样是一位优秀的科学家,他在威斯康星大学麦迪逊分校完成学业后就留校任教,受到梅森的启发,纯粹的数学研究已经不再是他的研究兴趣,他开始将数学应用于社会服务,试图拓展出数学研究的新领域。[2] 威斯康星大学应用数学领域的权威学者查尔斯·斯利克特(Charles S. Slichter)根据威斯康星大学赠地学院的性质,通过学习东海岸名校,诸如哈佛、耶鲁、普林斯顿等的办学理念,将两者创造性地结合起来,以学术研究服务于社会生产领域,被称为"威斯康星理念"(Wisconsin Idea)。韦弗的想法与斯利克特的想法极为相似,他开始将纯粹的数学研究应用到工程学等学科,娴熟地使用交叉学科的视角开展多项研究工作。[3]

20世纪20年代,斯利克特是威斯康星大学研究生院院长,韦弗是威斯康星大学应用数学系主任,由于学术旨趣相同,两人就威斯康星大学的各项跨学科研究展开了深度讨论。应该说,在韦弗到洛克菲勒基金会工作之前,他在威斯康星大学麦迪逊分校的各项事业均顺风顺水,工作上的优异成绩使得他坚信不会离开他所挚爱的学校和家乡。正是由于韦弗在威斯康星大学如此出色的工作,梅森在上任洛克菲勒基金会主席后首先想到的就是这位昔日的学生兼好友。虽然韦弗从未有过基金会的工作经验,但是他的交叉学科研究理念与梅森本人以及洛克菲勒基金会的资助项目有巨大的重合,特罗布里奇曾经将韦弗列为全美最优秀的15位数学家之一。[4]

当梅森邀请韦弗加入洛克菲勒基金会的时候,韦弗显得极为意外,他在后续给梅森的信件中这样说道:"我对于您为我做的这么多事情无比感激,我会铭记于心。"[5]梅森非常清楚韦弗对威斯康星的热爱,要说服他加入洛克菲勒基金会不是一件易事,他向韦弗提出了优厚的工作条件,例如一周五天的工作时长、每年两到三个月的年假,以及世界各地的出差机会等。为了让韦弗充分认识到基金会工作的重大意义,他向韦弗介绍了资助项目,例如

① Warren Weaver. Scene of Change[M]. New York: Scribners Publisher, 1980:28-31.

② John Servos. Mathematics and the Physical Sciences in American[J]. Isis, 1986, 77:611-629.

③ Warren Weaver. Scene of Change[M]. New York: Scribners Publisher, 1980:24-27.

④ Augustus Trowbridge. Mathematical Physics and Experimental Physics in the United States [R]. Rockefeller Archive Center, 1927:Box 10, Folder 143.

⑤ Rockefeller Archive Center. Warren Weaver to Max Mason[Z]. 1931:Box 1, Folder 22.

实验室建设、研究项目、研究人员待遇管理、公共健康服务,以及学术交换项目等。这些有意义、有价值的工作内容,最终使韦弗心动,他于1932年2月正式加入洛克菲勒基金会。

韦弗在洛克菲勒基金会早期的工作并不尽如人意,梅森之前向他展示的是光明的前景,但是当韦弗来到基金会的纽约办公室后才发现,历经重组的基金会很多工作尚未步入正轨。梅森奉行的是粗放型管理策略,纽约办公室的诸多事务他基本听之任之,这使刚刚从威斯康星大学那种兢兢业业的环境中走出来的韦弗非常不适应,他认为:"他(指梅森)是如此的聪明,如此地出众,如此地有能力,但是同样也是如此地懒惰。他甚至都懒在会议备忘录上进行一些必要的记录。"①摆在韦弗面前的纽约办公室是一个烂摊子,员工散漫不堪,韦弗需要适应这样的环境,需要适应梅森的工作状态,他也要管理好员工,更要向董事会提出明确的资助计划。虽然在前期的架构调整中,国际教育委员会被撤销,但基于海洋学等方面的资助,洛克菲勒基金会的巴黎办公室依然在运转中,负责人劳德·琼斯(Lauder Jones)是一位富有经验的项目资助经理。1932年的夏天,韦弗决定亲赴欧洲考察,通过与琼斯的交流,他开始认识到如果要做好基金会的资助工作,不仅需要在纽约办公室做好基金会内部的人际协调工作,而且需要向琼斯学习如何专业地进行资助。②

韦弗根据洛克菲勒基金会对自然科学的资助状况,同时结合自己之前在威斯康星大学麦迪逊分校开展的跨学科综合研究,认为传统的将物理、化学、生物等学科进行泾渭分明的划分有失公允,他认为不应该以学科为单位进行资助,而是应该以问题为导向,开展跨学科资助。③ 韦弗意识到分子生物学、荷尔蒙研究、维生素研究、物理原子研究等将是未来自然科学的发展方向,他力主资助这些前沿的交叉学科。

当然,韦弗的资助计划遭到董事会成员的质疑,例如当时的董事会成员雷·威尔伯(Ray L. Wilbur)尖锐地说道:"我们之前资助的物理、化学、生物等学科都是假的学科吗? 我们是不是应该承认之前的资助毫无意义,而是应该按照你的观点,资助那些我们根本听不懂的领域?"④虽然面临种种

---

① Warren Weaver. Max Mason[Z]. Rockefeller Archive Center, 1932.

② Rockefeller Archive Center. Warren Weaver to Lauder Jones[Z]. 1933.

③ Pnina Abir-Am. The Discourse of Physical Power and Biological Knowledge in the 1930s: A Reappraisal of the Rockefeller Foundation's Policy in Molecular Biology[J]. Social Study Science, 1982,12:341-382.

④ Rockefeller Archive Center. Conference of Trustees and Officers[Z]. 1930: Box 22, Folder 167.

质疑,但是韦弗的资助思路依然得到梅森的支持,于是,韦弗主导的以生物学为基础,将各个自然学科纳入进行交叉研究的资助机制开始诞生。[①] 由表 4.7 可以看出,韦弗试图以生物学为基础,将物理、化学、医学等各个学科囊括其中。应该说在韦弗的思路下,洛克菲勒基金会在 20 世纪 30 年代开创出了一大批新的领域和学科,这些学科对后世的影响极为深远。例如,基因、射线等方面的研究,对医疗、核武器开发等具有重要意义。

表 4.7 洛克菲勒基金会以生物学为基础的自然科学资助(1933)

1	精神生物学(精神病学、心理学、神经生理学)
2	内分泌学科(荷尔蒙、生物酶)
3	营养学(维生素)
4	辐射影响(紫外线、X-射线、宇宙射线、有丝分裂射线)
5	两性研究(生育、性生理、胚胎,)
6	基因研究(染色体、基因、细胞学)
7	普通生理研究(细胞生理、神经、电场效应、透析)
8	生物物理与生物化学(光谱学、微量化学)

资料来源:Rockefeller Archive Center. Report of Committee of Appraisal and Plan [R]. 1934:61. Box 22, Folder 166.

在 20 世纪 30 年代,以韦弗为代表的基金会资助人在继承罗斯、拉姆尔等人的专业化资助思路基础上,开始成就出"第三代基金会"的突出特征——以系统性、交叉学科资助为主。韦弗的"问题导向"资助理念极为重要,堪称基金会在第三阶段资助的思想基石,它不仅极好地执行了福斯迪克所倡导的促进知识进步的基金会最高宗旨,而且以独到的科学眼光,认识到未来科学的发展方向,以前沿的姿态开启未来科学大门。在韦弗的主导下,洛克菲勒基金会开始以生物学为基础,向医学等多学科领域扩展,鼓励各大学交叉学科研究,对麻省理工学院、芝加哥大学、约翰·霍普金斯大学、哈佛大学、宾夕法尼亚大学等一系列著名大学进行资助。

第三节 洛克菲勒基金会与哈佛大学艺术与科学学院

美国的大学力图成为"精英大学"的办学目的,与基金会支持高等教育

[①] Rockefeller Archive Center. Report of Committee of Appraisal and Plan[R]. 1934:61. Box 22, Folder 166.

的初衷有部分重合,例如两者都积极倡导研究生教育和高端科学研究工作。但两者发展高等教育的目的也存在偏差,例如美国教育学者认为,美国的大学一方面应该保留英国博雅教育的传统,另一方面也应该积极地学习德国研究型大学的办学经验,追求真理和知识,从而建设美国特色的研究型大学。基金会则将高等教育机构的功能与作用进行狭隘化理解,重点资助那些知名的大学,只对自身感兴趣的领域进行资助。由此,基金会的管理者与高等教育的办学者开始寻求妥协的第三条道路——大学遵照基金会的资助开展研究,与社会产生愈来愈多的互动,同时也积极寻求多种办学经费来源,力求全面发展。

哈佛大学科南特改革中的一项必备条件就是大学办学经费得到充分保障。基金会在这一时期与科南特本人保持了良好的公务和私人关系,两者的资助理念与治学目的甚至出现了深度融合的趋势。洛克菲勒基金会虽然对哈佛大学的资助有所减少,但却借助科南特的校长话语权,寻找资助目的与校长改革目的的契合点,开展有针对性地资助。最终,基金会的资助帮助了科南特的改革,科南特的改革同样实现了基金会的资助目的。

一、洛克菲勒基金会与哈佛的深度融合

(一)科南特的哈佛治理策略与洛克菲勒基金会资助理念的契合

1933 年,詹姆斯·科南特成为哈佛大学第 23 任校长,其诸多教育思想与治理哈佛大学的措施与基金会的资助理念一致。当洛克菲勒基金会的韦弗以问题导向开展资助的时候,除了缩减对研究型大学的资助规模外,也对大学的跨学科、高水平、解决社会问题为导向的研究提出更高的要求。科南特作为美国要素主义教育代表人物,在其治理哈佛大学期间,使哈佛大学成为具有世界影响力的知名研究型大学。在 1933 年的就职典礼上科南特表明其对哈佛大学的期望:"哈佛大学方方面面都应该成为最好的。"[①]出身中产平民家庭的科南特对当时哈佛大学的贵族化倾向非常不满,他认为哈佛大学应该招收那些在学术和智力上出类拔萃的人才,而不是那些仅凭借家室背景进入哈佛的贵族子弟。科南特立志将哈佛大学建设成为世界的学术和研究中心。科南特主要在学生学术表现、优秀师资队伍建设、学术研究以及校园扩张等方面做出突出贡献,哈佛大学在科南特任上逐渐成为一所学

---

① Keller Morton. *Making Harvard Modern: The Rising of America's University*[M]. New York: Oxford University Press, 2001:40.

术"精英大学"(Meritocratic University)。科南特开始在哈佛大学推行入学考试,以智力因素作为录取学生的标准,同时推进教师聘任制度,他相信:"如果我们大学的各个系所都拥有优秀师资,那么我们根本不需要担心未来哈佛大学的地位问题……学生和教师都应该对学术和科学研究抱有兴趣,并为之奋斗,哈佛大学可以在各个方面促进知识的进步。"①

科南特尤其重视哈佛大学艺术与科学学院以及下属的艺术与科学研究生院(The Graduate School of Arts and Science)。艺术与科学学院成立于1890年,是哈佛大学最大的分支机构,主要负责管理本科生教育的哈佛学院(Harvard College)、艺术与科学研究生院、工程与应用学院(School of Engineering and Applied Sciences)、基础教育部门(Division of Continuing Education)的教学、科研和学生录取等工作。② 作为艺术与科学学院的下属学院,艺术与科学研究生院早在1872年就已成立,是哈佛研究生教育的主要院所,该院的研究生教育水平代表着哈佛大学研究生教育的最高水平,科南特认为艺术与科学研究生院应该教育那些最优秀的年轻人,使得这所研究生院成为有高学术水准、培育创新型人才的地方。③ 虽然在20世纪30年代,美国教育委员会(American Council on Education)已经将哈佛大学的研究生教育列为全美第一,但科南特依然保持着清醒的头脑,他认为:"我们没有什么可以自豪的地方,在美国至少有十四所大学开展着你追我赶的竞争,包括哈佛大学、哥伦比亚大学、加州大学和芝加哥大学等。"针对哈佛面临的激烈竞争,科南特希望从教授传播知识、追求纯粹学问和促进应用知识的发展相结合来治理学校,对此,艺术与科学研究生院负有重大的责任。④ 与此相对应地是基金会的韦弗的资助理念在历经罗斯和拉姆尔之后的又一次飞跃,韦弗开始将拉姆尔的交叉学科研究、罗斯的为社会现实服务以及"使高峰更高"的资助原则结合起来,以1928年洛克菲勒基金会重组后"促进知识进步"的宗旨为基础,开启了新一轮的资助研究型大学的历程。

① Keller Morton. Making Harvard Modern:The Rising of America's University[M]. New York:Oxford University Press,2001:57.
② Harvard Faculty of Arts and Sciences. What is DAS? [EB/OL]. [2019-01-08]. https://www.fas.harvard.edu/pages/what-fas.
③ Harvard Graduate School of Arts and Science. GSAS at a Glance[EB/OL]. [2019-01-08]. https://gsas.harvard.edu/about/gsas-glance.
④ Keller Morton. Making Harvard Modern:The Rising of America's University[M]. New York:Oxford University Press,2001:59.

表 4.8　洛克菲勒基金会、卡内基纽约基金会对哈佛大学资助明细(1929—1939)

单位:美元

	资助目的	资助金额
洛克菲勒基金会	教育学院"Growth Study"	50,000.00
	福格艺术博物馆	516,883.56
	古代与现代语言系	150,000.00
	法学院	325,030.05
	商业管理研究	65,000.00
	工业关系研究	29,432.30
	犯罪研究	23,387.86
	城市规划研究	99,963.10
	经济研究	78,044.94
	病理学研究	800.00
	工业心理学研究	10,000.00
	社会科学研究	52,328.71
	工业危害研究	166,407.61
	物理学实验室	400,000.00
	生物学及相关应用	1,999,381.87
	人类学研究	15,000.00
	物理化学研究	50,000.00
	国际关系研究	96,125.01
	天文观测站	500,000.00
	地球物理学研究	7,250.00
	学生奖学金	26,119.04
	社会科学研究	150,000.00
合计		4,811,208.05
卡内基纽约基金会	物理学研究	50,000.00
	福格艺术博物馆	19,400.00
合计		69,400

资料来源:Harvard University Annual Reports of the President & Treasurer of Harvard University[R]. Harvard University Archives,1929-1939.

如表 4.8 所示,作为美国基金会的典型代表,洛克菲勒基金会对哈佛大学的资助占据基金会资助的主体地位,卡内基纽约基金会同样有选择性地对研究型大学进行资助。卡内基纽约基金会对哈佛大学物理学和福格艺术博物馆的资助对哈佛大学开展物理学和人文学科研究具有一定帮助。洛克菲勒基金会的资助则具有更加显著的特征,诸多资助均针对哈佛艺术与科学研究生院,表 4.8 中洛克菲勒基金会对哈佛大学的资助,除医学、教育和福格艺术博物馆的资助外,其余的大部分资助均流向哈佛大学艺术与科学学院。1929 年至 1939 年,洛克菲勒基金会对哈佛大学的教学与科研资助累计资助超过 481 万美元,韦弗的问题导向资助思路成为本阶段较为典型的资助特征。例如在自然科学方面,对病理学、工业危害、物理学、生物学、天文学等的资助;社会科学方面,对法律、经济、工业关系等方面的资助,无一不显示出韦弗的问题导向资助策略。

严格说,洛克菲勒基金会这一阶段的资助大部分没有指定特定的学科,而是就某一问题展开资助,对接艺术与科学研究生院的教学与科研。科南特所推行的研究生入学考试、教师非升即走的聘任制度,同样与洛克菲勒基金会的资助息息相关。例如,科南特以学业成绩作为学生入学的依据后,哈佛大学的生源发生了很大变化,富裕家庭的子女开始减少,意味着学校需要投入更多的经费到学生资助方面,洛克菲勒基金会为此给学生捐赠了奖学金。另外,韦弗的问题导向资助理念使得哈佛大学艺术与科学研究生院成为最为理想的资助目标之一,加之科南特的精英教育、教师聘任改革、学术至上、社会实际应用研究等治校理念,洛克菲勒基金会与哈佛艺术与科学研究生院的关系越来越紧密。

(二)哈佛校长科南特与洛克菲勒基金会的频繁互动

哈佛校长科南特为解决学校办学经费问题,与洛克菲勒等基金会展开了良好的互动,一定程度上,两者已经开始超越赞助者和受助者的简单关系,而是展开了一系列的互动与融合。在科南特校长上任之初,洛克菲勒基金会的梅森即致信科南特,除了向这位新上任的校长表示祝贺外,梅森也对美国大学的科学研究表达了担忧:"众所周知的是,美国的科学研究取得了一些成绩,但是这还远远不够,如何在更大的范围内实现科学研究的发展,将会是我们需要共同面对的问题。"①科南特对此的回应是:"如果要在更大

---

① Harvard Archives Center. Max Mason to James B. Conant[Z]. Records of the President of Harvard University, James Bryant Conant, 1933-1955:Box 17.

范围内促进科学研究的发展,就需要大学改变当前的教师聘任制度和学科间的壁垒,以学科间统筹的方式开展。"①由此可见,科南特校长的哈佛改革理念与洛克菲勒基金会的资助理念在很大程度上是重合的。

科南特在担任哈佛校长之前主要从事有机化学方面的研究,而哈佛大学的化学系向来是洛克菲勒基金会资助的重点,两者之间早就建立起联系,当科南特作为哈佛校长开启对教师聘任、学生入学、科学研究等方面改革的时候,洛克菲勒基金会不仅在理念上与他的改革思路接近,而且用实际行动支持科南特的改革,而科南特本人对洛克菲勒基金会的各项工作同样予以支持。例如,从1934年开始,科南特即被推选为洛克菲勒基金会科学指导委员会(Board of Scientific Directors)的成员,广泛参与到基金会的各项内部事务。以1938年4月份举行的科学指导委员会季度会议为例,科南特等人对洛克菲勒基金会的人事聘任、资助项目拨款、研究人员政策制定等方面提出了较多的建议,以科学研究管理者的姿态出现在洛克菲勒基金会的办公室。结合科南特在哈佛的教师聘任制度改革,他对当时基金会内部的克拉伦斯·克里斯特曼(Clarence C. Christman)等人的研究成果进行了评定,对一些基金会内部科研人员的去留问题提出建议。②

科南特与洛克菲勒等基金会的频繁互动,使双方均在相互交往的过程中增加了互信,基金会同样开始支持科南特对哈佛大学艺术与科学学院的改革举措。针对科南特通过考试招揽成绩优秀学生的措施,由于诸多成绩优秀的哈佛新生家庭条件并不像以往的学生那样优渥,基金会积极主动地提供奖助学金,资助这些优秀的学生完成学业。例如当时哈佛大学为学生提供的奖学金是400—600美元/学年,③韦弗决定为哈佛大学的学生提供每年4000美元、为期6年的学生奖学金项目。韦弗在给科南特的信函中说道:"那些具有科研潜力的优秀学生值得我们去资助,具体的分配和使用将由学校决定,但是每一年度我们需要了解这笔费用的具体使用明细。"④在具体的科研人员资助方面,洛克菲勒基金会并没有对科南特的"非升即走"

① Harvard Archives Center. James B. Conant to Max Mason[Z]. Records of the President of Harvard University, James Bryant Conant, 1933-1955: Box 17.
② Harvard Archives Center. Minutes of the Meeting of the Board of Scientific Directiors[Z]. Records of the President of Harvard University, James Bryant Conant, 1933-1955: Box 119.
③ Harvard Archives Center. The Faculty of Arts and Sciences, Scholarships, General [Z]. Records of the President of Harvard University, James Bryant Conant, 1933-1955: Box 18.
④ Harvard Archives Center. Marren Weaver to James B. Conant[Z]. Records of the President of Harvard University, James Bryant Conant, 1933-1955: Box 68.

政策给予直接的支持，而是采用科南特提名、基金会赞助优秀教师的方式，间接支持哈佛的优秀教师。

洛克菲勒基金会的韦弗一直对以问题为导向的科学研究抱有强烈的热情，这种热情同样感染了科南特。科南特选择哈佛大学艺术与科学学院作为接受资助的主体，很大程度上是由于该学院的学科综合性较强，有利于开展各项交叉研究。韦弗曾经致信科南特，希望他考虑在"哈佛大学艺术与科学学院的物理、化学、生物学等学科开展一种结合性应用研究，非常希望收到关于类似研究的信息"①。科南特对这种打破学校各个系所隔阂的资助当然予以了积极的回应，很快，洛克菲勒基金会在整个20世纪30年代对哈佛大学最大的一笔资助，即资助生物学研究的200万美元资金打入到学校的账户。总体而言，基金会对哈佛大学这一时期的资助，相较于其他的社会捐赠，其总量并没有像之前那样巨大，但是由于其与大学校长等具有决策影响力的关键性人物的良好关系，其资助理念同样对研究型大学具有重大影响。

二、哈佛大学艺术与科学学院的引领地位

在洛克菲勒基金会等社会资源支持下，哈佛大学艺术与科学学院在1929—1940年间真正成为具有世界研究水准的研究生院，也奠定了哈佛大学的引领地位。基于艺术与科学学院学科的综合性，洛克菲勒基金会的问题导向交叉研究可以在该学院得到实现。按照哥伦比亚大学韩立文（Henry M. Levin）等人的观点，世界一流大学应具备三个主要的元素：卓越的教导学生的能力，研究、发展和传播高深学问的能力，文化、科学技术以及文明等方面对社会的回馈能力。② 由表4.9可见，哈佛大学艺术与科学学院的师资由具有高级、副高级职称的教师构成，高级职称教师占据该学院总体师资力量的80%左右。科南特所推行的教师灵活聘任制度使得某些年份的教师总数出现稍许下降，但总体上维持在300人左右。这种具有竞争淘汰机制的教师管理制度，可以确保哈佛教师积极努力地开展科学研究与教学工作。与教师灵活聘任制度相对应的是教育教学质量的严格把关，科南特上任后积极推行其学术"精英大学"理念，从学生入学考试、在校学业表现和毕业考试等方面确保哈佛大学的培养质量。由表4.10可见，艺术与科学研究生院在执行学校毕业考评政策的时候，1929年即淘汰了

① Harvard Archives Center. Warren Weaver to James B. Conant[Z]. Records of the President of Harvard University, James Bryant Conant, 1933-1955：Box 17.
② 韩立文,程栋昱,欧冬舒. 什么是世界一流大学[J]. 北京大学教育评论,2006,4(4)：101—129.

7.6%的学生,其后数年淘汰率开始逐年下降,表明哈佛大学的学生培养质量得到了一定程度的提升。

表 4.9　哈佛大学艺术与科学学院师资构成(1929—1940)

年份	教授	副教授	助理教授	兼职讲师	专职讲师	合计	高级职称占比
1929	124	35	53	12	29	253	83.79%
1930	131	35	51	13	38	268	80.97%
1931	138	40	55	13	48	294	79.25%
1932	136	46	57	10	55	304	78.62%
1933	130	45	60	8	55	298	78.86%
1934	131	51	65	8	65	320	77.19%
1935	135	48	64	9	67	323	76.47%
1936	133	45	76	8	56	318	79.87%
1937	141	41	78	8	57	325	80.00%
1938	143	44	78	13	47	325	81.54%
1939	143	60	52	17	43	317	81.07%
1940	141	83	33	18	41	316	81.33%

资料来源:Harvard University. Annual Reports of the President & Treasurer of Harvard University[R]. Harvard University Archives,1929-1940.

表 4.10　哈佛大学艺术与科学研究生院学生毕业前测评情况(1929—1940)

年份	参考人数	通过人数	淘汰人数	淘汰率
1929	661	611	50	7.6%
1930	689	649	40	5.8%
1931	713	674	39	5.4%
1932	702	672	30	4.2%
1933	684	655	39	4.2%
1934	665	642	23	3.5%
1935	779	747	33	4.2%
1936	778	774	34	4.3%
1937	828	799	29	3.5%
1938	843	817	26	3.1%

				续　表
年份	参考人数	通过人数	淘汰人数	淘汰率
1939	780	754	26	3.3%
1940	744	724	20	2.7%

资料来源：Harvard University Archives. Annual Reports of the President & Treasurer of Harvard University[R]. Harvard University Archives, 1929-1940.

　　1929年，随着洛克菲勒基金会对物理学和生物学资助的到位，哈佛大学新的生物学和物理学实验室开始建设，其地理学研究所（Geographical Institute）同样加大了科研力度，开设《地理探索》（*Geographical Exploration*）课程，设立地理探索实验室。1930年，洛克菲勒基金会资助的天文学研究取得了丰硕成果，哈佛大学开始成立天文学系，从制度上保障哈佛大学天文学的科学研究与人才培养。例如，天文学系开展的移动星云测量方式、恒星光谱测量等研究被视为具有世界水平的开创性研究成果。生物系开展的X-射线光谱分析、有机化学反应等研究同样走在世界前列。在人文和社会科学领域，哈佛大学的研究开始呈现出品牌化趋势，诸多研究成果被冠以"哈佛"的名义，例如《哈佛经济研究》（*Harvard Economic Studies*）、《哈佛英语研究》（*Harvard Studies in English*）等，这些研究成果的出现表明哈佛大学作为世界知名大学学术品牌信誉的提升。在艺术与科学学院授课安排方面，其学科门类之齐全、课程之繁多更是令人叹为观止，据1935—1937年的《课程指南》显示，艺术与科学学院开设了包括语言与历史、中文、日文、世界哲学、文学经典、希腊语、拉丁语、考古学、英语、德语、法语、意大利语、西班牙语、凯尔特语、斯拉夫语、博士论文写作、学术习明纳、比较文学、比较哲学、艺术、音乐、数学、物理、天文、工程、化学、生物、生物化学、地理学、矿物学、政治学、法学、经济学、社会学、人类学、心理学、军事科学、医学等课程。[1]

　　在招生方面，科学与艺术研究生院在招生细则中已经修正了之前的要求。之前的招生准则是"申请人证明其本身拥有令人满意的性格和资历"，其后的招生标准则发生了较大变化："申请人证明本身具有令人满意的学术研究能力，例如前置学历的学位论文被评为优秀，或者其大学本科成绩排名

① Official Register of Harvard University. Report of the President of Harvard College and Report of Departments, 1935-1936[R]. Harvard University Archives, 130-131.

前30％,获得全国科研荣誉或者其他特定领域的全国性奖励。"[1]由此可见,从1929年开始,哈佛大学艺术与科学研究生院开始将研究生的入学标准提高。1930年学院进一步提升和细化了研究生的入学标准,包括申请入学的学生必须掌握一门外语,例如法语、德语等,新生入学的公寓安排必须与其后续的学术研究相匹配,新生第一年的学业水平认定由高一级的学部进行认定,排除其导师所在系所的干扰。[2] 除此之外,哈佛大学艺术与科学研究生院开始加强对研究生学业水平的动态管理,包括在入学方面提高标准,确保学业成果优秀的学生可以进入学院进行研究生阶段的学习;对新入学的研究生新生开展关怀教育,包括科研环境的适应、科学研究的引导等;研究生学年测评制度的引入,包括研究生课程学习的要求、科研进步的量化要求等,对那些已经出现学业表现不尽如人意的学生,学院采取切实的措施督促其进步。加上研究生毕业前的测评考试,通过严格的入学标准、在学期间的学术要求、毕业测试等方式,全方位、动态化地提升艺术与科学学院的研究生培养质量。

评价世界一流研究型大学的标准较多,众说纷纭,但其核心指标一直保持稳定。例如,香港科技大学的丁学良认为,研究型大学有七项核心标准:大学教员的素质、学生的素质、常规课程的广度和深度、通过公开竞争获得的研究基金、师生比例、大学硬件设备的量和质以及财源。[3] 哈佛大学的教师素质在表4.9中可见一斑,其丰硕的研究成果和从洛克菲勒基金会等外部机构获得的研究经费和办学经费之多自不必多言。由表4.11可见,哈佛大学的研究生生源不仅面向新英格兰地区的少数几所学校,而是面向全美乃至全世界进行招生,其本校生源仅仅占据历年招生总人数的25％左右。即使在科南特提升入学考试标准的情况下,依然有75％左右的外校学生进入哈佛大学学习,这充分证明哈佛大学崇高的知名度和美誉度。在学生结构方面,由于哈佛大学艺术与科学学院统领哈佛大学的本科生教育、大部分的研究生教育等,在哈佛大学内部各个学院中具有典型的代表意义。由表4.12可见,1929年至1940年,哈佛大学艺术与科学学院研究生与本科生的毕业人数比例基本保持在一比一的均衡状态,充分证明其强大的研究实力、优秀的培养能力。

[1]　Official Register of Harvard University. Report of the President of Harvard College and Report of Departments,1929-1930[R]. Harvard University Archives,130-131.

[2]　Official Register of Harvard University. Report of the President of Harvard College and Report of Departments,1930-1931[R]. Harvard University Archives,129-130.

[3]　丁学良. 什么是世界一流大学[J]. 高等教育研究,2001,22(3):4—9.

表 4.11　哈佛大学艺术与科学学院研究生生源情况(1929—1940)

年份	入学总人数	哈佛本校升学	占比	外校升学	占比
1929	1060	260	25%	800	75%
1930	1104	237	21%	867	79%
1931	1105	267	24%	838	76%
1932	1042	265	25%	777	75%
1933	960	260	27%	700	73%
1934	859	234	27%	725	73%
1935	792	208	27%	554	73%
1936	964	244	25%	720	75%
1937	1002	244	24%	758	76%
1938	1111	263	24%	848	76%
1939	1147	236	20%	911	80%
1940	1103	239	22%	864	78%

资料来源：Harvard University. Annual Reports of the President & Treasurer of Harvard University[R]. Harvard University Archives,1929-1940.

表 4.12　哈佛大学艺术与科学学院学位授予明细(1929—1940)

年份	博士学位	硕士学位	本科生	研究生学位占比
1929	105	225	331	49.92%
1930	118	241	359	50%
1931	127	286	413	50%
1932	132	260	302	56.48%
1933	148	226	374	50%
1934	132	186	318	50%
1935	155	154	309	49.26%
1936	126	161	287	50%
1937	120	206	335	49.32%
1938	107	249	356	50%
1939	153	238	391	50%
1940	155	268	423	50%

资料来源：Harvard University. Annual Reports of the President & Treasurer of Harvard University[R]. Harvard University Archives,1929-1940.

艺术与科学学院的办学状况可视作哈佛大学整体办学状况的缩影,在基金会等社会资源的支持下,哈佛大学在教师队伍、科学研究、教育培养等方面拥有了广泛影响力,加之大学与基金会的互动,以哈佛大学为代表的美国研究型大学服务社会的能力愈加强大。2017 年,英国广播公司(BBC)与《美国新闻与世界报道》(U. S. News & World Report)联合评选了"20 世纪最具影响力的学院和大学"(The 30 Most Influential Colleges and Universities of the Past Century),哈佛大学名列榜首。在该榜单中,美国上榜的大学主要有布朗大学、密歇根大学、达特茅斯学院、杜克大学、纽约大学、宾夕法尼亚大学、约翰·霍普金斯大学、加州理工学院、康奈尔大学、哥伦比亚大学、普林斯顿大学、芝加哥大学、耶鲁大学、斯坦福大学、加州大学伯克利分校、麻省理工学院、哈佛大学等,欧洲大学主要有牛津大学、剑桥大学、苏黎世大学、伦敦大学学院、伦敦国王学院、巴黎大学、爱丁堡大学、伦敦帝国学院、柏林大学,以及加拿大的多伦多大学、日本的东京大学等。[①] 美国有 19 所大学入围该榜单,充分证明其在 20 世纪世界大学发展历史上绝对的重要地位,也从侧面证明 19 世纪末 20 世纪上半叶美国研究型大学成长历程的重要性。至此,以哈佛大学等为代表的美国研究型大学在基金会等社会资源的支持下,拓展出服务社会的重要职能,世界高等教育中心由欧洲向美国转移,美国的研究型大学拥有了绝对的世界影响力。

小结　基金会的自我调整与大学的新起点

于大学而言,基金会对科学研究与教育教学的资助虽不是其办学经费的唯一来源,但却是最为特殊的来源。早在美洲殖民地时期,美国的私人捐赠使得尚在襁褓中的高等教育得以生存和延续,后期陆续开发出校友、公司等社会募款对象。但系统性、全局性地对美国研究型大学进行资助的唯有现代慈善基金会。美国高等教育发展轨迹具有其独特的特征,联邦政府在二战之前对高等教育的关注度并不高,市场化的高等教育发展极不均衡,水平参差不齐。基金会的目的性、系统性资助,及其与美国研究型大学内部改革的契合,共同促进了美国研究型大学教学与科研的大发展,促成了美国研

---

① Best College Reviews. The 30 Most Influential Colleges and Universities of the Past Century [EB/OL]. [2019-01-09]. https://www.bestcollegereviews.org/features/the-30-most-influential-colleges-and-universities-of-the-past-century/.

究型大学的崛起。

从 20 世纪 30 年代开始,慈善基金会的资助由大规模的总体性资助转向探索前沿学科的小规模资助,伴随着普通教育委员会、劳拉·斯佩尔曼基金会等的改组,洛克菲勒基金会开始了自我调整的历程。以韦弗为代表的新一代基金会领导人放弃了之前全局性的资助策略,开始资助一些经过基金会内部详细讨论的代表未来发展方向的新学科和前沿研究。与此同时,基金会自身也在资助大学的过程中不断自我塑造,从为"全人类谋福利"到"促进知识进步",基金会在教育慈善道路上的探索愈发成熟。

结　语

　　基金会资助研究型大学有其特定的政治、经济和文化背景,以私人财富来实现公共目的的基金会资助在美国研究型大学崛起历程中留下了浓墨重彩的一笔。随着第二次世界大战的爆发,联邦政府基于战争需要开始大规模介入研究型大学的教学与科研,并在战后逐步确立起政府对研究型大学发展的责任,基金会捐赠逐渐变为研究型大学办学经费的有益补充而存在。回顾1900—1940年这四十年间的研究型大学发展历史,基金会通过其强大的经费影响力,重点扶持起数所具有世界水准的研究型大学,其促进高等教育改革的意图非常明显。基金会将大部分资源集中于少数几所研究型大学,导致美国高等教育体系资源分配的极度不均衡,一定程度上形塑了美国的高等教育体系。

　　借助马克斯·韦伯的"理想类型"研究方法,通过分析基金会本身的资助演进和对哈佛大学关键办学层面的支持,可以发现,美国研究型大学正是在基金会的支持下,实现了其在科学研究、研究生教育等方面的崛起,成为具有世界声誉的知名研究型大学。就基金会资助大学的历程而言,则主要可从基金会本身的组织架构调整和资助理念两个方面进行解读:从早期的卡内基华盛顿研究所到后来的洛克菲勒基金会、卡内基纽约基金会以及普通教育委员会、劳拉·斯佩尔曼基金会等,以及之后洛克菲勒基金会的重新架构调整,每一阶段的资助伴随基金会本身组织的调整而呈现出不同的资助理念和特征。基金会对研究型大学的资助同样由点及面,从单一的对某一系所的资助,到后续各学科硬件设施的建设、优秀师资的引进、研究生教育的扩充以及鼓励高水平的科学研究等,这些关键层面的支持促使美国研究型大学崛起。

第一节　承前启后的基金会资助发展历程

　　以20世纪初卡内基华盛顿研究所对研究型大学的小规模资助为肇始,到20世纪20—30年代洛克菲勒基金会、卡内基纽约基金会、卡内基教学促进委员会、普通教育委员会、劳拉·斯佩尔曼基金会、国际教育委员会等对美国研究型大学的科学研究与教育教学的大规模支持,基金会在美国研究型大学崛起历程中起到了极为重要的作用。第一次世界大战令基金会领导人认识到科学技术的巨大能量,为实现美国的领先地位,保障社会公共福利,基金会将研究型大学的科学研究和研究生教育视作其最主要的实现路径。这一过程中,美国研究型大学的科学研究和研究生教育实现了质的飞跃,使美国成为具有世界影响力的高等教育高地。第二次世界大战的爆发直接导致美国联邦政府介入研究型大学的教学与科研,并在二战结束后确立了国家作为研究型大学主要赞助者的角色。在 19 世纪末至 20 世纪上半叶这一时期内,基金会对研究型大学的资助起到了承前启后的关键作用,正是由于基金会的资助,美国的研究型大学才具备了被政府资助的价值,才能够在接下来的时期内进入联邦政府的资助视野。

一、基金会支持研究型大学的现实动因

基金会支持美国研究型大学具有多重复杂因素,包括从欧洲承袭而来的剩余财富的公共责任思想、美国研究型大学群体的自我觉醒、进步主义运动的影响、大学校长的公关策略和公共募款运动的兴起等。美国社会的发展亟须以研究型大学为基地,开展科学研究和研究生培养工作,以私人财富为主体并期望以此实现公共福利的基金会开始在多种因素的加持下对研究型大学展开资助。

(一)基金会支持美国高等教育的思想溯源

法国著名重农主义经济学家杜尔哥(Anne Robert Jacques Turgot)于 1757 年发表的《公共基金》(Foundations)一书认为,经济繁荣发展后的私人财富如何更好地应用到公共部门是极其重要的问题。当时的法国处于从封建主义向资本主义过渡的重要时期,天赋人权的思想开始出现在公众视野中。在社会发展方面,杜尔哥认为,公共基金可以发展每一位国民的自身兴趣和爱好,每一个家庭有责任和义务为自己的子女提供优质教育,而公共基金的支持有利于扫清各项社会障碍,为发展教育铺平道路。① 故而,通过公共基金资助教育成为一种必然。这一思想的独到之处在于,强调公众发展教育的重要性以及通过公共基金的方式发展教育,在一定程度上号召民众通过慈善形式促进教育发展。

---

① John Morley. Diderot and the Encyclopedists[M]. Scotts Valley: CreateSpace Independent Publishing Platform, 2015: 191.

英国著名学者亚当·斯密在其著作《国富论》(*Wealth of Nations*)中虽然主要阐述自由经济的相关理论,但是在人力资本及社会分工部分,他认为财富的增长需要依靠高素质的劳动人口,故而,亚当·斯密提倡促进劳动力专业技能的提升,分工劳动,各取所长。基于这一理论,亚当·斯密开始关注公共部门对劳动力的培训和教育问题,认为公共基金会是较好的途径,这与杜尔哥的思想一脉相承。亚当·斯密还提出了具体的实施路径,从侧面鼓励公众和国家关注教育问题、资助教育机构。① 此后托马斯·查默斯(Thomas Chalmers)和约翰·穆勒(John S. Mill)等人从经济、社会政治、人的发展等角度论述了资助教育的必要性。

总体而言,由于经济发展和社会进步,针对教育机构设立公共基金的理念已经开始深入人心,同时生产力的进步和劳动分工促使人们通过教育方式发展人的特长,为资本主义发展注入高素质劳动力。这些思想最初诞生于欧洲,但随着美洲殖民地的建立,欧洲移民者将其带到了美洲,加之镀金时代卡内基《财富的福音》的广泛影响,美国的慈善基金会开启了资助高等教育的历程。

1900 年美洲大学联盟的成立标志着美国研究型大学群体的正式形成,同时也向世人展现出美国研究型大学在人才培养、科学研究和服务社会方面不断增强的能力。对研究型大学而言,办学经费的重要性不言而喻,如何吸引基金会等社会资源用以办学成为各个大学思考的问题。正如埃德温·斯洛森(Edwin E. Slosson)所言:"大学的办学规模是衡量一所大学影响力的重要因素之一,除此之外,大学的发展历史同样是体现大学社会影响力的重要因素。大学的历史决定了其在美国社会中的荣誉、尊严和责任,而通过借助其毕业生的力量,很多历史悠久的大学可以轻易实现自身的募款目标。财富是一种力量,这种力量可以与大学相互作用,产生很多有趣的化学反应。"②

社会资源通过教育经费的影响力对高等教育的形塑作用被诸多研究者所忽视,前人研究的侧重点大多集中于社会资源等对美国高等教育发展的作用。19 世纪末至 20 世纪上半叶基金会通过资助对美国研究型大学进行形塑,其作用和影响力不可估量。塞缪尔·卡什(Samuel G. Cash)对此的评价是:"随着 19 世纪末 20 世纪初美国高等教育入学人数的大幅增加和校

① John Morley. Diderot and the Encyclopedists[M]. Scotts Valley: CreateSpace Independent Publishing Platform, 2015:249.
② Edwin E. Slosson. Great American Universities[M]. New York: Arno Press, 1977:475.

园基金以及社会捐赠的不断增长,社会捐赠办学经费可能是影响美国大学发展,进而通过大学影响美国社会进步的主导因素。"①

美国的高等教育为了吸引社会资源的支持,不得不做出一些调整,其中之一便是学科发展优先顺序的调整。对于普通的美国大众而言,对优质医疗的诉求从未停止,但是医学教育的长期落后已经使得当时美国的医疗质量低下不堪。从医学教育入手,积极地汲取基金会等社会资源对大学医学教育和医学研究进行资助,成为一个重要的突破口。医学教育对美国整体医疗水平的提高和全民族身体素质的提升具有重要意义,并且其资助效果较为明显,于捐赠者而言具有较大的吸引力。② 亚伯拉罕·弗莱克斯纳于1910 年出版的《美国和加拿大的医学教育》(*Medical Education in the United States and Canada*)在美国社会引起极大的反响,也引起了卡内基教学促进委员会和洛克菲勒基金会极大的资助兴趣。通过社会资源的支持,美国的医学教育和医疗水平得以在短时间内实现提升,而更加深层次的意义在于:通过基金会的支持,美国研究型大学中的学科可以实现科学研究和教育教学水平以及服务社会能力的提升,大学作为科学研究基地的地位得以确认。

(二)进步主义运动的时代大背景

第一次世界大战之前,随着美国资本主义经济的大发展,贫富分化等社会问题层出不穷,进步主义运动爆发。"进步主义运动的目的在于尝试建立一种道德秩序,知识分子、政治家、财富拥有者、管理者期待一种全新的社会道德秩序的诞生,这是一个对社会秩序的改良主义运动。"③通过资助高等教育来教导大众明理守法、增进美国国家的科学研究水平成为当时人们的共同认知。"寻求秩序"(search for order)是进步主义运动的主要目的,无论是经济、社会还是政府机构都应当更加富有效率,而研究型大学的崛起可以促进社会运行效率的提升。研究型大学需要加强自身的实力,在社会影响力方面占据重要地位,能够为有秩序的美国社会做出贡献。

与此同时,美国联邦政府和州政府也出台多项法案和措施对高等教育

① Samuel G. Cash. Private, Voluntary Support of Public Research Universities in the United States:1785-1958[D]. Tallahassee Florida State University, 1985:97.

② Steven C. Wheatley. The Politics of Philanthropy: Abraham Flexner and Medical Education [M]. Madison: The University of Wisconsin Press, 1988:19.

③ Richard Hofstadter. The Progressive Movement, 1900-1915[M]. New Jersey: Prentice-Hall, 1963:2-3.

进行资助,但研究型大学的主要办学经费仍然来自社会捐赠。例如 1862 年出台的《莫里尔法案》、1887 年的《哈奇法案》(The Hatch Act)、1890 年的《莫里尔第二法案》(The Second Morrill Act)以及 1906 年的《亚当斯法案》(The Adams Act)等,这些法案的出台使联邦政府和州政府开始直接对高等教育进行资助,但这种资助对美国研究型大学的影响是有限的,[①]对研究型大学而言,最优质的资助依然来自基金会等社会资源。其中的原因,罗杰·盖格认为:美国高等教育尤其是研究型大学的学术自治传统,不希望政府过多的干预,同时,美国三权分治的社会体系对高等教育的界定依然是独立于政治之外的存在,依靠基金会等社会捐赠办学依然是当时研究型大学的首选。[②]

(三)研究型大学社会影响力的实现与新闻学的发展及校长角色的转变

大学之所以能够在社会大众中发挥广泛的影响力,得益于大众媒体的出现;进步主义运动对社会弊端的批判,要求严惩腐败并弘扬社会正义,赋予了大众媒体神圣的使命感。随着美国社会快速的城镇化,人口开始大量地集聚到城镇,创造了有利于新闻媒体发展的人口基础。据统计,美国新闻机构和新闻报道的数量在 19 世纪下半叶快速增长,新闻机构数量由 1870 年的 574 家上升至 1899 年的 1610 家;新闻报道数量由 1870 年的 280 万条增加到 1899 年的 2420 万条。[③] 新闻媒体机构和报道数量的增加,覆盖人口逐年增长,使民众对美利坚民族的文化认同逐步增加,对公共责任和人类文化的认知逐步加深——这为社会资源支持高等教育奠定了群众基础,也为研究型大学走向社会创造了极为合适的舞台。

大学校长工作职能的扩展,校长成为大学的代言人和公共关系负责人。随着出版业的进步,公共媒体数量的增多,受过教育的民众人数的增加和对公共事务的巨大兴趣,大学校长开始运用这些因素在公共媒体上为自己的学校站台,以更好争取社会资源的支持。大学校长通过自身的社会影响力以及通过公共媒体向大众介绍大学尤其是研究型大学在国家和社会事务中的地位和作用,吸引公众的注意力,为学校发展募集资金。在大学及其校长

---

① David O. Levine. The American College and the Culture of Aspiration, 1915-1940[M]. New York: Cornell University Press, 1986:15.
② 罗杰·L.盖格. 增进知识——美国研究型大学的发展(1900—1940)[M]. 王海芳,魏书亮,译;周钧,校. 保定:河北大学出版社,2008.8:290.
③ Richard Hofstadter. The Age of Reform: From Bryan to F. D. R[M]. New York: Alfred A. Knopf, 1955:185.

开展公共关系维护的过程中，其主要工具就是公共媒体，如何较好地运用公共媒体实现自身的募款目标成为当时大学校长们亟须解决的问题。大学的校友们开始意识到自己应该在大学的办学经费和形象维护方面贡献自己的力量，除了积极地向母校捐赠外，他们还成立校友刊物联合会（Alumni Magazines Association）。大学也积极响应，为争取公众的支持而成立美国大学新闻联合会（American Association of College News Bureau），[1]这一切均表明：美国的高等教育机构尤其是研究型大学在继承德国教学与科研相结合的理念之外，开始走上具有美国特色的研究型大学发展之路。以争取社会资源支持为出发点，借助公共媒体的平台，进行大学形象的公共关系运营，大学与社会的联系愈发紧密，研究型大学的科研、教学与社会产生大量互动。

当大众将目光转向高等教育的时候，加之进步主义运动的兴起，大学适时地以专业化公共募款的形式汲取社会资源。在大学开启社会公共募款运动历程的同时，一些专业的募款组织开始出现，其认为为大学募款的行为非常崇高，通过自身的募款运动可以实现大学汲取社会资源的目标，也可以为社会进步做出贡献。[2]研究型大学的社会公共募款运动有两种形式，一是"沃德旋风方法"，二是哈佛"劳伦斯法"。"沃德旋风方法"顾名思义，采用高强度、高密度的方式对公众进行"洗脑式"营销，追求在极短的时间内展开社会公共募款运动，效果明显，该方法由莱曼·皮尔斯（Lyman L. Pierce）和查尔斯·沃德（Charles S. Ward）共同创立。相较于"沃德旋风方法"高强度的商业运营方式，哈佛"劳伦斯法"更加侧重于人文关怀，通过校长演讲、精神追求等方式获取大众对发展高等教育的理解和支持，此方法由哈佛大学的劳伦斯（Bishop W. Lawrence）创立。专业募款职业和组织的出现，为美国研究型大学最大程度地汲取基金会等社会资源提供了行之有效的路径。

二、基金会对美国高等教育的资助演进

（一）如果对美国现代慈善基金会资助高等教育历程追根溯源，皮博迪教育基金会可被视作基金会资助教育领域的开拓者。该基金会成立于1867年的马萨诸塞州，主要目的是恢复美国内战后南方各州的教育机构，

[1] Scott M. Cutlip. Advertising Higher Education: The Early Years of College Public Relations [J]. College and University Journal, 1970, 1: 22.
[2] James L. Fisher, Gary H. Quehl. The president and Fund Raising[M]. New York: Macmillan Publishing Company, 1989: 28.

创始人乔治·皮博迪累计出资 300 万美元。乔治·皮博迪的独到之处在于将自己的财产交由专人打理,而不是自身投入基金会的管理和财富分配工作中。皮博迪在创办基金会的时候做出如下表述:"我将具体的管理问题全部留给基金会的董事会成员酌情决策。"①皮博迪的财富"托管"思想,深刻影响了后来成立的普通教育委员会、洛克菲勒基金会、卡内基教学促进委员会和卡内基纽约基金会等一大批慈善基金会:即将剩余财富转移至特定的组织机构,由专业人士进行管理。

洛克菲勒的慈善事业起始于普通教育委员会,该委员会成立于 1902 年,初期注资为 100 万美元,后期历经 1905 年的 1000 万美元、1907 年的 3200 万美元,1909 年的 1000 万美元等多次注资后,成为全美对高等教育具有决定性影响力的基金会之一。洛克菲勒本人并不干涉普通教育委员会的各项慈善事业,但是就资助范围和目的进行了界定,包括美国南部各州的中小学、师范院校、技术培训院校和高等教育院校等。对于普通教育委员会的财富转移和资助,老洛克菲勒和小洛克菲勒均持开明态度,他们完美地继承了皮博迪教育基金会的理念。正如小洛克菲勒代表其父亲在 1905 年增加注资 1000 万美元的时候所言:"我谨代表我个人和我的父亲对普通教育委员会增加注资 1000 万美元,用于未来十年的慈善教育事业,在必要的时候可继续增加注资,但其具体的慈善事务由委员会内部酌情处理。"②事实上,从初期 100 万美元的注资到后续几千万美元的多次注资,洛克菲勒家族并未强行干预普通教育委员会的各项慈善行动。

1906 年成立的卡内基纽约基金会和 1913 年成立的洛克菲勒基金会对美国高等教育的影响是广泛而深远的。这些基金会通过公司化的管理手段,加之其注资人卡内基和洛克菲勒作为商业上的成功人士,将其商业战争的诸多策略运用于高等教育资助领域。这两大基金会成立的最初目标有着惊人的相似性,即卡内基纽约基金会的"促进不分种族、性别、肤色等人群的平等待遇"和洛克菲勒基金会的"不分种族、性别、肤色等地促进全人类福祉"。这些基金会在成立之初的宗旨代表的是美国民主、自由、平等、博爱的价值观念,是在美国社会特定的土壤文化下形成的慈善组织。可以认为,现代公益慈善基金会是美国慈善事业发展到一定阶段的必然产物,一方面,慈

---

① The Peabody Education Fund. Annual Report of the Trustees Education in the South[R]. New York: The New York Times, 1873:142.

② Rockefeller Archive Center. The General Education Board: An Account of Its Activities, 1902-1914[R]. Rockefeller Archive Center, 1915:212.

善基金会可以更好地整合慈善资源,以科学慈善的态度捐助高等教育;另一方面,高等教育机构可以连续性地,有目的、有计划地汲取社会资源,对高等教育的发展具有极大益处。如果说皮博迪教育基金会对美国尤其是南方各州的高等教育起到重建和延续的作用,那么卡内基和洛克菲勒则是对美国高等教育系统进行了重新的设计。

由表5.1可见,皮博迪教育基金会对高等教育的资助主要集中于南方各州的州立大学,且不同大学的资助较为均匀。但是其侧重点在于师资培养和黑人教育问题,例如皮博迪自身下属的教师学院得到了150万美元的拨款,约翰·斯莱特(John F. Slater)基金会获得了35万美元的资助,该基金会主要致力于资助黑人教育。在当时南方各州高等教育机构由于内战而遭到破坏的情况下,这些资助的金额虽然不大,但对他们的生存和延续具有极其重要的意义,而后续洛克菲勒的普通教育委员会则是积极地开展针对包括高等教育机构在内的各项资助事业。

表 5.1　皮博迪教育基金会高等教育资助分配情况(1868—1914)

单位:美元

序号	资助机构	资助金额
1	皮博迪教师学院	1,500,000
2	弗吉尼亚大学	40,000
3	北卡罗来纳大学	40,000
4	佐治亚大学	40,000
5	亚拉巴马大学	40,000
6	佛罗里达大学	40,000
7	密西西比大学	40,000
8	路易斯安那州立大学	40,000
9	阿肯色大学	40,000
10	肯塔基大学	40,000
11	约翰·霍普金斯大学	6,000
12	南卡罗来纳大学	6,000
13	密苏里大学	6,000
14	得克萨斯大学	6,000

续 表

序号	资助机构	资助金额
15	温斯洛普师范学院	90,000
16	约翰·斯莱特基金会	350,000

资料来源:The Peabody Education Fund. Annual Report of the Trustees Education in the South[R]. New York:The New York Times,1873:151-152.

（二）与此同时,卡内基纽约基金会及教学促进委员会通过项目拨款的形式,开启了美国研究型大学冲击一流学科的序幕。由表 5.2 可见,通过对大型长期项目研究、小型短期项目研究、青年学者实验性研究和研究成果出版等几个方面的资助,卡内基纽约基金会促使研究型大学开始冲击世界一流学科。按照哲学、经济学、法学、教育学、文学、历史学、理学、工学、农学、医学、军事学、管理学和艺术学 13 大高等教育门类划分来看,卡内基纽约基金会在 20 世纪早期的资助中均有所涉猎。由表 5.3 可见,1902 年至 1917年间,卡内基纽约基金会累计投入接近 1400 万美元,共出版了 335 本学术专著,极大地提升了美国高等教育的研究水平。最为难能可贵的是,作为民间力量,卡内基可以在十余年的时间内对高等教育的科学研究进行持续投入。

同时,基于对表 5.3 的进一步分析,结合图 5.1,通过数据拟合方法,我们发现投入资金与科研成果产出之间的关系是一个二次函数的关系（其函数关系为 $y = -0.002x2 + 0.4907x - 0.7062$,其中 X 代表投入资金,单位为万美元,Y 代表科研成果产出）:当投入资金小于 122 万美元时,投入科研资金越多,科研产出越多,且增加值逐渐减少;当投入资金大于 122 万美元时,投入科研资金越多,科研产出越少。由拟合曲线可见,在 1902 年至 1917 年的美国高等教育科研机构中,当经费投入在 100 万到 150 万美元之间的时候,科研成果产出最多,效率最高,当经费投入在 122 万美元左右的时候科研成果产出最为丰富。这一发现是否具有代表性,值得进一步推敲和验证。

表 5.2　卡内基纽约基金会资助研究项目一览(1903—1914)

项目名称	资助启动时间
实验演化研究	1903 年 12 月
海洋生物研究	1903 年 12 月
历史研究	1903 年 12 月

续　表

项目名称	资助启动时间
经济和社会学研究	1904 年 1 月
地磁研究	1904 年 4 月
太阳观测研究	1904 年 12 月
地理实验室	1905 年 12 月
植物学研究	1905 年 12 月
营养学实验室	1906 年 12 月
天文学研究	1907 年 3 月
胚胎学研究	1914 年 12 月

资料来源：Howard J. Savage. Fruit of an Impulse：Forty-five Years of the Carnegie Foundation，1905-1950[M]. New York：Harcourt Brace，1953：21.

表 5.3　卡内基纽约基金会资助项目类别经费分配情况(1902—1917)

单位：美元

年份	协议性资助	大项目长期资助	小项目短期资助	出版费用	管理费用	小计	出版成果数/项
1902	0	0	4,500	0	27,513	32,013	3
1903	100,475	0	137,564	938	43,627	282,605	3
1904	196,159	49,848	217,383	11,590	36,967	511,949	11
1905	51,937	269,940	149,843	21,822	37,208	530,753	21
1906	63,015	381,972	93,176	42,431	42,621	623,216	19
1907	2,000	500,548	90,176	63,804	46,005	702,534	38
1908	68,209	448,404	61,282	49,991	48,274	676,163	28
1909	116,756	495,021	70,813	41,577	45,292	769,460	19
1910	57,889	437,941	73,464	49,067	44,011	662,373	29
1911	51,921	463,609	63,048	37,580	45,455	661,616	30
1912	436,276	519,673	103,241	44,054	43,791	1,147,047	23
1913	666,428	698,337	110,083	53,171	43,552	1,571,572	29
1914	861,915	817,894	107,456	44,670	44,159	1,876,096	23
1915	206,203	770,488	109,569	46,698	48,224	1,181,183	23
1916	473,702	638,281	99,401	73,733	49,454	1,334,572	35

续　表

年份	协议性资助	大项目长期资助	小项目短期资助	出版费用	管理费用	小计	出版成果数/项
1917	505,473	695,813	97,526	62,884	48,776	1,410,464	21
合计	3,858,363	7,187,775	1,588,531	644,017	694,936	13,973,614	335

资料来源:Howard J. Savage. Fruit of an Impulse: Forty-five Years of the Carnegie Foundation, 1905-1950[M]. New York: Harcourt Brace, 1953:271-273.

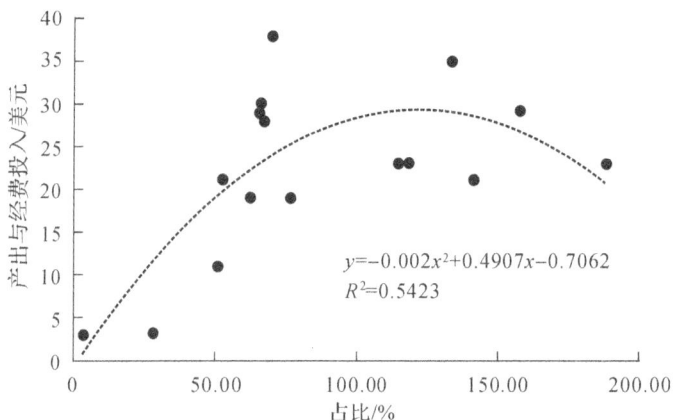

$$y=-0.002x^2+0.4907x-0.7062$$
$$R^2=0.5423$$

图 5.1　卡内基纽约基金会科研成果产出与经费投入关系(1902—1917)

(三)普通教育委员会与劳拉·斯佩尔曼基金会的雄心极大,希望通过全方位立体化资助改善全美研究型大学的教学与科研水平。普通教育委员会的资助原则和宗旨是:"成为一家组织有序的科学研究资助机构,为促进国家教育的全方位发展而努力。"①虽然洛克菲勒的普通教育委员会名义上是对全美的高等教育机构进行资助,但是其实际资助行动非常具有侧重,其目的在于通过对不同的高等教育机构投入经费的不同,实现对高等教育发展的资源控制,从而实现全国范围内高等教育的分层与优胜劣汰,普通教育委员会称之为"高等教育的多样化系统"(A comprehensive system of higher education)。1916 年至 1917 年的捐助金额中,有 118.5 万美元进入到 112 所高等教育机构中,与之形成鲜明对比的是有大约 930 万美元资助进入 9 所美国顶级的研究型大学。同年,哈佛大学获得超过 193 万美元,哥伦比亚大学获得接近 140 万美元,芝加哥大学获得超过 318 万美元的捐赠,充分说

---

① John D. Rockefeller. The Benevolent Trust, the Cooperative Principle in Giving[Z]. The World Work, 1909.

明普通教育委员会的分层策略起到了非常好的效果,一批研究型大学正在基金会的鼎力支持下开始崛起。

表5.4　各基金会支持研究型大学金额粗略统计(1915—1940)

单位:美元

名称	金额
国家研究委员会(1916—1939)	15,712,000
洛克菲勒基金会(1915—1928)	82,226,000
卡内基纽约基金会(1915—1933)	15,544,000
国际教育委员会(1923—1928)	17,008,000
普通教育委员会(1923—1931)	64,198,000
洛克菲勒基金会(1929—1940)	8,612,000
劳拉·斯佩尔曼基金会(1919—1928)	39,268,000
合计	242,568,000

资料来源:根据洛克菲勒档案馆各项资料整理而成。

由表5.4可见,20世纪的20—30年代是基金会大举资助美国高等教育的时期,共计有超过2.42亿美元的资金流向大学,这对当时的美国研究型大学而言具有极为重大的意义。基金会不约而同地对研究型大学进行大力支持,同样是为了实现整体上"设计"整个美国高等教育体系的目的。与洛克菲勒普通教育委员会不谋而合的是卡内基教学促进委员会,他们在选取资助大学的时候,重点考虑三条标准:一是学校是否达到基金会本身内部设立的资助标准,二是学校与当地政府的关系,三是宗教性因素在学校办学中发挥着怎样的作用。① 教学促进委员会的目的在于通过退休养老金的经费支持方式提升美国的高等教育水准,但综合考量后有侧重地进行资助,客观上促进了美国大学的分层。劳拉·斯佩尔曼基金会在拉姆尔的带领下,主要对美国研究型大学的社会科学研究予以资助,重点关注芝加哥大学、哈佛大学、耶鲁大学等,促使了这些大学的社会科学研究水平达到世界一流水平。

① Carnegie Foundation for the Advancement of Teaching. The Carnegie Foundation for the Advancement of Teaching: Publications of the Foundation[M]. Boston: The Merrymount Press, 1947:10.

三、基金会阶段性资助缩减与联邦政府资助的确立

慈善基金会的成立与发展从根本上改变了社会资源支持高等教育的形式,对美国研究型大学的崛起起到极为重要的作用。正如杰西·希尔斯(Jesse B. Sears)所言:"现代公益慈善基金会的成立标志着一种全新的高等教育资助机构的开启,其资助理念、资助形式等具有与以往高等教育慈善截然不同的特点,通过教育经费这一至关重要的影响因素,慈善基金会从整体上开始'设计'美国的高等教育,力促研究型大学的崛起。"①现代慈善基金会不仅从整体上形塑了美国的高等教育系统,而且尤其注重研究型大学自身的"造血"功能,捐赠不仅仅是简单的给予,同时要求受赠者满足其资助条件。例如,洛克菲勒基金会和卡内基纽约基金会均执行资助的"匹配政策"(Matching-gift Policy),即基金会会要求寻求捐助的大学向其他的社会资源获得一定数额的捐赠,其后基金会才会进行相应的资助。这种匹配政策客观上开启了美国高等教育机构的优胜劣汰,那些拥有悠久历史或者实力强劲的研究型大学开始脱颖而出,凭借其自身的办学历史或教学与科研声誉赢得社会公众的支持,同时基金会的资助使得这些研究型大学实现了进一步发展;而那些办学实力本就羸弱的高校,既无法大规模地开启社会募款运动,又无法从基金会那里得到资助,马太效应由此出现。加之慈善基金会的资助本身具有倾向性,"使高峰更高"的资助原则使得慈善基金会将大部分的资助都投入代表美国希望的研究型大学。

1900 年至 1940 年,基金会开展的对研究型大学的资助行动,从本质上而言是基金会开始介入研究型大学的科学研究和教育事业,并由此建立起与大学的紧密联系。20 世纪头十年,以卡内基华盛顿研究所的小金额个人资助为主要特征;20 世纪 20 年代,以罗斯和拉姆尔为代表的第二代基金会领导人,以学科发展的视角探寻大规模促进科学知识发展的行动;20 世纪 30 年代,则以韦弗为代表,更进一步,不仅以专业化视角展开资助,而且以学科交叉的视角开启创建新学科的资助行动,进一步提升了资助质量。无论是伍德沃德、格林还是罗斯、特罗布里奇、拉姆尔和韦弗,都是学者型人物,他们以专业化的视角引领了基金会的资助行动。

第二次世界大战爆发后,当联邦政府开启以"曼哈顿计划"为主体的大

---

① Jesse Brundage Sears. Philanthropy in the History of American Higher Education[M]. Government Printing Office, Washington, 1922:101-102.

规模战争科学研究资助后,韦弗认为基金会已经没有必要对大学的科学研究开展大规模资助,接棒的联邦政府已经可以很好地开展资助。二战后的国家科学基金会(National Science Foundation,NSF)实际上延续了美国政府接替基金会对研究型大学开展科学研究资助的行动。1944 年 11 月,第二次世界大战即将结束前夕,时任美国总统罗斯福致信二战中的科学研究与发展办公室负责人范内瓦·布什(Vannevar Bush)探讨战后国家科学研究的政策问题。罗斯福总统提出四点关于战后国家科学研究的意见:一是像战争时期武器研究中科学技术所起到的巨大作用那样,在战争结束后同样发挥出科学技术的作用;二是战争时期用以救治伤员、抵抗病毒的医学研究起到了巨大作用,战后可否设立类似的医学及相关学科的研究机构以造福国家和社会;三是对基础科学研究,政府能够做一些怎样的支持工作;四是探讨天才教育,并保障科学天才的成长。①

接到总统来信后,布什和下属的工作委员会开展大量的调查工作,最终形成了促成国家科学基金会成立的著名报告:《科学——永无止境的边界》(Science——The Endless Frontier)。该报告引人注意的一点是,不仅回答了关于战争中的医学、物理学等是否可以直接应用于战后的社会发展问题,而且还建议将社会科学、人文学科列入未来国家科技支持政策。在布什提交的报告中,最核心的部分是建议成立一个独立的联邦政府机构,用于"发展基础科学研究和科学精英项目",整体设计战后美国的科学研究资助政策。②

在《科学——永无止境的边界》中,首先强调科学进步的重要作用尤其是对国家进步和经济繁荣的重大意义。而后,布什回顾了二战中科学技术至关重要的作用;关于战后联邦政府的科学政策,布什认为科学关乎公众福利、国家安全、民族竞争力等。最终,报告建议成立国家科学基金会以便对大学中的科学研究和教育展开资助。报告认为,联邦政府对战后科学研究负有不可推卸的责任,"联邦政府应当担负起鼓励创造新科学知识和发展年轻科学天才精英的职责"③。报告早在 1945 年就已提出,但国会在经过长期的讨论和争执后,才于 195 年 5 月 10 日通过《国家科学基金会法案》,时

① Vannevar Bush. Science——The Endless Frontier. A Report to the President[M]. Washington D. C. : United States Government Print Office, 1945:5

② National Academy Science, Washington D. C. The First 25 Years of the National Science Foundation[C]. National Academy Science, 1975:5

③ Vannevar Bush. Science——The Endless Frontier. A Report to the President[M]. United States Government Print Office, 1945:25

任总统杜鲁门签署法案,国家科学基金会正式成立。国会对《国家科学基金会法案》的方针政策做出的界定是:"将鼓励数学、物理学、医学、生物学、工程学和其他学科的研究作为国家政策予以实施,成立国家科学基金会用以管理和评估科学研究项目。"①

国家科学基金会成立于二战结束时,直接动因是美国政府想把在战争中积累的科学研究资源进行转化,以在和平年代继续使用,并形塑战后美国的国家科技政策。如果进一步思考国家科学基金会设立的缘由:其一,通过观察美国历史发展脉络就不难发现,第一次世界大战结束后,20世纪20年代和30年代均出现了严重的经济危机。在二战结束之后,美国政府上下普遍弥漫着对新经济危机到来的焦虑感,期望用科学知识减少甚至避免新的经济危机;其二,高等教育智囊团的作用在二战中充分显现,例如联邦政府集合大量高校科研机构成功研制出原子弹等武器,加速推进了战争的结束,联邦政府期望在战后继续发挥高等教育机构智囊团的作用。另外,新成立的国家科学基金会可谓联邦政府机构的一个特例,首先其领导人不是政府官员,而是学术精英分子;其次其鼓励基础研究,在用科技保卫美国国家安全的同时,也给予了科学家一定的学术自由,科学家可以根据自身的研究兴趣开展相应研究工作。至此,研究型大学的科学研究和人才培养与联邦政府资助正式联姻,联姻背后的推手是美国自身的发展需求。除国家科学基金会外,美国国防部、卫生部等部门也纷纷开始对研究型大学进行资助。但不可磨灭的历史是,基金会在19世纪末至20世纪上半叶的资助成就了美国研究型大学的长足进步,其所发挥的历史作用至今犹存。

第二节 基金会资助:促进研究型大学崛起

19世纪末至20世纪上半叶,美国的研究型大学在基金会等社会资源支持下,在一批知名教育家的带领下,以增进知识为主要特征,拥有了与欧洲大学比肩的科学研究实力和研究生教育规模。在美国乃至世界高等教育发展史上,以基金会的私人财富来担当社会公共福利责任的事件少之又少。基于开疆拓土和竞争精神,基金会资助美国研究型大学的目的是试图利用自身的财政影响力重塑美国的高等教育系统。事实上,基金会的资助大部

① U.S. Department of Education. The National Science Foundation: A Brief History[M]. United States Government Print Office, 1972:6

分流向了实力雄厚的研究型大学,并没有整体性地资助美国高等教育。这种资助使得无论是教学资源还是科研资源均开始集聚于少数优秀的研究型大学,增强了这些大学的实力。基金会的资助并不是美国研究型大学崛起的唯一因素,但确实是世界高等教育发展历史上最为特殊、最为耀眼的一项资助事件,它所施加的外部力量促进了美国研究型大学的崛起。

一、基金会资助高等教育:私人财富的公共目的

随着美国内战后的西进运动、城镇化和资本主义经济大发展,社会财富总量急剧增长。在高等教育层面,社会资源已经具备强大的影响力,但是其是否应该从整体上形塑以及如何形塑美国的高等教育系统成为当时基金会管理者重点思考的问题。资本主义经济的发展对人才需求愈来愈多,同时企业的逐利本性决定了其对生产工艺改进的渴求,而高等教育机构是培养人才的主要场所并具有应用性研究的巨大潜力。[1] 19 世纪下半叶是美国大学开始向现代化转型的时期,随着当时美国社会的发展而变革。[2] 工程、农业技术、法律、医学、商业等在当时社会发展迅猛的行业对这些领域的人才需求不断上升,理所当然地要求大学作为社会人才的蓄水池提供相关教育服务。[3] 随着社会经济的发展,当时的美国人口增长迅速,也为美国高等教育的扩张奠定了人力基础,据统计,美国的总人口从 1850 年的 2300 万增长至 1900 年的 7600 万,而城镇数量也从 1850 年的 392 座增长到 1900 年的 1737 座。[4] 加之社会资源的经费支持和一大批有识之士的倡导,美国大学的现代化转型和研究型大学的崛起成为一种必然。

19 世纪末到 20 世纪上半叶,引领整个美国高等教育慈善的代表人物是约翰·洛克菲勒和安德鲁·卡内基。洛克菲勒的慈善事业开启得较早,由于其虔诚的宗教信仰,他本人笃信财富是上帝仁慈的给予,应该运用上帝给予的财富来造福人类,虽然当时很多美国人对洛克菲勒的评价并不高,甚

[1]　Bruce W. Leslie. Gentleman and the Scholars: College and Community in the "Age of the University" [M]. Philadelphia: The Pennsylvania State University Press, 1992:1-2.

[2]　Laurence R. Veysey. The Emergence of the American University [M]. Chicago: The University of Chicago Press, 1965:439.

[3]　Samuel G. Cash. Private, Voluntary Support of Public Research Universities in the United States: 1785-1958[D]. Tallahassee: Florida State University, 1985: 54.

[4]　Bureau of Census. Historical Statistics of the United States, Colonial Times to 1970[M]. Washington D.C. : U.S. Bureau of Census, 1975:8.

至不接受他的慈善捐赠。① 与洛克菲勒并称的人物是卡内基,他的财富慈善思想被誉为富人处理剩余财富的"圣经",其《财富的福音》一书及其后续的一些文章系统地论述了如何在上帝的旨意下科学的处理剩余财富的问题。卡内基以宗教信仰为外衣,本质上阐述的是科学慈善思想。他曾经说:"财富赋予拥有人的责任是为他人树立榜样,谦虚、低调地生活,避免铺张浪费。把所有的剩余财富都看作是信托基金,进行专业管理,并严格按照职责分配。"②由此可见,现代科学慈善思想已经蓄势待发,新兴的资产阶级需要在社会的各个方面提升自身的话语权,以上帝的名义对包括高等教育在内的各项福利事业进行资助,符合本阶级、高等教育、国家和社会的整体利益。

从慈善基金会的资助开始,美国的研究型大学光明正大地走出象牙塔,在汲取德国教育与科研相结合的研究型大学理念和英国学院制大学机制两者优点的基础上,形成了走向社会、与社会互动的美国大学。导致这一历程的,最为根本的原因是美国高等教育机构的生命线,即办学经费绝大部分掌握在基金会等社会资源手中。在二战之前,美国政府并没有很好地开展对高等教育的资助工作,"教育被认为是个人的事情,与国家和社会无关",在今日看来,建国之初联邦政府对高等教育的模糊态度和放任发展,促成了美国高等教育尤其是研究型大学主动走向社会,通过大学与社会的互动不断汲取社会资源的局面。基金会的创始人或者注资人均是商业上极为成功的人士,同时,也拥有虔诚的宗教信仰,以卡内基的《财富的福音》为思想指引,富豪们认为他们所拥有的财富是上帝仁慈的给予,希望他们的财富能够为社会公共福利贡献绵薄之力。卡内基认为:"死后留下巨额财富而不在生前散尽家财是人生的耻辱。"这为如何处理巨额财富指明了方向,但是忙于商业的富豪精英们在开始传统的捐赠后发现,越来越多请求帮助的信息像雪片一样飞到他们的办公室,严重影响了他们的私人生活和商业活动。如何高效地处理剩余财富,成为富豪们共同面临的问题。以洛克菲勒和卡内基为代表,两人不约而同地开始采取"公司化"的组织形式来处理财富,现代意义上的慈善基金会开始出现。一方面,现代慈善基金会相较传统的宗教慈善具有一定的共通之处,都是基于利他主义的捐赠行为;另一方面,其明智的财富处理行为又与传统的宗教慈善和个人捐赠有很大不同,现代慈善基

① 彼得·柯利尔戴维·霍洛维茨著. 洛克菲勒王朝[M]. 劳景素,译,钱维藩,校. 上海:上海译文出版社,1982:13—14.

② Andrew Carnegie. The Gospel of Wealth and Other Timely Essays[M]. Cambridge: The Belknap Press of Harvard University, 1962:25.

金会想要从根本上解决人类社会问题,其使命感和责任感相较其他捐赠更加强烈。

二、资助的优胜劣汰法则:"美国高等教育系统的内涵式发展"

"大基金会重视扶助教育,相信优胜劣汰,又相信人可以通过教育提高素质,变劣为优;相信机会平等、自由竞争,同时认为最重要的平等是教育机会平等。"①高等教育成为慈善基金会的重点资助对象,其认为从根本上解决人类社会问题的最佳途径之一就是通过教育提升社会的福利水平。与之相对应的是慈善基金会创建者的特殊身份背景,他们是各自商业领域的精英,擅长通过商业战争打倒竞争对手,从而确保自身的发展和强大。这种先天性的竞争基因同样注入他们所创办的慈善基金会中,必然使得基金会在展开资助时对受资助的高等教育机构进行筛选,甚至企图以此重塑美国的高等教育格局。洛克菲勒基金会"使高峰更高"的资助原则、卡内基基金会的"退休金获取标准"均由此出发,这对美国高等教育机构的影响是深远的。之前的民间个人捐赠和宗教慈善捐赠虽然使大学与当地社会得以接触,但从未有像慈善基金会这样大规模的资金注入和资助影响力,使社会资源支持高等教育的形态发生了根本性的变化,这种变化又促使美国的大学进一步走向社会,为获取慈善基金会的资助进行自我调适,客观上促成了研究型大学的崛起。

运作模式的变革,由于现代慈善基金会是从富豪自身公司演化而来的另一种形式,故而其运作与大型公司十分相像,其主要职能就是处理富人的财富,将私人的资产用于实现促进人类社会进步的公共目的。② 在资助高等教育层面,20 世纪之后,他们不选择重新建设新的大学,当时美国高等教育的问题不在于大学数量过少,而在于数量过多,并且教学与研究的质量较为低下,如何在现有教育系统的基础上增强其实力成为资助的重点;资助理念的变革,现代商业战争的基因"植入"到基金会中,基金会从一开始的资助就不是宽泛地捐赠所有的高等教育机构,而是选取具有潜力或者已经具备相当实力的大学开展资助,理所当然的,研究型大学成为基金会的首选资助对象;给予机制的变革,通过前期的调查研究将资助建立在理性分配的基础

① 资中筠.财富的责任与资本主义的演变——美国百年公益发展的启示[M].上海:上海三联书店,2015:348.
② Frank M. Andrews. A Study of Company-Sponsored Foundations[M]. New York:Russell Sage Foundation,1960.

上,例如拉姆尔等人在劳拉·斯佩尔曼基金会工作期间,对全美社会科学研究的资助就遵循《美国社会科学研究现状》的调查结果进行①在资助的过程中,虽然耗资巨大,但是却依然秉持着"金钱本身就是最好的提升效率的工具"②这一理念。洛克菲勒和卡内基通过聘请专业人士,以公司模式的慈善基金会处理剩余财富的方式获得了许多人的认可。这也表明,美国的高等教育机构作为实现基金会崇高使命的重点"场所"之一,将迎来巨大变革,这不仅增强了美国研究型大学的研究能力和教育能力,而且更为重要的是:基金会等社会资源对高等教育上百年来的支持,终于促成了美国研究型大学在崛起的过程中与社会的良好互动。

老洛克菲勒的慈善行为开始于 1865 年,当时仅仅是向教会捐赠 1000 美元用以接济饥饿的穷人,但就此一发不可收。从开始第一次慈善捐赠的 1865 年到 1890 年,短短 25 年时间里老洛克菲勒已经捐赠了超过 100 万美元。③ 1902 年,老洛克菲勒厌倦了每天源源不断的求助信,身心俱疲,于是他开始尝试成立普通教育委员会用于处理自己的剩余财富,并于初期注资 100 万美元,其宗旨在于"以平等的理念来推动美国教育的发展,不分性别、种族和宗教信仰"④。老洛克菲勒的资助初衷是希望改善当时美国社会黑人所受到的不公正待遇,这与美国内战后一直致力于南方各州黑人教育资助的皮博迪基金会颇为相似。⑤ 但相较皮博迪基金会,洛克菲勒家族的普通教育委员会力量更加强大,在影响力层面皮博迪基金会难以望其项背。

商业上的成功也令老洛克菲勒想要在慈善领域有所作为,且不只是简单的资助行为,而是希望通过资助在美国的高等教育历史上留下一抹自己的身影。他曾说:"如果做生意的形式能有效地防止浪费和获得更好的结果,为什么不在慈善工作中加以应用呢?"⑥这就清晰地表明,有效率的、有目的性的管理慈善事业已成为新一代慈善家的价值取向,这种理性的慈善

① Lawrence Frank. The Status of Social Science in the United States [R]. Laura Spelman Rockefeller Memorial,1923:12.
② John D. Rockefeller. Random Reminiscences of Men and Events[M]. New York,1909:147.
③ Allan Nevins. Study in Power: John D. Rockefeller, Industrialist and Philanthropist[M]. New York: Easton Press, 1953: 31,340.
④ The General Education Board. The General Education Board: An Account of Its Activities, 1902-1914[R]. New York, 1915: 216.
⑤ John D. Rockefeller. Random Reminiscences of Men and Events: Autobiography by John D. Rockefeller[M]. New York: Sleepy Hollow Press and Rockefeller Archive Center, 1909:172-173.
⑥ John D. Rockefeller. Random Reminiscences of Men and Events: Autobiography by John D. Rockefeller[M]. New York: Sleepy Hollow Press and Rockefeller Archive Center, 1909:165.

态度对美国的高等教育而言,预示着全新的变革。另外,需要指出的是,当时美国资本主义发展虽取得了丰硕成果,但贫富差距、贪污腐败等问题也十分突出,而这个时候,共产主义思想在美国同样具有一定的影响力,老洛克菲勒希望通过慈善事业实现资本主义的自我调适,证明资本主义优于社会主义。①

　　1905 年 6 月,老洛克菲勒向当时的普通教育委员会进行了 1000 万美元的新注资。如此巨额的注资震惊了普通教育委员会的所有人,洛克菲勒希望普通教育委员会对大学的资助可以"促进美国高等教育系统的内涵式发展"(To promote a comprehensive system of higher education in the United States)②。由此可见,以洛克菲勒为代表的大企业家不仅开始担负起社会责任,而且扩展了自身的责任范畴,从最初支持南方各州中等教育发展的小圈子,扩展到关注全美的高等教育问题。美国研究型大学在基金会等社会资源的强有力支持下,开启了一段全新的上升历程。不出所料,在接下来的16 年时间里,洛克菲勒家族共向普通教育委员会累计注资高达 1.18 亿美元,这在当时的美国慈善界前所未有,其对高等教育的投入可见一斑。

　　为了更好地实施对美国高等教育系统的资助,委员会首先对美国高等教育的整体状况进行调查,通过调查发现,美国高等教育虽然有所发展,但是其培养质量、国际声誉等仍无法与英国、德国等欧洲国家的大学相比。为了尽快实现美国高等教育的强大之梦,带着崇高的责任感和使命感,委员会决定运用优胜劣汰的方式对美国高等教育系统进行改革。

　　当时的调查报告认为,美国高等教育机构的重复建设和低质量是美国高等教育羸弱的主要原因,故而需要淘汰一批大学和学院。普通教育委员会以俄亥俄州为例,该州的人口接近 477 万,却有 40 多所自称学院或大学的高等教育机构,这一数量几乎是德国的两倍,而德国却拥有将近 6500 万人口。③ 由此可见,美国的高等教育机构虽然发展迅猛,但是却存在着重复建设和低质量问题。于是,在全国范围内,通过资助的手段,强化优秀的研

---

① John D. Rockefeller. Random Reminiscences of Men and Events: Autobiography by John D. Rockefeller[M]. New York: Sleepy Hollow Press and Rockefeller Archive Center, 1909:159-160.

② General Education Board. The General Education Board: An Account of its Activities, 1902-1914: With 32 Full Page Illustrations and 31maps[R]. New York: General Education Board, 1915: 218-219.

③ General Education Board. The General Education Board: An Account of its Activities, 1902-1914: With 32 Full Page Illustrations and 31maps[R]. New York: General Education Board, 1915: 190,111.

究型大学,同时淘汰一大批水平低下的大学和学院,提升研究型大学的研究水准和教育质量,重塑美国的高等教育格局成为委员会的共识。"通过对学院或大学施加压力,直接或间接地影响他们的行动方针,在办学经费上施加压力来实现优胜劣汰的目的。"①在普通教育委员会看来,那些经济发达、人口稠密、具有深厚文化底蕴的地方最适宜研究型大学的发展。委员会甚至为此准备了美国的区域经济地图,对想要资助的目标大学进行衡量。② 截至 1925 年,普通教育委员会的资助金额达到了 6000 万美元。与此同时,委员会还要求受到资助的高校必须建立自身的"造血系统",即想要获得委员会的资助,受助学校的社会公共募款金额应该达到委员会资助金额的两倍。③

按照普通教育委员会的方针,为了重塑美国高等教育系统,需要淘汰一批培养质量低下的高等教育机构。于是在整个 20 世纪上半叶,诸如哈佛大学、耶鲁大学、哥伦比亚大学、芝加哥大学等研究型大学获得了超过 75% 的资助基金,真正贯彻了"使高峰更高"的资助原则。④ 洛克菲勒资助高等教育,本身带有变革性目的,这其中,最为成功的就是其对医学教育的资助。1910 年,美国学者弗莱克斯纳的报告引起了广泛的关注,报告认为,全美 155 所开展医学教育的高等教育机构中,至少有 31 所应该予以取缔,还应该在剩余的 120 多所开展医学教育的大学中进一步优中选优地开展资助,以便重点发展。⑤ 这份报告虽一经公开即引起轩然大波,但这种优胜劣汰的高等教育改革理念与普通教育委员会的资助理念相契合,引起了委员会的浓厚兴趣。另外,洛克菲勒早在 1901 年即在纽约建立了洛克菲勒医学研究所(后来发展为洛克菲勒大学),也表明其本人对现代医学具有浓厚兴趣。代表洛克菲勒普通教育委员会与弗莱克斯纳进行会谈的是盖茨,经过会谈,

① General Education Board. The General Education Board: An Account of its Activities, 1902-1914: With 32 Full Page Illustrations and 31maps[R]. New York: General Education Board, 1915: 116,119.
② General Education Board. The General Education Board: An Account of its Activities, 1902-1914: With 32 Full Page Illustrations and 31maps[R]. New York: General Education Board, 1915:119-142.
③ General Education Board. The General Education Board: An Account of its Activities, 1902-1914: With 32 Full Page Illustrations and 31maps[R]. New York: General Education Board, 1915: 143.
④ John D. Brubacher, Willis Rudy. Higher Education in Transition: History of American College and Universities[M]. New York: Transaction Publishers, 1958:360-367.
⑤ Abraham Flexner. Medical Education in the United States and Canada, Carnegie Foundation for the Advancement of Teaching Bulletin [R]. New York: Haeprer Houese, 1910: 113-132.

一份宏大的具有变革意义的医学教育改革蓝图已然绘就。

1913 年,约翰·霍普金斯大学被普通教育委员会选为医学教育示范院校,该校的威廉·韦尔奇博士是全美著名的医学专家,他领衔的医学研究小组获得了委员会 150 万美元的初期资助,旨在改善当时的美国医学教育状况。首先,基金会要求韦尔奇团队的所有医生暂时性地离开诊疗岗位,全身心地投入医学教育和研究工作上来,因为当时的很多医生为了出诊看病而耽误了教育和研究这两项主要任务;其次,对全职从事医学研究的人员实行"高薪养医"政策,使他们的个人和家庭生活没有后顾之忧。这种通过提升医生的专业待遇使其全身心地投入研究和教育的方式取得了良好效果,哈佛大学等一批学校很快开始模仿约翰·霍普金斯大学的运行模式,直至在全美推广开来。① 在 1919 年至 1921 年短短三年时间内,洛克菲勒通过普通教育委员会为医学教育和研究拨款达到了 4500 万美元,到 1929 年普通教育委员会并入到洛克菲勒基金会时,委员会对医学教育的投入已累计达到 7800 万美元。② 这种大金额的投入在将美国的医学院校数量缩减至合理水平的同时,也使美国的医学研究达到世界先进水平。

几乎与洛克菲勒同时,钢铁大王卡内基也开启了其慈善事业,且与洛克菲勒一样将高等教育作为资助的重点领域之一,其变革性理念和洛克菲勒如出一辙。1904 年,麻省理工学院校长亨利·普利切特向卡内基提交了一份关于资助学校退休教师退休金的申请书。卡内基对此非常感兴趣,早在 1890 年,当时还是康奈尔大学董事会成员的卡内基就发现大学退休教师的工资非常低,有些退休教师的生活甚至已经到了非常窘迫的地步,这与美国大众的价值观完全不符。③ 卡内基期望改革美国的高等教育,建立一个覆盖全美高等教育系统的大学教师退休养老金制度。1903 年 4 月,卡内基邀请全美 25 所顶尖大学的校长作为新成立的教学促进委员会委员,卡内基为教学促进委员会注资 1000 万美元。他宣布只要达到委员会制定的标准,高等教育机构就可以获得相应的大学教师退休金捐赠,④而最早向卡内基寻

① Raymond B. Fosdick. The Story of the Rockefeller Foundation[M]. New York:Routledge, 1952:93-104.
② Ernest Victor Hollis. Philanthropic Foundations and Higher Education [M]. New York: Columbia University Press, 1938:44,127.
③ Andrew Carnegie. Autobiography of Andrew Carnegie[M]. Boston & New York:Houghton Mifflin, 1920:268.
④ Howard J. Savage. Fruit of an Impulse:Forty-five Years of the Carnegie Foundation, 1905-1950[M]. New York:Harcourt Brace, 1953:3.

求捐赠的麻省理工学院校长普利切特成为教学促进委员会的首任主席。为此,委员会制定了取得卡内基教学促进委员会养老金的标准,例如,一所学校至少应该有 8 名全职教师,学校的运行基金不低于 50 万美元等,此后数年,其标准不断提高。通过金钱这一激励手段,全美各个学校开始了"自清自查"运动,为得到退休金资助,必然要提升学校的各项办学标准——这也为后续卡内基基金会出具权威的高等教育分类标准提供了依据。①

三、通过资助实现美国大学分层:资源集聚研究型大学

洛克菲勒和卡内基通过运用经济手段,利用基金会捐赠来重塑美国高等教育格局,取得了显著的成果。但这一过程并非一帆风顺,后来 1969 年的美国国会调查引起了全美人民的注意。事实上,有评论认为:"从医学教育开始,美国大学的办学主导权开始转移到'大学阀'手中。"②虽然批评的声音一直没有消失,但正如洛克菲勒本人在商业战场中为击垮竞争对手而残酷无情一样,他对批评的声音往往不屑一顾,还是坚定地为实现自己的目标而持续奋斗。当洛克菲勒早期试图捐赠金钱给教会的时候,引起了巨大的争论,按照传统的宗教思想,洛克菲勒已经不是一个道德高尚的人,而讽刺的是这位被认为道德并不高尚的人物却做出了改变美国高等教育的资助举动。③

现代大型慈善基金会在 19 世纪末至 20 世纪 40 年代美国高等教育的发展历程中,具有不可磨灭的影响,它们作为新型社会资源组织形式的代表,对重塑美国高等教育起到很大的作用。商业战场中的辉煌以及策略深深影响了洛克菲勒和卡内基的慈善行为,他们不约而同地认为美国的高等教育机构应该进行改革,并且是全面性地改革,需要培育出具有世界水准的一流研究型大学。这一理念体现在以他们为代表的社会资源对高等教育机构的选择性资助上,据统计,从 1923 到 1929 年,当时美国前五大慈善基金会捐赠了大约 1.03 亿美元给高等教育机构,其中的 8850 万美元都捐赠给了全美实力较为强劲的 36 所学院和大学,而当时美国拥有大约 1000 多所

① Ernest Victor Hollis. Philanthropic Foundations and Higher Education[M]. New York: Columbia University Press, 1938: 136-141.
② Hans Zinser. The Perils of Magnanimity: A Problem in American Education[J]. Atlantic Monthly, 1927: 246-250.
③ 彼得·柯利尔戴维·霍洛维茨. 洛克菲勒王朝[M]. 劳景素,译,钱维藩,校. 上海:上海译文出版社,1982:151.

高等教育机构。① 1929 年至 1935 年,捐赠再次集中到少数的几所顶尖大学和学院,15 所顶尖研究型大学获得了三分之二的捐赠,著名学者欧内斯特·霍利斯(Ernest V. Hollis)在 1940 年通过研究发现,全美顶尖的 20 所大学和学院获得了大约 73.2% 的捐赠总额,剩余的 425 所大学和学院只获得了剩余的 26.8%,而大约有 800 多所学院在基金会那里一无所获。②

卡内基教学促进委员会的"标准化"捐赠,给普通教育委员会以启发。例如,1919 年普通教育委员会得到洛克菲勒 5000 万美元注资,用以提升大学研究人员的待遇。在具体的捐赠过程中,大约有 173 所高等教育机构获得了资助,但是其筛选标准却极端严格,例如,要求受到资助的高等教育机构必须从外部社会募集到普通教育委员会资助金额的 2 到 4 倍的款项,才能获得资助。③ 这种要求虽然从内部提升了大学的造血功能,但是如此严苛的标准,很显然是为那些实力强劲的研究型大学准备的。知名度较小、办学声誉较差的学校则无法成功地从社会上募集到委员会所要求的匹配资金,更加无法得到委员会的资助。通过这种方式,美国高等教育系统开始分层,顶尖研究型大学所获得的社会资源越来越多,其教育和科研能力越来越强,由此出现了"马太效应"。

1911 年,卡内基纽约基金会正式成立,卡内基注资 2500 万美元,标志着社会资源更高级别的组织形态正式得到确认。卡内基对基金会的宗旨进行了论述:"促进知识发展与人类相互理解。"④后期,卡内基又向基金会注资 1 亿美元,这在当时除洛克菲勒外无人可以望其项背。基金会的崇高理想成为美国梦的典型体现,其普世的价值情怀一直是美国人所秉承的。卡内基本人在基金会成立的时候说过:"世界上的事情都会不可避免地变化,所以没有任何人可以作为董事会成员永远左右一个机构,而是应该交由那

① Palmer O. Johnson. Educational Research and Statistics: The Benefactions of Philanthropic Foundations and Who Receive Them[J]. School and Society, 1932: 264-268.
② Dalo O. Johnson, Malcolm M. Willey. Philanthropic Foundations and their Grants to Institutions of Higher Education During the Depressed Years[J]. School and Society, 1937: 661-664.
③ Raymond B. Fosdick. Adventures in Giving: The Story of The General Education Board, A Foundation Established by John D. Rockefeller[M]. New York: Harper & Row, 1952: 140-149.
④ Robert M. Lester. Forty Years of Carnegie Giving: A Summary of the Benefactions of Andrew Carnegie and of the Work of the Philanthropic Trusts which He Created[M]. New York: C. Scribner's Sons, 1941: 166.

些后来的优秀者们进行管理。"①事实上,卡内基的这番话表明了私有财富处理权力的让渡,这种让渡可以更加理性地运用自己的财富造福社会,将基金会的经营权转移给那些更加专业的人士,这标志着专业化的基金会管理团队开始正式形成。

自此以后,卡内基纽约基金会的资助越来越活跃,对高等教育的资助也越来越多,无论是前期教学促进委员会的全面性资助,还是后续针对不同学校的资助,都在很大程度上促进了美国研究型大学的发展。例如,1922年资助斯坦福大学食品研究所(Food Research Institute)150万美元用于食品的生产、分销、消费等问题研究,摸清了全美的粮食和食品加工产业等战略性信息。② 卡内基纽约基金会在大学自然科学研究方面的资助也取得了很大突破,例如,20世纪20年代资助加州理工学院的罗伯特·米利肯教授进行关于原子结构和宇宙射线的研究,为物理学发展扫清了多重障碍;③以及资助麻省理工学院的工程教育,时至今日,该校的工程教育水平依然傲视全球。④ 在学生培养方面,卡内基纽约基金会和洛克菲勒的普通教育委员会、罗森沃尔德基金会(Rosenwald Fund)相互合作,分别出资27.5万美元、67.5万美元和36.4万美元用于资助人才培养,确保优秀的美国学生可以获得优质的教育和研究资源。⑤

洛克菲勒的普通教育委员会对资助研究型大学充满热情。1925年至1932年,加州理工学院共获得了普通教育委员会330万美元的资助,用于物理学、化学、数学和生物学的研究,哈佛大学、斯坦福大学、普林斯顿大学等也获得了资助,⑥这些资助对当时立志于成为世界一流大学的美国研究型大学而言弥足珍贵。其中,最为成功的是芝加哥大学的东方研究所,在詹姆斯·比斯特(James Beasted)的带领下,芝加哥大学的东方研究所从普通

① Robert M. Lester. Forty Years of Carnegie Giving: A Summary of the Benefactions of Andrew Carnegie and of the Work of the Philanthropic Trusts which He Created[M]. New York: C. Scribner's Sons, 1941:166.

② Carnegie Corporation of New York. Report of the Acting President for the Year Ended September[R]. New York, 1922:38.

③ Carnegie Corporation of New York. Report of the Acting President for the Year Ended September [R]. New York, 1923:55.

④ Carnegie Corporation of New York. Report of the Acting President for the Year Ended September[R]. New York, 1926:23.

⑤ Ernest Victor Hollis. Philanthropic Foundations and Higher Education[M]. New York: Columbia University Press, 1938:153.

⑥ Raymond B. Fosdick. Adventures in Giving: The Story of The General Education Board, A Foundation Established by John D. Rockefeller[M]. New York: Harper & Row, 1952:230.

教育委员会那里获得了超过 110 万美元的研究经费,使得该所成为中东、埃及和非洲东北部地区研究的世界中心,产出了大量具有世界水平的研究成果。①

1913 年,洛克菲勒基金会正式成立,在经历了普通教育委员会初期的资助试水后,洛克菲勒基金会将其资助宗旨定为"促进全世界人类的福祉"。在洛克菲勒基金会后续开展的资助中,以加州理工学院、哈佛大学等为代表的 35 所研究型大学获得了绝大部分资助,为美国研究型大学发展的各项事业做出了极为突出的贡献。例如,加州理工学院的托马斯·摩根和莱纳斯·波林(Linus Pauling)两位教授获得了 160 万美元的资助,用于核能回旋加速器的研究。洛克菲勒基金会还捐赠 100 万美元建设了当时全世界最先进的加州威尔逊山天文台(Mount Wilson Observatory)。其资助产生的影响也是极为深远的,例如加州理工的核能回旋加速器对二战中美国原子弹的成功研制具有至关重要的作用。除此之外,劳拉·斯佩尔曼基金会对社会科学的资助,同样促使了芝加哥大学、耶鲁大学、哈佛大学等一大批研究型大学在人文、社科领域迈入世界一流水平,例如哈佛大学的国际关系研究所和哥伦比亚大学的俄国研究中心(Columbia's Russian Institute)等。②

以卡内基和洛克菲勒为代表的社会资源在美国研究型大学的崛起历程中发挥了历史性的关键作用。由于社会资源的组织形式出现革命性的改变,其高效率、极具目的性的资助对美国高等教育尤其是研究型大学的重塑与发展产生了深远影响。正如著名学者欧内斯特·霍利斯所评价的那样,"现代慈善基金会可能是美国高等教育历史上对其发展影响最大的机构组织,在形塑研究型大学的发展理念、路径等方面几乎决定了整个美国高等教育的发展趋势"③。据统计,截至 1938 年,卡内基和洛克菲勒两大基金会及其附属机构对美国高等教育的捐赠累计超过 2.6 亿美元(其中针对研究型大学的捐赠超过 2.42 亿美元),这在当时是极其巨大的数额,也在一定程度上决定了美国高等教育的发展方向。

当然,针对基金会资助研究型大学的批评声音亦有之,很多人认为大学不再是那个象牙塔里的大学,而是沦为满足基金会资助兴趣而进行研究的

① Raymond B. Fosdick. The Story of the Rockefeller Foundation[M]. New York: Routledge, 1952: 238.
② Raymond B. Fosdick. The Story of the Rockefeller Foundation[M]. New York: Routledge, 1952: 152-164.
③ Ernest Victor Hollis. Philanthropic Foundations and Higher Education[M]. New York: Columbia University Press, 1938: 197.

"雇员",所做研究也不能称为真正的"学问"。① 至于谁对谁错,历史自会做出评判。但是我们可以清晰地看到,在德国研究型大学理念的影响下,同时结合美国特殊的生存土壤,20世纪上半叶的美国高等教育已经摆脱了对英国学院制大学和德国研究型大学的简单模仿,开始理清自身的发展方向,按照美国自身的节奏走出了具有美国特色的研究型大学道路。而在这一进程中,基金会的支持作用极其明显,对美国研究型大学的崛起产生了深远的影响。

---

① Harold J. Laski. The Dangers of Obedience and Other Essays[M]. New York: Harper and Brothers, 1930: 164.

参考文献

中文参考文献

中文论著

1. 阿列克西·托克维尔. 论美国的民主[M]. 董果良,译. 北京:商务印书馆,1989.

2. 彼得·柯利尔戴维·霍洛维茨. 洛克菲勒王朝[M].劳景素,译,钱维藩,校. 上海:上海译文出版社,1982.

3. 曾开富,王孙禺. 战略性研究型大学的崛起:1917—1980年的麻省理工学院[M].北京:科学技术文献出版社,2016.

4. 查尔斯·维斯特. 麻省理工学院如何追求卓越[M]. 蓝劲松,译. 北京:北京大学出版社,2013.

5. 陈洪捷.德国古典大学观及其对中国的影响[M].北京:北京大学出版社,2015.

6. 戴维·凯泽. 麻省理工学院的成长历程:决策时刻[M]. 王孙禺,雷环,张志辉,译. 北京:清华大学出版社,2015.

7. 单中惠. 西方教育思想史[M]. 太原:山西人民出版社,2007.

8. 弗兰克·H.奥利佛. 象牙塔里的乞丐:美国高等教育募款史[M].许东黎,陈峰,译. 桂林:广西师范大学出版社,2011.

9. 高晓清. 美国高校社会捐赠制度研究[M]. 长沙:湖南师范大学出版社,2011.

10. 舸昕. 从哈佛到斯坦福:美国著名大学今昔纵横谈[M]. 北京:东方出版社,1999.

11. 谷峰. 哈佛的故事[M]. 北京:中国电影出版社,2005.

12. 郭健. 哈佛大学发展史研究[M]. 石家庄:河北教育出版社,2016.

13. 韩梦洁. 美国高等教育机构变迁——市场机制公共选择与学术逻辑[M]. 北京:科学技术出版社,2016.

14. 贺国庆,何振海. 战后美国教育史[M]. 上海:上海交通大学出版社,2014.

15. 黄福涛.外国高等教育教育史[M].上海:上海教育出版社,2003.

16. 姜文闵. 世界著名学府:哈佛大学[M]. 长沙:湖南教育出版社,1988.

17. 克拉克·克尔. 大学之用(第五版)[M]. 高铦,等译. 北京:北京大学出版社,2019.

18. 劳伦斯·维赛. 美国现代大学的崛起[M]. 栾鸾,译. 北京:北京大学出版社,2018.

19. 李政云.基金会在美国高等教育发展中的作用——卡内基教学促进基金会案例研究[M].长沙:湖南师范大学出版社,2011.

20. 理查德·A.金,奥斯汀·D.斯旺森、斯科特·R.斯威特兰. 教育财政——效率、公平与绩效[M]. 曹淑江,主编. 北京:中国人民大学出版社,2010.

21. 罗伯特·M.洛森茨维格,芭芭拉·特林顿. 研究型大学及其赞助者[M]. 张弛,译,张斌贤,校. 保定:河北大学出版社,2008.

22. 罗杰·L.盖格. 大学与市场的悖论[M]. 郭建如,马林霞,等译. 北京:北京大学出版社,2020.

23. 罗杰·L.盖格. 增进知识——美国研究型大学的发展(1900—1940)[M]. 王海芳,魏书亮,译,周钧,校. 保定:河北大学出版社,2008.

24. M.卡诺依. 教育经济学国际百科全书(第二版)[M]. 闵维方,等译. 北京:高等教育出版社,1999.

25. 马秋莎.改变中国:洛克菲勒基金会在华百年[M]. 桂林:广西师范大学出版社,2013.

26. 马永霞,等. 高校筹资多元化研究[M]. 北京:北京理工大学出版社,2013.

27. 毛礼锐. 中国教育通史·第六卷[M]. 济南:山东教育出版社,1995.

28. 米切尔·B.鲍尔森,约翰·C.舒马特. 高等教育财政:理论、研究、政策与实践[M]. 孙志军,程刚,郑磊,毛建青,译. 北京:北京师范大学出版社,2008.

29. 屈劲夫.英国社会经济史[M]. 北京:商务印书馆,1936.

30. R.弗里曼·伯茨. 西方教育文化史[M]. 单中惠,徐小洲,编,王凤玉,译. 济南:山东教育出版社,2013.

31. 商丽浩. 政府与社会:近代公共教育经费配置研究[M]. 石家庄:

河北教育出版社,2001.

32. 斯科特·戈登. 控制国家——西方宪政的历史[M]. 应奇,陈丽微,孟军,等译. 南京:江苏人民出版社,2001.

33. 孙培青. 中国教育史(第四版)[M]. 上海:华东师范大学出版社,2019.

34. 陶红. 美国公立大学收支比较研究[M]. 北京:北京理工大学出版社,2012.

35. 滕大春. 美国教育史[M]. 北京:人民教育出版社,2001.

36. 王蓉. 中国教育财政政策咨询报告[M]. 北京:教育科学出版社,2019.

37. 威廉·H. 麦克尼尔. 哈钦斯的大学:芝加哥大学回忆录 1929—1950[M].肖明波,杨光松,译. 杭州:浙江大学出版社,2013.

38. 威廉·G. 鲍恩. 汲取经验:普林斯顿大学校长的反思[M]. 王天晓,译. 北京:高等教育出版社,2012.

39. 威廉·J. 本内特. 美国通史[M]. 刘军,等译. 北京:北京理工大学出版社,2020.

40. 吴咏慧. 哈佛琐记[M]. 北京:生活·读书·新知三联书店,1997.

41.休·戴维斯·格拉汉姆,南希·戴蒙德. 美国研究型大学的兴起——战后年代的精英大学及其挑战者[M]. 张斌贤,於荣,王璞,译. 保定:河北大学出版社,2008.

42. 希拉·斯劳特,拉里·莱斯利. 学术资本主义 [M]. 梁骁,黎丽,译,潘发勤,蒋凯,审校. 北京:北京大学出版社,2008

43. 亚瑟·科恩. 美国高等教育通史[M]. 李子江,译. 北京:北京大学出版社,2019.

44. 余志森. 美国史纲[M]. 上海:华东师范大学出版社,1992.

45. 约翰·S.布鲁巴克. 教育问题史[M]. 单中惠,王强,译. 济南:山东教育出版社,2012.

46. 约翰·赛林. 美国高等教育史[M]. 孙益,林伟,刘冬青,译. 北京:北京大学出版社,2014.

47. 詹姆斯·杜德斯达,弗瑞斯·沃马克. 美国公立大学的未来[M]. 刘济良,译. 北京:北京大学出版社,2006.

48. 张斌贤,郭法奇.美国教育:观念与制度的变迁[M]. 北京:中国社会科学出版社,2017.

49. 张东海,谢安邦. 美国联邦科学政策与世界一流大学发展[M]. 上海:上海教育出版社,2010.

50. 周贤日. 国外高校社会捐赠制度研究[M]. 北京:中国法制出版社,2015.

51. 朱国宏. 哈佛帝国[M]. 上海:上海人民出版社,2002.

52. 资中筠. 财富的责任与资本主义的演变——美国百年公益发展的启示[M].上海:上海三联书店,2015.

中文学位论文

1. 白强. 危机·转机·生机:哈佛大学改革轨迹探究(1869—2001)[D].南京:南京大学,2016.

2. 陈利民. 哈佛大学办学理念研究[D].武汉:华中科技大学,2005.

3. 杜亚玲. 对美国三权分立制度的审视[D].长沙:中南大学,2011.

4. 贺祖斌. 中国高等教育系统的生态学分析[D]. 武汉:华中科技大学,2004.

5. 李哲. 论进步主义运动对美国外交的影响[D].秦皇岛:燕山大学,2012.

6. 梁丽. 美国学人留德浪潮及其对美国高等教育的影响(1815—1917)[D].保定:河北大学,2015.

7. 凌远宏. 私人基金会在美国教育上的角色和作用研究[D]. 福州:福建师范大学,2008.

8. 刘旭东,美国联邦政府高等教育财政资助发展研究[D].保定:河北大学,2013.

9. 刘喻. 美国私人基金会捐赠高等教育的研究[D]. 武汉:华中师范大学,2008.

10. 陆月. 安德鲁·卡内基研究——美国大企业家、慈善家安德鲁·卡内基的思想与实践[D]. 上海:华东师范大学,2003.

11. 蒙有华. 民间组织对美国高等教育的影响[D]. 重庆:西南大学,2007.

12. 孟江寅. 借鉴与超越:约翰·霍普金斯大学早期发展研究[D].沈阳:沈阳师范大学,2017.

13. 彭勃. 高等教育资源的生态化配置与培植[D]. 北京:中国矿业大学,2008.

14. 齐利静. 吉尔曼治理约翰·霍普金斯大学研究[D].长春:东北师

范大学,2011.

15. 乔卉. 美国哈佛大学资金筹措方式研究[D]. 北京:首都师范大学,2007.

16. 师丽娜. 美国私人基金会捐赠高等教育的运作与监管机制[D]. 兰州:西北师范大学,2011.

17. 谈晓奇. 克雷明教育生态学理论述评[D]. 上海:华东师范大学,2006.

18. 王冰. 美国基金会的教育实践[D]. 保定:河北大学,2007.

19. 王慧. 乔治·皮博迪与十九世纪美国慈善事业的发展[D]. 郑州:郑州大学,2014.

20. 王显梅. 私人基金会对美国高等教育的影响研究[D]. 成都:四川师范大学,2011.

21. 许国林. 内战后至 20 世纪初美国社会思潮主流的变迁[D]郑州:郑州大学,2006.

22. 张骏. 论美国自治传统的形成与发展[D]. 南京:南京师范大学,2014.

中文期刊论文

1. 陈东梅,张艳荣,李志平. 洛克菲勒基金会与医学教育[J]. 医学与哲学(人文社会医学版),2009,30(8):62—64.

2. 陈学飞. 美国高等教育管理思想探究(下)[J]. 高等教育研究,1996(1):94—100.

3. 何莉君. 美国 20 世纪现代私募基金会的诞生及其创建者的慈善观——研读洛克菲勒、卡耐基及罗森华德[J]. 中国非营利评论,2011,8(2):192—205.

4. 何贤贤. 基金会支持美国教育的文化传统分析[J]. 当代教育论坛(综合版),2010(3):120—121.

5. 何晓芳,张贵新. 高等教育市场化进程中的理想类型[J]. 高教探索,2008(2):44—48.

6. 李婷. 美国现代慈善兴盛的原因及启示研究——基于文化的视角[J]. 理论界,2016(5):65—73.

7. 刘宝岐. 论清教传统对耶鲁大学的影响[J]. 河北师范大学学报(教育科学版),2010,12(3):39—44.

8. 刘春华. 吉尔曼与美国研究生教育:约翰·霍普金斯模式探析[J].

高等教育研究,2012,33(6):85—91.

9. 商丽浩,孙贵平. 美国高等教育社会筹资外部运行机制研究[J]. 复旦教育论坛,2018,16(2):98—104.

10. 孙贵平,邹源椋. 社会资源支持下的美国一流学科建设——以劳拉·斯皮尔曼基金会对芝加哥大学社会科学研究的支持为例[J]. 高教探索,2018(4):32—38.

11. 孙贵平. 社会资源与大学财政:芝加哥大学社会筹资研究[J]. 中国人民大学教育学刊,2017(4):153—165.

12. 王慧敏,张斌贤,方娟娟. 对"达特茅斯学院案"的重新考察与评价[J]. 教育研究,2014,35(10):119—127.

13. 王英. 约翰·霍普金斯大学早期办学理念分析[J]. 河北大学学报(哲学社会科学版),2005(1):131—134.

14. 王英杰. 大学校长要有大智慧——美国芝加哥大学的建立与发展经验[J]. 清华大学教育研究,2005,26(1):10—20.

15. 武翠红,赵丹. 耶鲁大学建设世界一流大学的战略和实践[J]. 黑龙江高教研究,2016(10):42—45.

16. 杨贤金等. 英国高等教育发展史回顾、现状分析与反思[J]. 天津大学学报(社会科学版),2006(3):161—165.

17. 叶通贤. 社会资本视阈下哈佛大学的资金筹措与启示[J]. 黑龙江高教研究,2012,30(3):10—13.

18. 易琴. 引入与借鉴——早期译介日本学者教育史著述的历史考察(1901—1919)[J]. 河北师范大学学报(教育科学版),2008(11):43—48.

19. 于涛. 浅谈美国南北战争后经济迅速发展的原因[J]. 内蒙古电大学刊,1992(4):38—39.

20. 张金辉. 耶鲁大学成就一流学府的经验分析[J]. 河北大学学报(哲学社会科学版),2007(2):65—70.

21. 张旺. 美国高等教育发展的社会文化因素分析[J]. 高教探索,2006(1):68—71.

22. 张亚红,王秋石. 美国两次镀金时代及其后的治理转型[J]. 浙江大学学报(人文社会科学版),2012,42(2):25—49.

23. 周详. "达特茅斯学院案"及其对美国高等教育的影响[J]. 教育学术月刊,2009(6):76—78.

中文网络资源

1. 搜狐新闻. 北京协和医院发文,感恩洛克菲勒家族[EB/OL]. [2018-10-24]. http://www.sohu.com/a/223130409_482131.

2. 中国网. 世行公布世界 GDP 排名. [EB/OL]. [2017-10-29]. http://www.china.com.cn/txt/2004-07/13/content_5608820.htm.

3. 中华人民共和国教育部,2016 年全国教育经费执行情况统计公告. [EB/OL]. [2017-10-30]. http://www.moe.gov.cn/srcsite/A05/s3040/201710/t20171025_317429.html.

4. 中华人民共和国教育部,国务院关于印发统筹推进世界一流大学和一流学科建设总体方案的通知[EB/OL]. [2017-10-29]. http://www.moe.gov.cn/jyb_xxgk/moe_1777/moe_1778/201511/t20151105_217823.html.

5. 中央政府门户网站. 中华人民共和国慈善法[EB/OL]. [2018-09-08]. http://www.gov.cn/zhengce/2016—03/19/content_5055467.htm.

外文参考文献

外文基本史料

1. Harvard University. Reports of the President and the Treasurer of Harvard College,1909-1910[EB/OL]. [2018-11-06]. Harvard Library Archives,The Chemical Laboratory:197. https://iiif.lib.harvard.edu/manifests/view/drs:427018383$197i.

2. Abraham Flexner. Funds and Foundations[M]. New York:Harper Publisher,1952:80.

3. American Association for the Advancement of Science. University and Education New,An Association of American Universities[J]. Science,1900,11(3):478-480.

4. American Association of University Professors. Report of the Committee on Academic Freedom an Tenure[R]. 1917.

5. Augustus Trowbridge. Mathematical Physics and Experimental Physics in the United States[R]. Rockefeller Archive Center,1927:Box 10,Folder 143.

6. Beardsley Ruml. General Memorandum by the Director[Z]. Rockefeller Archive Center,1922:Box 2,Folder 31.

7. Beardsley Ruml. Memorandum from Director to Trustees[Z]. Rockefeller Archive Center-LSRM, 1923: Box 1, Folder 5.

8. Beardsley Ruml. Memorandum: Conditions Affecting the Memorial's Participation in Projects in Social Science[Z]. Rockefeller Archive Center-LSRM, 1924: Box 1, Folder 9.

9. Beardsley Ruml. Memorandum[Z]. Rockefeller Archive Center-LSRM, Box 69, Folder 74.

10. Beardsley Ruml. The Reliability of Mental Tests in the Division of an Academic Group[D]. Chicago: The University of Chicago, 1917.

11. Beardsley Ruml. Verbatim Notes of the Princeton Conference of Trustees and Offices[Z]. Rockefeller Archive Center-LSRM, 1930: Box 22, Folder 167.

12. Bentley Historical Library, University of Michigan. James B. Angell Papers[Z]. 851644 Aa 2 Ac.

13. Carnegie Corporation of New York. Report of the Acting President for the Year Ended September[R]. New York, 1922.

14. Carnegie Corporation of New York. Report of the Acting President for the Year Ended September [R]. New York, 1923.

15. Carnegie Corporation of New York. Report of the Acting President for the Year Ended September [R]. New York, 1926.

16. Carnegie Corporation of New York. Report of the Acting President for the Year Ended September [R]. New York, 1937.

17. Carnegie Corporation of New York. Annual Report of Summary of Grants Primarily for Research in Biological and Physical Sciences in 1920s and 1930s[R]. New York: Carnegie Corporation of New York.

18. Carnegie Institution of Washington. Year Book of Financial data 1903-1910[R]. Washington D. C. :Carnegie Institution of Washington, 1911.

19. Carnegie Institution of Washington. Board Minutes [R]. Washington D. C. :Carnegie Institution of Washington, 1906.

20. Carnegie Institution of Washington. Board Minutes [R]. Washington D. C. :Carnegie Institution of Washington, 1920.

21. Carnegie Institution of Washington. Memorandum to Executive Committee [R]. Washington D. C. : Carnegie Institution of

Washington, 1901.

22. Carnegie Institution of Washington. T. C. Chamberlin to R. S. Woodward[R]. Carnegie Institution of Washington Yearbook, 1902.

23. Carnegie Institution of Washington. Year Book 1903 [R]. Washington D. C. : Carnegie Institution of Washington, 1903.

24. Clark A. Elliot, Margaret W. Rossiter. Science at Harvard: Historical Perspectives[M]. Bethlehem: Lehigh University Press, 1992:17.

25. David Cazneau. The "History-Making" School of Public Health Soon[N]. Boston: Boston Evening Transcript, 1913.

26. Donald E. Smith. A Short History of Private Educational Philanthropy[Z]. Handover Bank Philanthropy Collection, Box 15.

27. Edwin Embree. A Policy for the Advancement of Science[R]. Rockefeller Archive Center, 1930.

28. Edwin R. Embree. In Order of Their Eminence: An Appraisal of American Universities [M]. Harvard University Archives, Archives Stacks, HUA 935. 24.

29. Elizabeth Thompson Science Fund. Correspondence and Papers, 1885-1919[Z]. Harvard Countway Medicine Rare Books, HMS b36.

30. Frederick T. Gates. Letter from Frederick T. Gates to John D. Rockefeller, Jr. [Z]. Rockefeller Archive Center, 1909: Box 52, Folder 544.

31. Frederick T. Gates. The Purpose of the Rockefeller Foundation with Suggestions as to the Policy of Administration [Z]. Rockefeller Archive Center, Box 19, Folder 19.

32. General Education Board. Annual Report of the General Education Board[R]. New York: General Education Board, 1924-1925.

33. General Education Board. Annual Report of the General Education Board[R]. New York: General Education Board, 1928-1929.

34. General Education Board. Annual Report of the General Education Board[R]. New York: General Education Board, 1925-1926.

35. General Education Board. Annual Report of the General Education Board[R]. New York: General Education Board, 1919-1920.

36. General Education Board. Annual Report of the General Education

Board[R]. New York: General Education Board, 1921-1922.

37. General Education Board. Annual Report of the General Education Board[R]. New York: General Education Board, 1924-1925.

38. General Education Board. General Education Board: Review and Final Report, 1902-1964[R]. New York: General Education Board ,1964.

39. General Education Board. The General Education Board: An Account of its Activities, 1902-1914: With 32 Full Page Illustrations and 31maps[R]. New York: General Education Board, 1915.

40. General Education Board. The General Education Board: An Account of Its Activities, 1902-1912[R]. New York:General Education Board, 1915.

41. General Education Board. The General Education Board: An Account of its Activities, 1902-1914: With 32 Full Page Illustrations and 31maps[R]. New York: General Education Board, 1915.

42. General Education Board. The General Education Board: An Account of its Activities, 1902-1914: With 32 Full Page Illustrations and 31maps[R]. New York: General Education Board, 1915.

43. General Education Board. The General Education Board: An Account of its Activities, 1902-1914: With 32 Full Page Illustrations and 31maps[R]. New York: General Education Board, 1915.

44. General Education Board. The General Education Board: An Account of its Activities, 1902-1914: With 32 Full Page Illustrations and 31maps[R]. New York: General Education Board, 1915.

45. General Education Board. The General Education Board: An Account of its Activities, 1902-1914: With 32 Full Page Illustrations and 31maps[R]. New York: General Education Board, 1915.

46. George E. Vincent. Memorandum on Policy and Organization [R]. Rockefeller Archive Center, 1927.

47. George E. Vincent. Memorandum on the Reorganization of the Boards[R]. Rockefeller Archive Center, 1927:4-5. Box 9, Folder 138.

48. George E. Vincent. Reorganization of the Rockefeller Boards: An Outline for Discussion[R]. Rockefeller Archive Center, 1927: Box 19, Folder 138.

49. George Hale. The Purpose and Needs of the National Research Council [R]. Washington D. C. : The Government Printing Office: 1919.

50. Harlow Shapley. Classification of Fields of Study and Research [R]. Rockefeller Archive Center, 1927: Box10, Folder 141.

51. Harvard Schlesinger Library. Bureau of International Research, Harvard University and Radcliffe College Researches[Z]. Bureau of International Research of Harvard University and Radcliffe College RG XIXB, Folder 3.

52. Harvard Schlesinger Library. Bureau of International Research, Harvard University and Radcliffe College Researches[Z]. Bureau of International Research of Harvard University and Radcliffe College RG XIXB, Folder 4.

53. Harvard Schlesinger Library. Wilson to Ruml[Z]. Bureau of International Research of Harvard University and Radcliffe College RG XIXB, Folder 2.

54. Harvard Schlesinger. Committee on the Bureau for International Research 1924[Z]. Library. Bureau of International Research of Harvard University and Radcliffe College RG XIXB, Folder 1.

55. Harvard University Archive Center. Record of the Faculty of Arts and Sciences[Z]. Harvard University, Faculty of Arts and Sciences, Archives Stacks, 13986.

56. Harvard University Archive Center. Record of the President of Harvard University, James Bryant Conant, 1933-1955 [Z]. President Office, Archives Stacks, UAI 5. 168.

57. Harvard University Archives, HU-B-2602. Christian Science Monitor[B]. Cambridge: Harvard University Archives,1928.

58. Harvard University Archives. Harvard Alumni Bulletin [J]. 1928:187-191.

59. Harvard University Archives. Lawrence Scientific School[J]. American Journal of Education,1856(1):217-224

60. Harvard University Archives. Lowell to Mrs. Sage in 1914. 6. 6 and 1914. 10. 31[Z]. Papers pf Abbott Lawrence Lowell, 1861-1945: UAI 15, Folder 896.

61. Harvard University Archives. Papers of Abbott Lawrence Lowell, 1861-1945[Z]. UAI 15, Folder 896.

62. Harvard University Archives. Papers of Jerome D. Greene，1894-1955[Z]. HUG 4436，Folder 32.

63. Harvard University Archives. Papers of Theodore William Richards，1868-1928 Woodward to Richards[Z]. 1905：Accession 14375.

64. Harvard University Gazette. The Chemical Laboratory ［N］. Harvard University Archives，Box 32，Folder 2.

65. Harvard University. Issue containing the report of the President of Harvard College and Reports of Departments for 1933-1934[EB/OL]. ［2018-11-11］. https://iiif. lib. harvard. edu/manifests/view/drs：427018295 $ 316i.

66. Harvard University. Issue containing the report of the President of Harvard College and reports of the departments，1928-1929：236-237. [EB/OL]. [2018-11-11]. https://iiif. lib. harvard. edu/manifests/view/drs：427018385 $ 238i.

67. Harvard University. Report of the President of Harvard College and Reports of departments，1929-1930[EB/OL]. [2018-11-11]. https://iiif. lib. harvard. edu/manifests/view/drs：427018265 $ 288i.

68. Harvard University. Reports of the President and the Treasurer of Harvard College，1904-1905[EB/OL]. [2018-11-05]. Harvard Library Archives，The Chemical Laboratory：251. https://iiif. lib. harvard. edu/manifests/view/drs：427018293 $ 251i.

69. Harvard University. Reports of the President and the Treasurer of Harvard College，1907-1908[EB/OL]. [2018-11-06]. Harvard Library Archives，The Chemical Laboratory：251. https://iiif. lib. harvard. edu/manifests/view/drs：427018352 $ 252i.

70. Harvard University. Reports of the President and the Treasurer of Harvard College，1907-1908[EB/OL]. [2018-11-06]. Harvard Library Archives，The Chemical Laboratory，1903-1927. https://guides. library. harvard. edu/harvard-radcliffe-online-historical-reference-shelf.

71. Harvard University. Reports of the President and the Treasurer of Harvard College，1920-1921[R]. Harvard Library Archives,1921.

72. Harvard University. Reports of the President and the Treasurer of Harvard College[R]. Harvard University Archives,1921-1922.

73. Harvard University. Reports of the President and the Treasurer of Harvard College[R]. Harvard University Archives,1923-1923.

74. Harvard University. Reports of the President and the Treasurer of Harvard College[R]. Harvard University Archives, 1926.

75. Harvard University. Reports of the President and the Treasurer of Harvard College[R]. Harvard University Archives, 1924.

76. Harvard University. Reports of the President and the Treasurer of Harvard College[R]. Harvard University Archives, 1925.

77. Harvard University. Reports of the President and the Treasurer of Harvard College[R]. Harvard University Archives, 1924-1925.

78. Henry S. Pritchett. A National System of Education[Z]. Rockefeller Archive Center, Box 7, Folder 2.

79. Institute of Education Sciences. Common Guidelines for Education Research and Development: A Report from the Institute of Education Sciences, and the National Science Foundation[R]. Washington D. C. : The Government Printing Office, 1948.

80. Jerome D. Greene. Future Organization of the Rockefeller Foundation[R]. Rockefeller Archive Center, 1914.

81. Jerome D. Greene. Principles and Policy of Giving[R]. Rockefeller Archive Center, 1913.

82. Jerome D. Greene. The Policy of the Rockefeller Foundation[R]. Rockefeller Archive Center, 1916.

83. John D. Rockefeller. The Benevolent Trust, the Cooperative Principle in Giving[Z]. The World Work, 1909.

84. John Townsend. John T. Trowbridge Papers, 1855-1939 [Z]. Harvard Houghton Library, MS Am, 2019.

85. Lawrence Frank. The Status of Social Science in the United States [R]. Laura Spelman Rockefeller Memorial,1923:12.

86. Max Mason. Report to the Research Committee[R]. Rockefeller Archive Center, 1930.

87. New York Herald Tribune[N]. New York Times, 1948. 10.

88. New York Times[N]. 1950. 5. 31

89. New York Times[N]. 1956. 7. 8.

90. Official Register of Harvard University. Issue Containing the Report of the President of Harvard College and Reports of Departments for 1932-1933[R]. Harvard Archives Center, 1934.

91. Raymond B. Fosdick. Memorandum of a Meeting at the Century Club[Z]. Rockefeller Archive Center, 1927: Box 17, Folder 123.

92. Raymond M. Hughes. Report of the Committee on Graduate Instruction[R]. Educational Record, 1934. 15(2):192-234.

93. Records of the Corporation and Fellows of Harvard College. Abbott Lawrence to Samuel A. Eliot[Z]. Harvard University Archives, 1847: Box 106, Folder 17.

94. Rockefeller Archive Center. A New Proposal from Frank R. Lillie[R]. Rockefeller Archive Center, 1923.

95. Rockefeller Archive Center. Abraham Flexner Memorandum[Z]. 1927: Box 17, Folder 123.

96. Rockefeller Archive Center. Abraham Flexner to Thomas H. Morgan & Thomas H. Morgan to Abraham Flexner[Z]. Rockefeller Archive Center, 1916.

97. Rockefeller Archive Center. Agender for Special Meeting[R]. Rockefeller Archive Center, Box 22, Folder 168.

98. Rockefeller Archive Center. Augustus Trowbridge to Wickliffe Rose[Z]. Rockefeller Archive Center, 1927: Box 24, Folder 345.

99. Rockefeller Archive Center. Caswell Grave to George R. Throop[Z]. Rockefeller Archive Center, 1929.

100. Rockefeller Archive Center. Classification of Appropriations, 1911-1922[Z]. Rockefeller Archive Center, Box 31, Folder 12.

101. Rockefeller Archive Center. Conference of Trustees and Officers[Z]. Rockefeller Archive Center, 1930: Box 22, Folder 167.

102. Rockefeller Archive Center. Edward Pickering to Jerome D. Greene[Z]. Rockefeller Archive Center, 1913: Box 167, Folder 5.

103. Rockefeller Archive Center. George E. Hale to Henry S. Pritchett, Robert Millikan to Henry S. Pritchett, George E. Hale to Frederick Keppel, Robert Millikan to Frederick Keppel[Z]. Rockefeller Archive Center, 1922-1925.

104. Rockefeller Archive Center. George E. Vincent to Fosdick, Gunn, etc. [Z]. Rockefeller Archive Center, 1928: Box 17, Folder 125.

105. Rockefeller Archive Center. George Vincent to Alexander Smith/Julius Stieglitz/Albert Michelson/John Zeleny and Robert Millikan [Z]. Rockefeller Archive Center, 1918: Box 37, Folder 417.

106. Rockefeller Archive Center. Greene to Vincent[Z]. Rockefeller Archive Center, 1917: Box 21, Folder 163.

107. Rockefeller Archive Center. Hale to Pritchett[J]. Rockefeller Archive Center, National Academy, 1913.

108. Rockefeller Archive Center. Halston J. Thorkelson's Memo [Z]. Rockefeller Archive Center, 1924: Box 83, Folder 734.

109. Rockefeller Archive Center. Harlow Shapley to Max Mason[Z]. Rockefeller Archive Center, 1929: Box 20, Folder 139.

110. Rockefeller Archive Center. Harlow Shapley to Wickliffe Rose [Z]. Rockefeller Archive Center, 1928: Box 18, Folder 226.

111. Rockefeller Archive Center. Henry S. Pritchett to Elihu Root [Z]. Rockefeller Archive Center, 1917.

112. Rockefeller Archive Center. Henry S. Pritchett to Elihu Root [Z]. Rockefeller Archive Center,1918.

113. Rockefeller Archive Center. Henry S. Pritchett, Field of Activity[Z]. Rockefeller Archive Center, 1916.

114. Rockefeller Archive Center. James Angell to George Vincent [Z]. Rockefeller Archive Center, 1920: Box 36, Folder 416.

115. Rockefeller Archive Center. James R. Angell about the Proposals with Reference to General Policy[Z]. Rockefeller Archive Center, 1921.

116. Rockefeller Archive Center. Jerome D. Greene of Application [Z]. Rockefeller Archive Center, 1916: Box 167, Folder 11.

117. Rockefeller Archive Center. Jerome D. Greene to Edward Pickering [Z]. Rockefeller Archive Center, 1913. 10: Box 167, Folder 5.

118. Rockefeller Archive Center. John D. Rockefeller to Raymond B. Fosdick[Z]. Rockefeller Archive Center, 1916: Box 31, Folder 311.

119. Rockefeller Archive Center. Maps in IEB[Z]. Rockefeller Archive Center, Box 10, Folder 143.

120. Rockefeller Archive Center. Memorandum of a Plan for the Promotion of Research in Physics and Chemistry in Co-operation with Educational Institution[R]. Rockefeller Archive Center，1919.

121. Rockefeller Archive Center. Memorandum of Expected Income and Expenditure[Z]. Rockefeller Archive Center，1918：Box 21，Folder 164.

122. Rockefeller Archive Center. Memorandum[Z]. Rockefeller Archive Center，1920.

123. Rockefeller Archive Center. National Research Center's Proposal [R]. Rockefeller Archive Center，1918：9.

124. Rockefeller Archive Center. National Research Council Appropriation Plan[R]. Rockefeller Archive Center，1920：Box 37，Folder 417.

125. Rockefeller Archive Center. On the Grants-in-aid[Z]. Rockefeller Archive Center，1930：Box 37，Folder 418.

126. Rockefeller Archive Center. Raymond B. Fosdick to Debevoise [Z]. Rockefeller Archive Center，1927：Box 17，Folder 123.

127. Rockefeller Archive Center. Raymond B. Fosdick to John D. Rockefeller, Jr.[Z]. Rockefeller Archive Center，1921：Box7.

128. Rockefeller Archive Center. Raymond B. Fosdick to John D. Rockefeller, Jr.[Z]. Rockefeller Archive Center，1927：Box 900，Folder 123.

129. Rockefeller Archive Center. Raymond B. Fosdick to John D. Rockefeller, Jr.[Z]. Rockefeller Archive Center，1927：Box 900，Folder 123.

130. Rockefeller Archive Center. Record of Memorial Staff Meeting at Hanover Conference[Z]. Rockefeller Archive Center，1927：3.

131. Rockefeller Archive Center. Record of Memorial Staff Meeting at Hanover Conference[Z]. Rockefeller Archive Center，1927：3.

132. Rockefeller Archive Center. Report of Committee of Appraisal and Plan[R]. Rockefeller Archive Center，1934：61. Box 22，Folder 166.

133. Rockefeller Archive Center. Robert Millikan to George E. Hale [Z]. Rockefeller Archive Center，1919.

134. Rockefeller Archive Center. Robert Millikan to George Vincent：Plan for Promotion of Research in Physics and Chemistry by Rockefeller

Foundation[R]. Rockefeller Archive Center, 1918.

135. Rockefeller Archive Center. Rose's notebooks[Z]. Rockefeller Archive Center,G. E. B. files, 1923.

136. Rockefeller Archive Center. The General Education Board: An Account of Its Activities, 1902-1914 [R]. Rockefeller Archive Center, 1915:212.

137. Rockefeller Archive Center. Theodore Lyman to Wickliffe Rose [Z]. Rockefeller Archive Center, 1926: GEB Series, Box 2, Folder 15.

138. Rockefeller Archive Center. Warren Weaver to Lauder Jones [Z]. Rockefeller Archive Center, 1933.

139. Rockefeller Archive Center. Warren Weaver to Max Mason[Z]. Rockefeller Archive Center, 1931: Box 1, Folder 22.

140. Rockefeller Archive Center. Wickliffe Rose Diary[Z]. Rockefeller Archive Center, 1924: Box 24, Folder 346.

141. Rockefeller Archive Center. Wickliffe Rose to Abraham Flexner [Z]. Rockefeller Archive Center, 1919.

142. Rockefeller Archive Center. Wickliffe Rose to Augustus Trowbridge [Z]. Rockefeller Archive Center, 1928: Box 18, Folder 266.

143. Rockefeller Archive Center. Wickliffe Rose to Augustus Trowbridge [Z]. Rockefeller Archive Center, 1927: Box 17, Folder 124.

144. Rockefeller Archive Center. Wickliffe Rose to Augustus Trowbridge [Z]. Rockefeller Archive Center, 1927: Box 17, Folder 124.

145. Rockefeller Archive Center. Wickliffe Rose to Robert Millikan [Z]. Rockefeller Archive Center, 1923.

146. Rockefeller Archive Center-LSRM. 1923-1928 Annual Reports of the Laura Spelman Rockefeller Memorial [R]. Rockefeller Archive Center, Box 22, Folder 168

147. Rockefeller Archives Center. Walcott to Billings[Z]. Rockefeller Archive Center, Board Minutes, 1906.

148. The Association of American Universities. The Letter of Invitation to the Founding Conference of AAU[Z]. Rockefeller Archive Center, 1900.

149. The General Education Board. The General Education Board: An Account of Its Activities, 1902-1914[R]. Rockefeller Archive Center, 1915.

150. The Peabody Education Fund. Annual Report of the Trustees Education in the South[R] New York: The New York Times, 1873.

151. Trevor Arnett. Recent Trends in Higher Education in the United States [R]. New York: General Education Board Occasional Paper, 1940.

152. U. S Congress, Senate, Committee on Finance. Hearing Revenue Act of 1935[Z]. Washington D. C. , 1935.

153. Warren Weaver. Max Mason[Z]. Rockefeller Archive Center, 1932.

154. Wickliffe Rose. A Plan for Increasing Productivity in Medical Science[R]. Rockefeller Archive Center, 1916: Box 906, Folder 13.

155. Wickliffe Rose. Comparative Statement Embodying the Views of American and Europe[R]. Rockefeller Archive Center, 1927: Box 10, Folder 142.

156. Wickliffe Rose. Scheme for Promotion of Science on an International Scale[R]. Rockefeller Archive Center, 1923: Box 906, Folder 19.

外文论著

1. Abraham Flexner. Funds and Foundations[M]. New York: Harper Publisher, 1952.

2. Abraham Flexner. Medical Education in the United States and Canada, Carnegie Foundation for the Advancement of Teaching Bulletin [R]. New York, 1910.

3. Albert Matthews. Colonial Society of Massachusetts Collection [M]. Cambridge: The Society, 1925.

4. Alex J. Ducanis. Financing Higher Education: A Bibliography [R]. Washington D. C. : U. S. Department of Health, Education &. Welfare Office of Education,1971.

5. Alexander T. McGill. Patriotism, Philanthropy, and Religion: American Colonization Society[M]. Washington D. C. : McGill &. Witherow Printers,1877.

6. Allan Nevins. Study in Power: John D. Rockefeller, Industrialist and Philanthropist[M]. New York: Easton Press, 1953.

7. American Coucil of Learned Society. Dictionary of American Biography[M]. New York: Scribner, 1977.

8. Andrew Carnegie. Autobiography of Andrew Carnegie [M].

Boston & New York. ; Houghton Mifflin, 1920.

9. Andrew Carnegie. Gospel of Wealth and Other Timely Essays [M]. New York: The Century Co. , 1900.

10. Andrew D. White. Reminiscences of Ezra Cornell: An Address Delivered at Cornell University[M]. New York: Cornell University Press,1890.

11. Anonymous. Bishop Chase's Reminiscences: An Autobiography [M]. Boston: Bioblolife 1848.

12. Barbara E. Brittingham, Thomas R. Pezzullo. The Campus Green: Fundraising in Higher Education[M]. Washington D. C. ; ERIC Clearinghouse on Higher Education, 1990.

13. Barry D. Karl, Stanley N. Katz. The American Private Philanthropic Foundation and the Public Sphere, 1890-1930[M]. Minerva, 1982.

14. Benjamin Peirce. History of Harvard University [M]. Cambridge: Brown, Shattuck, and Company, 1833.

15. Bernard Harris. The Origins of the British Welfare State[M]. New York: Palgrave Macmillan Press, 2004.

16. Bruce W. Leslie. Gentleman and the Scholars: College and Community in the "Age of the University"[M]. Philadelphia: The Pennsylvania State University Press, 1992.

17. Meredith A. Bulter. Successful Fundraising: Case Studies of Academic Libraries[R]. Washington D. C. ; Association of Research Libraries, 2001.

18. Bureau of Census. Historical Statistics of the United States, Colonial Times to 1970[M]. Washington D. C. ; U. S. Bureau of Census, 1975.

19. Carnegie Foundation for the Advancement of Teaching. The Carnegie Foundation for the Advancement of Teaching: Publications of the Foundation[M]. Boston: The Merrymount Press, 1947.

20. Carol S. Gruber. Mars and Minerva: World War I and the Uses of Higher Learning in America[M]. Baton Rouge: Louisiana State University, 1975.

21. Clarke A. Chambers. Social Welfare Policies and Programs on the Minnesota Iron Range, 1880-1930 [R]. Minnesota: University of Minnesota Conference on Education, 1963.

22. Clyde W. Barrow. University and the Capitalist State: Corporate

Liberalism and the Reconstruction of American Higher Education, 1894-1928[M]. Madison: University of Wisconsin Press, 1990.

23. Daniel Coit Gilman. The Launching of a University and Other Papers[M]. New York: Nabu Press, 1906.

24. Daniel J. Kevles. The Physicists: The History of a Scientific Community in Modern America[M]. New York: Random House, 1979.

25. David G. Allen. Diary of John Quincy Adams, Volume 1, 1779-1786[M]. Boston: Belknap Press, 1782.

26. David McCord. The Harvard Fund: Report of the Seventeenth Annual Conference of the American Alumni Council[M]. Ithaca, New York:1930.

27. David O. Levine. The American College and the Culture of Aspiration, 1915-1940[M]. New York: Cornell University Press, 1985.

28. David Owen. English Philanthropy, 1660-1960 [M]. London: Oxford University Press, 1965.

29. Department of Treasury. Private Philanthropy and Public Needs [R]. Washington D. C. , 1977.

30. Dorothy Ross. The Organization of Knowledge in Modern America, 1860-1920[M]. Baltimore: Johns Hopkins University Press, 1923.

31. Dupree A. Hunter. Science in the Federal Government [M]. Cambridge: Harvard University Press, 1957.

32. Edwin E. Slosson. Great American Universities[M]. New York: Arno Press, 1977.

33. Ellen C. Lagemann. The Politics of Knowledge, the Carnegie Corporation, Philanthropy, and Public Policy [M]. Middletown:Wesleyan University Press, 1987.

34. Ellis W. Hawley. The Great War and the Search for a Modern Order[M]. New York: St. Martin's Press, 1979.

35. ERIC Clearinghouse on Higher Education. Critical Issue Bibliography Sheet: Maintaining Financial Health-Tuition ,Cost Containment, and Fundraising [R]. Washington D. C. : Association for the Study of Higher Education, 2001.

36. Ernest Victor Hollis. Philanthropic Foundations and Higher Education[M]. New York: Columbia University Press, 1938.

37. Foundation Center. Foundation Statistics[R]. New York: Foundation Center, 2015.

38. Frank M. Andrews. A Study of Company-Sponsored Foundations [M]. New York,1960.

39. Frederick Rudolph. The American College and University: A History[M]. Athens: University of Georgia Press, 1991.

40. Frederick O. Vaille; Henry A. Clark. The Harvard Book: A Series of Historical, Biographical and Descriptive Sketches by Various Authors[M]. Cambridge: Welch, Bigelow, and Co. , 1875.

41. George R. Agassiz. Letters and Recollections of Alexander Agassiz with a Sketch of His Life and Work[M]. Ann Arbor: University of Michigan Library, 1913.

42. George W. Gray. Education on an International Scale[M]. New York: Harcourt Brace Publisher, 1941.

43. George Wilson Pierson. Yale College: An Educational History, 1871-1921[M]. New Haven: Yale University Press, 1952.

44. Gregory C. Coleman. The Economy of England,1450-1750[M]. New York: Oxford Paperbacks,1977.

45. Harold J. Laski. The Dangers of Obedience and Other Essays [M]. New York: Harper and Brothers, 1930.

46. Helen Wright. Explorer of the Universe: A Biography of George Ellery Hale[M]. New York: Dutton Publisher, 1966.

47. Henry Seidel Canby. Alma Mater: The Gothic Age of the American College[M]. New York: Farrar & Rinehart Incorporated, 1936.

48. Herbert A. Heaton. A Scholar in Action: Edwin F. Gay[M]. Cambridge: Harvard University Press, 1952.

49. Howard J. Savage. Fruit of an Impulse: Forty-five Years of the Carnegie Foundation, 1905-1950[M]. New York: Harcourt Brace, 1953.

50. Howard S. Miller. Dollars for Research[M]. Seattle: University of Washington Press, 1970.

51. James A. Thompson. Count Rumford of Massachusetts[M]. New York: Farrar & Rinehart Incorporated, 1935.

52. James K. Finch. A History of the School of Engineering,

Columbia University[M]. New York：Columbia University Press，1954.

53. James L. Fisher, Gary H. Quehl. The president and Fund Raising[M]. New York：Macmillan Publishing Company，1989.

54. Jesse Brundage Sears. Philanthropy in the History of American Higher Education[M]. Washington D. C. ：Government Printing Office，1922.

55. Jesse L. Rosenberger. The Making of a University[M]. New York：Rochester，1927.

56. Joanna W. Loppincott. Speeches and Poems by Joseph Wharton [M]. Philadelphia：J. B. Linnincott，1926.

57. John Crosby Brown. The Manual of Alumni Work：The Professional Money-Raising Agency [M]. New York：The Association of Alumni Secretaries，1924.

58. John D. Brubacher, Willis Rudy. Higher Education in Transition：History of American College and Universities[M]. New York：Transaction Publishers，1958.

59. John D. Millett. Financing Higher Education in the United States [M]. New York：Columbia University Press，1952.

60. John D. Rockefeller. Random Reminiscences of Men and Events：Autobiography by John D. Rockefeller[M]. New York：Sleepy Hollow Press and Rockefeller Archive Center，1909.

61. John Morley. Diderot and the Encyclopedists[M]. Scotts Valley：CreateSpace Independent Publishing Platform，2015.

62. John Price Jones. College Endowment Campaigns：Report of the Tenth Alumni Conference of the Association of Alumni Secretaries[M]. New York：Cornell University Press，1923.

63. John Price Jones. The Manual of Alumni Work：Some Recent Endowment Campaigns[M] New York：The Association of Alumni Secretaries，1924.

64. John Price Jones. The Yearbook of Philanthropy，1945-1946：Presenting Information and Statistics of American Philanthropy Since 1920 with Charts and Tables[M]. New York：The Inter-River Press，1946.

65. John R. Thelin. A History of American Higher Education[M]. Baltimore：The John Hopkins University Press，2011.

66. John W. Boyer. William Rainey Harper and the University of Chicago[M]. Chicago: The University of Chicago Press, 2004.

67. John W. Burgess. Reminiscences of an American Scholar: The Beginnings of Columbia University[M]. New York: Columbia University Press, 1934.

68. John W. Robson. A Guide to Columbia University, with Some Account of Its History and Traditions [M]. New York: Columbia University Press, 1937.

69. Joseph F. Wall. Andrew Carnegie[M]. Pittsburgh: University of Pittsburgh Press, 1989.

70. Josiah Quincy. The History of Harvard University[M]. Cambridge: John Owen, 1860.

71. Julie A. Reuben. The Making of the Modern University: Intellectual Transformation and the Marginalization of Morality[M]. Chicago: The University of Chicago Press, 1997.

72. Keller Morton. Making Harvard Modern: The Rising of America's University[M]. New York: Oxford University Press, 2001.

73. Laurence R. Veysey. The Emergence of the American University [M]. Chicago: The University of Chicago Press, 1965.

74. Martin Trow. Twentieth Century Higher Education: Elite to Mass to Universal[M]. Baltimore: Johns Hopkins University Press, 2010.

75. Maureen A. Flanagan. America Reformed Progressives and Progressivisms 1900s-1920s[M]. New York: Oxford University Press, 2007.

76. Max Weber, translated and edited by Edward A. Shils and Henry A. Finch. Methodology of Social Science [M]. New Brunswick: Transaction Publishers, 2011.

77. Michael M. Crow, William B. Dabars. Designing the New American University[M]. Baltimore: Johns Hopkins University Press, 2015.

78. Morris Bishop. A History of Cornell[M]. New York: Cornell University Press, 1962.

79. National Academy Science, Washington D. C. The First 25 Years of the National Science Foundation[C]. Washington D.C. : National Academy Science, 1975.

80. Neil A. Wymn. From Progressivism to Prosperity: World War Ⅰ and American Society[M]. New York: Holmes & Meier Publisher, 1987.

81. Nicholas M. Butler. Cross the Busy Years: Recollections and Reflections[M]. New York: Scribners, 1940.

82. Raymond B. Fosdick. Adventure in Giving the Story of the General Education Board[M]. New York: Harper and Row Publisher, 1962.

83. Raymond B. Fosdick. The Story of Rockefeller Foundation[M]. New York: Routledge, 1988.

84. Gary B. Kirkman. A History of English Philanthropy[M]. London: P. S. King & Son Orchard House West Minister, 1905.

85. Richard Hofstadter. The Age of Reform: From Bryan to F. D. R [M]. New York: Alfred A. Knopf, 1955.

86. Richard Hofstadter. The Progressive Movement, 1900-1915[M]. New Jersey: Prentice-Hall, 1963.

87. Robert H. Bremner. American Philanthropy[M]. Chicago: The University of Chicago Press, 1988.

88. Robert J. Havighurst. A Report of Education and Major Philanthropic Foundations[R]. Chicago: Spencer Foundation, 1976.

89. Robert M. Lester. Forty Years of Carnegie Giving: A Summary of the Benefactions of Andrew Carnegie and of the Work of the Philanthropic Trusts which He Created[M]. New York: C. Scribner's Sons, 1941.

90. Roger L. Geiger. The History of American Higher Education: Learning and Culture from the Founding to World War Ⅱ[M]. Princeton: Princeton University Press, 2014.

91. Roland B. Dixon. In the Development of Harvard University since the Inauguration of President Eliot[M]. Cambridge: Harvard University Press, 1930.

92. Royster C. Hedgepeth. Educational Fund Raising: Principles and Practice, The Institutionally Related Foundation[M]. Washington D. C. : Oryx Press, 1993.

93. Samuel A. Eliot. A Sketch of the History of Harvard College [M]. Boston: C. C. Little and J. Brown, 1848.

94. Samuel E. Morison. Three Centuries of Harvard College and

University, 1636-1936[M]. Cambridge: Harvard University Press, 1936.

95. Samuel E. Morison. The Development of Harvard University since the Inauguration of President Eliot, 1869-1929[M]. Cambridge: Harvard University Press, 1930.

96. Samuel Johnson. President of King's College: His Career and Writings[M]. New York: Herbert and Carol Schneider, 1929.

97. Steven C. Wheatley. The Politics of Philanthropy: Abraham Flexner and Medical Education[M] Madison: The University of Wisconsin Press, 1988.

98. Theodore V. Houser. Big Business and Human Values: McKinsey Foundation Lectures[M]. New York: Literary Licensing, 2012.

99. Thomas C. Cocharn. Railroad Leaders 1845-1890: The Business Mind in Action[M]. Cambridge: Harvard University Press, 1953.

100. Thomas W. Goodspeed. Great Man Who Have Added to the Enlightenment of Mankind Through Endowed Professorships at the University of Chicago[M]. Chicago: The University of Chicago Press, 1921.

101. Timothy Dwight. Memories of Yale Life and Men, 1854-1890 [M]. New York: Dodd & Mead,1903.

102. U. S. Department of Education. The National Science Foundation: A Brief History[M]. Washington D. C. : United States Government Print Office, 1972.

103. Vannevar Bush. Science——The Endless Frontier. A Report to the President[M]. Washington D. C. : United States Government Print Office, 1945.

104. Walter Crosby Eells. Why Junior College Terminal Education? [M]. Washington D. C. : American Association of Junior Colleges, 1941.

105. Warren Weaver. Scene of Change[M]. New York: Scribners Publisher, 1980.

106. Whitaker Breadley. The Foundations: An Anatomy of Philanthropic Bodies[M]. Harmondsworth: Penguin Publisher, 1979.

107. Wilfred B. Shaw. The Manual of Alumni Work: A New Power in University Affairs[M]. New York: The Association of Alumni Secretaries, 1924.

108. William B. Weeden. Economic and Social History of New

England，1620-1789[M]．Boston：Boston Houghten，1899.

109. William F. Russell. The Rise of a University：The Later Days of Old Columbia College from the Annual Reports of Frederick A. P. Barnard，President of Columbia College，1864-1888［M］．New York：Columbia University Press，1937.

110. William F. Stier Jr. Fundraising and Promotional Activities for the Successful Athletic Department［R］．New York：State University of New York，1988.

111. William H. Welch，Wickliffe Rose. Being a Report by Dr. William H. Welch and Wickliffe Rose to the General Education Board，Rockefeller Foundation［R］．Baltimore，1915.

112. William J. Tucker. My Generation：An Autobiographical Interpretation［M］．Boston：Nabu Press，2011.

113. William L. Kinsley. Yale College：A Sketch of Its History［M］．New York：Henry Holt，1879.

114. William Lawrence. Memories of a Happy Life[M]．New York：Houghton Mifflin Co. ，1926.

外文学位论文

1. Abdullah Ali Al-Bargi. The modernization and Democratization of American Higher Education，1850-1900：A Political and Social Perspective [D]．Tempe：Arizona State University，2006.

2. Anderson Patricia Wilde. The Finance of Research in Private Universities by the Private Sector［D］．Ann Arbor：University Microfilms International，1985.

3. Anderson Wilde Patricia. The Finance of Research in Private Universities by the Private Sector，1966-1982[D]．San Diego：San Diego State University，1985.

4. Beeler Joseph Karl. A Study of Predictors of Alumni Philanthropy in Private Universities[D]．Storrs：The University of Connecticut，1982.

5. Frederick Matthew Hurst. Philanthropic Giving Preference Differences：Nontraditional and Traditional Alumni at Northern Arizona University[D]．Cincinnati：Union Institute and University，2008.

6. Gibbons LeRoy. Philanthropy in Higher Education：Motivations of

Major Donors to Two Utah Universities [D]. Provo: Brigham Young University, 1992.

7. Gregory L. Cascione. Religion, Motivation, and Philanthropy to Higher Education[D]. Ann Arbor: The University of Michigan, 2000.

8. Hiram Samuel Miller Jr. Transformed by Modernity: An Analysis of the Founding Documents of Selected American Institutions of Higher Education[D]. Charlottesville: University of Virginia, 2000.

9. John William Klein, The Role and Impact of Rockefeller Philanthropy During the Progressive Era [D]. Bronx: Fordham University, 1980.

10. Julie A. Reuben. In Search of Truth: Scientific Inquiry, Religion, and the Development of the American University, 1870-1920 [D]. Stanford: Stanford University, 1990.

11. Justin W. Fleet, A Half Billion Dollars Adding Up to Small Change: The Promises and Pitfalls of Corporate Philanthropy to Support Global Education[D]. College Park: University of Maryland, 2011.

12. Karabi Chaudhury Bezboruah, For-profit Organizations for Social Change: An Analysis of Philanthropy Decision-making by North Texas Based Corporations [D]. Richardson: The University of Texas at Dallas, 2008.

13. Kevin McKenzie Reeds. Philanthropic Culture: A Quantitative Study Exploring the Connection between Philanthropic Profile and Alumni Charitable Giving[D]. Aberdeen: Northern State University, 2014.

14. Klein William John. The Role and Impact of Rockefeller Philanthropy during the Progressive Era [D]. Bronx: Fordham University, 1980.

15. Mark Garrett Longaker. Rhet/Comp and Revolution: History, Rhetoric and Pedagogy in Colonial and Contemporary[D]. Philadelphia: The Pennsylvania State University, 2003.

16. Matthew Tyler Penny. "Instruments of National Purpose" World War II and Southern Higher Education: Four Texas Universities as a Case Study[D]. Houston: Rice University, 2007.

17. May Paw Hser. Internationalization of U. S. Higher Education:

A Quantitative Analysis of the International Dimension of Association of American Universities (AAU) [D]. New York: University of New York, 2003.

18. Michael Ballagh. Igniting Change: Foundation Grant-making of American Higher Education [D]. Claremont: Claremont Graduate University,2010.

19. Michael David Cohen. Reconstructing the Campus: Higher Education and the American Civil War [D]. Cambridge: Harvard University,2008.

20. Miller Samuel Hiram, Jr. Transformed by Modernity: An Analysis of the Founding Documents of Selected American Institutions of Higher Education[D]. Charlottesville: University of Virginia, 2000.

21. Monnie Hagerty. The Role of Foundation in the Changing World of Philanthropy[D]. Yellow Sbrings: Antioch University, 2012.

22. Muriel Lewis, What Motivates Doctoral Level Alumni to Contribute? Response to a Segmented University Fund Raising Appeal [D]. Bloomington: Indiana University,1996.

23. Nancy Colleen Shannon, Leveraging Core Competencies in Corporate Philanthropy: CISCO's Exemplary Strategic Philanthropy[D]. Minneapolis: Capella University, 2014.

24. Philip L. Fioravante. Corporate Philanthropy and Effect on an Organization: A Qualitative Study [D]. Minneapolis: Capella University, 2011.

25. Robert A. Bonfiglio. The History of Public Relations in American Higher Education in the Twentieth Century: From Self-interest to National Interest[D]. New York: Columbia University, 1990.

26. Robert Edwards Gleeson. The Rise of Graduate Management Education in American Universities,1908-1970[D]. Pittsburgh: Carnegie Mellon University, 1997.

27. Rosalie M. Simari, Philanthropy and Higher Education: Women as Donors[D]. Hempstead: Hofstra University, 1995.

28. Samuel G. Cash. Private, Voluntary Support of Public Research Universities in the United States: 1785-1958 [D]. Tallahassee: Florida

State University, 1985.

29. Timothy Reese Cain. Academic Freedom in an Age of Organization, 1913-1941[D]. Ann Arbor: The University of Michigan, 2005.

外文期刊论文

1. Abraham Flexner. Wickliffe Rose, 1862-1931[J]. Science, 1932,75.

2. Alfred M. Tozzer. The Putnam Anniversary[J]. American Anthropologist, 1909,11(2).

3. Andrew D. White. A National University[J]. National Education Association Addresses and Journal of Proceedings, 1874.

4. Andrew M. Davis. The First Scholarship at Harvard College[J]. Proceedings of the American Antiquarian Society,1887.

5. Barry D. Karl, Stanley N. Katz. The American Private Philanthropic and the Public Sphere, 1890-1930[J]. 1981,19(2).

6. Beverly McAnear. The Raising of Funds by the Colonial College [J]. Mississippi Valley Historical Review,1952(8).

7. Bruce A. Kimball. The Rising of Cost of Higher Education: Charles Eliot's "Free Money" Strategy and the Beginning of Howard Bowen's "Revenue Theory of Cost", 1869-1979[J]. The Journal of Higher Education, 2014,85(6).

8. Charles W. Eliot. Four Harvard Benefactors[J]. Harvard Alumni Bulletin, 1914,3.

9. Cremin A. Lawrence. Changes in the Ecology of Education: The School and the Other Educators[J]. The Future of Formal Education: The Role of Institutional Schooling in Industrial Society, 1980.

10. Dalo O. Johnson, Malcolm M. Willey. Philanthropic Foundations and their Grants to Institutions of Higher Education During the Depressed Years[J]. School and Society,1937.

11. David L. Browman. The Peabody Museum, Frederic W. Putman, and the rise of U. S. Anthropology, 1866-1903 [J]. American Anthropologist, 2002, 104(2).

12. David S. Webster. America's Highest Ranked Graduate Schools, 1925-1982[J]. Change: The Magazine of Higher Learning, 1983,15(4).

13. Donald Fisher. American Philanthropy and the Social Science in

Britain，1919-1939[J]．The Sociological Review，1980,5.

14. Ernest. W. Burgess. Georg Edgar Vincent：1864-1941[J]. American Journal of Sociology，1941,46.

15. Ethan W. Ris. The Origins of Systemic Reform in American Higher Education，1895-1920[J]. Teachers College Record of Columbia University，2018,120.

16. Eve Proper. Bring Educational Fundraising Back to Great Britain：A Comparison with the United States[J]. Journal of Higher Education Policy and Management. 2009,31(2).

17. Frank K. Cameron. The Rockefeller Foundation and the General Education Board[J]. Science，New Series，1916,43.

18. Genevieve G. Shaker, Brittany L. Kienker, Victor M. H. Borden, The Ecology of Internal Workplace Giving at Indiana University：A Case Study of Faculty and Staff Campus Campaign Communications and Fundraising[J]. International Journal of Nonprofit Voluntary，2014(19).

19. Guosheng Deng. The Influence of Elite Philanthropy on NGO Development in China[J]. Asian Studies Review，2015,39(4).

20. Hans Zinser. The Perils of Magnanimity：A Problem in American Education[J]. Atlantic Monthly，1927.

21. Harold L. Burstyn. Reviving American Oceanography：Frank Lillie, Wickliffe Rose，and the Founding of the Woods Hole Oceanographic Institution [J]. Oceanography：The Past，1980.

22. Jackson Guy. The Fayerweather Will Litigation [J]. University of Virginia Alumni Bulletin，1904.

23. James R. Barrett. Americanization from the Bottom Up：Immigration and the Remaking of the Working Class in the United States，1880-1930[J]. The Journal of American History，1992,79(3).

24. John Servos. Mathematics and the Physical Sciences in American [J]. Isis，1986,77.

25. John Taylor. Managing the Unmanageable：The Management of Research in Research-Intensive Universities[J]. Higher Education Management and Policy,2006,18(2).

26. John W. Boyer. Higher Education in America and Europe[J].

The College of the University of Chicago, 2017.

27. Marcella J. Bernard. A Partner, Not a Patron: The Rockefeller Foundation[J]. Harvard Public Health Review, 1989.

28. Marybeth Gasman, Noah D. Drezner. Fundraising for Black Colleges During the 1960s and 1970s: The Case of Hampton Institute[J]. Nonprofit, 2010(39).

29. Michael Gordon. The Social Survey Movement and Sociology in the United States[J]. Social Problems, 1973,9.

30. Negley K. Teeters. The Early Days of the Magdalen Society of Philadelphia[J]. Social Service Review, 1956,30(2).

31. Palmer O. Johnson. Educational Research and Statistics: The Benefactions of Philanthropic Foundations and Who Receive Them[J]. School and Society, 1932.

32. Parker Franklin. George Peabody, 1795-1869: His Influence on Education Philanthropy[J]. Peabody Journal of Education, 2002,68(1).

33. Philip G. Altbach. Advancing the National and Global Knowledge Economy[J]. Studies in Higher Education,2013,38(3).

34. Pnina Abir-Am. The Discourse of Physical Power and Biological Knowledge in the 1930s: A Reappraisal of the Rockefeller Foundation's Policy in Molecular Biology[J]. Social Study Science, 1982,12.

35. Robert A. Millikan. The New Opportunity in Science [J]. Science, 1919,50.

36. Robert E. Kohler. A Policy for the Advancement of Science: The Rockefeller Foundation, 1924-1929 [J]. Minerva, 1978,4(16).

37. Robert M. Hutchins. Address in Dedication[J]. The New Social Science, 1930.

38. Roy F. Nichols. History in a Self-Governing Culture[J]. The American Historical Review, 1976,72(2).

39. Scott M. Cutlip. Advertising Higher Education: The Early Years of College Public Relations[J]. College and University Journal, 1970,1.

40. Susan K. McCarthy. Serving Society, Repurposing the State: Religious Charity and Resistance in China[J]. The China Journal, 2013 (70)8.

41. Thomas F. Devine. Corporate Support for Education: Its Bases and Principles [J]. The Catholic University of America Educational Research Monographs, 1956.

42. William Graham Sumner. The "Ways and Means" for our Colleges [J]. The Nation, 1870,9.

43. William Willis, Gardiner Lyceum, Gardiner, Maine [J]. American Journal of Education, 1857,2.

44. Yale Archive Center. Department of Philosophy and the Arts in Yale College[J]. American Journal of Education,1856(1).

外文网络资源

1. Academic Ranking of World Universities, ARWU. World top 500 Universities[EB/OL]. [2018-10-20]. http://www. shanghairanking. com/.

2. ACS Publications. Journal of the American Chemical Society[EB/OL]. [2018-11-06]. https://pubs. acs. org/page/jacsat/about. html.

3. Adherents. The Wealthy 100: From Benjamin Franklin to Bill Gates -A Ranking of the Richest Americans, Past and Present[EB/OL]. [2018-08-14]. https://www. amazon. com/Wealthy-100-Benjamin-Gates-Americans/dp/0806518006.

4. Benjamin Franklin. Proposals Relating to the Education of Youth in Pensilvania, 1749[EB/OL]. [2018-07-29]. http://www. archives. upenn. edu/primdocs/1749proposals. html.

5. Benjamin Franklin. Proposals Relating to the Education of Youth in Pensilvania, 1749[EB/OL]. [2018-11-29]. http://www. archives. upenn. edu/primdocs/1749proposals. html.

6. Carnegie Cooperation of New York. Andrew Carnegie: Pioneer, Visionary, Innovator[EB/OL]. [2018-08-08]. https://www. carnegie. org/interactives/foundersstory/#!/.

7. Carnegie Corporation of New York. Governance and Policies[EB/OL]. [2018-08-08]. https://www. carnegie. org/about/governance-and-policies/.

8. Carnegie Foundation [EB/OL]. [2017-10-31]. www. carnegiefoundation. org.

9. Encyclopaedia Britannica. John D. Rockefeller[EB/OL]. [2018-08-09]. https://www. britannica. com/biography/John-D-Rockefeller.

10. Forbes, Stephanie Denning. Andrew Carnegie, On Achieving Wealth And Prosperity[EB/OL]. [2018-08-08]. https://www. forbes. com/sites/stephaniedenning/2018/07/30/andrew-carnegie-on-achieving-wealth-and-prosperity/♯50ebd48e6e 1c.

11. Garver Pierson. The Sterling Philanthropy almost Doubled Yale's Resource[EB/OL]. [2018-12-12]. https://alysterling. com/.

12. Harvard College. Radcliffe, Mission, Vision and History[EB/OL]. [2018-11-27]. https://college. harvard. edu/about/mission-and-vision/radcliffe.

13. Harvard John A. Paulson School of Engineering and Applied Sciences. Abbott Lawrence[EB/OL]. [2018-08-13]. https://www. seas. harvard. edu/about-seas/history-seas/founding-early-years/abbott-lawrence.

14. Harvard John A. Paulson School of Engineering and Applied Sciences. Abbott Lawrence[EB/OL]. [2018-08-13]. https://www. seas. harvard. edu/about-seas/history-seas/founding-early-years/abbott-lawrence.

15. Harvard Law School. A Brief Timeline of our First Two Centuries [EB/OL]. [2018-11-21]. https://hls. harvard. edu/about/history/.

16. Harvard T. H. Chan School of Public Health. Centenial[EB/OL]. [2018-11-08]. https://www. hsph. harvard. edu/centennial/timeline/.

17. Harvard T. H. Chan School of Public Health. The Founders[EB/OL]. [2018-11-06]. https://www. hsph. harvard. edu/news/centennial-the-founders/.

18. Harvard University Department of Physics. Early History of the Department[EB/OL]. [2018-11-20]. https://www. physics. harvard. edu/about/history.

19. National Archives. The Bill of Rights[EB/OL]. [2018-07-11]. https://www. archives. gov/founding-docs/bill-of-rights.

20. NobelPrize. org. Max Theiler-Facts[EB/OL]. [2018-11-10]. https://www. nobelprize. org/prizes/medicine/1951/theiler/facts/.

21. NobelPrize. org. Max Theiler-Nobel Lecture[EB/OL]. [2018-11-10]. https://www. nobelprize. org/prizes/medicine/1951/theiler/lecture/.

22. NobelPrize. org. Percy W. Bridgman-Biographical[EB/OL]. [2018-11-

20]. https://www. nobelprize. org/prizes/physics/1946/bridgman/biographical/.

23. NobelPrize. org. Thomas H. Weller-Biographical[EB/OL] [2018-11-10]. https://www. nobelprize. org/prizes/medicine/1954/weller/biographical/.

24. NobelPrize. org. Thomas H. Weller-Facts[EB/OL]. [2019-11-10]. https://www. nobelprize. org/prizes/medicine/1954/weller/facts/.

25. Our Members, Association of American Universities[EB/OL]. [2017-10-31]. https://www. aau. edu/who-we-are/our-members.

26. Peabody Museum of Archaeology & Ethnology. About George Peabody, Founder of Modern Philanthropy[EB/OL]. [2018-08-07]. https://www. peabody. harvard. edu/node/101.

27. Rockefeller Foundation. Our History[EB/OL]. [2018-11-07]. https://www. rockefellerfoundation. org/about-us/our-history/.

28. Stuck on Stupid. US Gross Domestic Product, 1880-1939[EB/OL]. [2018-12-13]. http://www. usstuckonstupid. com/sos_downchart. php? year=1880_1939&units=s&chart=gdp&bar=1&stack=1&size=s&title=&color=c.

29. The Association of American Law School. Directory of Law Teachers [EB/OL]. [2018-11-22]. https://www. aals. org/publications/dlt/.

30. The Association of American Universities. AAU by the Numbers [EB/OL]. [2018-12-07]. https://www. aau. edu/aau-numbers.

31. The Association of American Universities. The Association of Amercian Universities: A Centruy of Service to Higher Education 1900-2000 [EB/OL]. [2018-12-07]. https://www. aau. edu/association-american-universities-century-service-higher-education-1900-2000.

32. The Nobel Prize. The Nobel Prize in Chemistry 1914: Theodore William Richards[EB/OL]. [2018-11-09]. https://www. nobelprize. org/prizes/chemistry/1914/summary/.

33. The Rockefeller Archive Center. Laura Spelman Rockefeller Memorial Archives, 1918-1930[EB/OL]. [2018-11-01]. http://rockarch. org/collections/rockorgs/lsrm. php.

34. The Rockefeller Archive Center. LSRM's Accomplishments.

［EB/OL］. ［2018-11-02］. http://dimes. rockarch. org/xtf/view? docId＝ead/FA318/FA318. xml；query＝laura％20spelman；chunk. id＝headerlink；brand＝default.

35. The Rockefeller Archive Center. LSRM's Accomplishments［EB/OL］. http://dimes. rockarch. org/xtf/view? docId＝ead/FA318/FA318. xml；query＝laura％20spelman；chunk. id＝headerlink；brand＝default.

36. The Rockefeller Archive Center［EB/OL］. https://www. rockefellerfoundation. org/our-work/grants/rockefeller-archive-center/.

37. Theodore W. Richards. Nobel Lecture ［EB/OL］. ［2018-11-09］. https://www. nobelprize. org/prizes/chemistry/1914/richards/lecture/.

38. Tim Challies. The Philanthropists：John D. Rockefeller［EB/OL］. ［2018-08-09］. https://www. challies. com/articles/the-philanthropists-john-d-rockefeller/.

39. United States History. History of Chicago，Illinois［EB/OL］. ［2018-12-13］. https://www. u-s-history. com/pages/h2188. html.

40. Yale University. Traditions & History ［EB/OL］. ［2018-07-29］. https://www. yale. edu/about-yale/traditions-history.